Informatik-Fachberichte 225

Herausgeber: W. Brauer
im Auftrag der Gesellschaft für Informatik (GI)

Wilhelm Stoll

Test von OSI-Protokollen

Springer-Verlag
Berlin Heidelberg New York
London Paris Tokyo Hong Kong

Autor

Wilhelm Stoll
Weingartener Straße 66, D-7520 Bruchsal 4

CR Subject Classification (1987): C.2.1, C.2.2, D.2.5

CIP-Titelaufnahme der Deutschen Bibliothek.
Stoll, Wilhelm:
Test von OSI-Protokollen / Wilhelm Stoll. – Berlin; Heidelberg; New York; London; Paris; Tokyo: Springer, 1989
(Informatik-Fachberichte; 225)
Zugl.: Karlsruhe, Univ., Diss., 1989 u.d.T.: Stoll, Wilhelm:
Werkzeuge und Methoden für den Test von OSI-Protokollen
ISBN-13: 978-3-540-51824-2 e-ISBN-13: 978-3-642-83993-1
DOI: 10.1007/ 978-3-642-83993-1

NE: GT

2145/3140 – 543210 – Gedruckt auf säurefreiem Papier

Vorwort

Mit der stark wachsenden Anzahl heterogener Rechnernetze gewinnt der Test der eingesetzten Kommunikationssoftware bezüglich Konformität und Kompatibilität immer mehr an Bedeutung. Die im vorliegenden Buch vorgestellten Werkzeuge und Methoden bieten sowohl dem Anwender als auch dem Ersteller derartiger Kommunikationssoftware Möglichkeiten zum Test der eingesetzten bzw. in der Entwicklung stehenden Kommunikationssoftware.

Das Karlsruher Testsystem (KATE) ermöglicht eine automatische Testdurchführung. Bedingt durch die zugrunde liegende Konzeption ist das KATE nahezu unabhängig von der Testumgebung und der Implementierung der Kommunikationssoftware. Dies wurde durch zahlreiche Konfigurierungen in der Testumgebung bestätigt, die durch das experimentelle, heterogene OSI-Netzwerk am Institut für Telematik der Universität Karlsruhe zur Verfügung stand. Die Konfigurierungen wurden zum Test der OSI-Protokolle vorgenommen, die im Projekt 'Kommunikation in Netzwerken über ISO/OSI-Protokolle' (Kooperation IBM - Universität Karlsruhe) eingesetzt wurden. Durch die Tests konnten Unstimmigkeiten bezüglich der Kompatibilität und der Konformität der getesteten Protokollimplementierungen aufgezeigt werden. Die verantwortlichen Implementierer konnten anhand der bei den Tests angelegten Ergebnis-Dateien Rückschlüsse auf die Ursachen der Unstimmigkeiten ziehen und die Unstimmigkeiten beheben. Weiterhin konnte das KATE ohne größere Probleme von der Firma Philips Kommunikations Industrie AG Nürnberg zum Test ihrer OSI-Transportprotokollimplementierung in einer Testumgebung erfolgreich eingesetzt werden, die aus mehreren Mikro-VAXen und mehreren Philips-Rechnern besteht. Die eigentliche Mächtigkeit des KATE wird durch das Testkoordinierungsprotokoll und durch den Testagenten erreicht. Durch die besondere Realisierungsform des Testagenten wird sowohl die Beobachtung aller zwischen den Protokollinstanzen ausgetauschten Informationen als auch ein intensiver Test der Robustheit des Prüflings ermöglicht. Das Testkoordinierungsprotokoll stellt ein wesentliches Hilfsmittel zur Synchronisierung der während der Testdurchführung auftretenden Aktivitäten dar.

Mit dem TRANS-CHECK-Verfahren wurde ein Werkzeug zur automatischen Generierung von Testdaten in Form von Testsequenzen geschaffen. Die durch das TRANS-CHECK-Verfahren erzeugten Testsequenzen zeichnen sich durch kleine Längen und durch eine große Fehlererkennungsmächtigkeit aus. Wie Vergleiche mit ähnlichen Testdatengenerierungsverfahren gezeigt haben, wurde durch das TRANS-CHECK-Verfahren eine Verbesserung hinsichtlich der Testsequenzlänge bei nur geringfügiger Verschlechterung der Fehlererkennungsmächtigkeit erreicht. Mit dem erweiterten TRANS-CHECK-Verfahren konnte auch die Fehlererkennungsmächtigkeit gegenüber gleichartigen Verfahren (auf Kosten der Testsequenzlänge) wesentlich verbessert werden.

Eine Erweiterung des Protokollautomaten und die entsprechende Anpassung des TRANS-CHECK-Verfahrens ermöglichte die automatische Generierung von Testszenarien, die neben den eigentlichen Testdaten auch die für die Testdurchführung benötigten Steuer- und Kontrollkommandos enthalten. Bei der Generierung werden allerdings keine

Testfälle zur Überprüfung der Wertebereiche von Parametern (Dienstelementparameter, Paketkopfkomponenten usw.) erzeugt.

Die Test Control Language (TCL) erlaubt die Spezifizierung ausführbarer Testschritte. Durch die Einbeziehung von Blöcken und Schleifen in die Syntax der TCL können Testfälle für den intensiven Test der Robustheit und der Leistung einer Protokollimplementierung spezifiziert werden. Die Syntax dieser Sprache ist allerdings speziell auf die Konzeption des KATE ausgerichtet und kann somit nicht zur Spezifizierung von Testschritten für andere Testsysteme verwendet werden.

Die Festlegung einer Teststrategie und die Testauswertung stehen in engem Zusammenhang. So kann z.B. bei der während der Testauswertung stattfindenden Analyse eine spezielle Teststrategie zur Eingrenzung der Ursachen, die zur 'Nichterfüllung' der Testziele geführt haben, notwendig werden. Die Wahl der Teststrategie ist dann abhängig von der Art der Unstimmigkeiten zwischen dem beobachteten und dem erwarteten Verhalten.

Die vorliegende Arbeit entspricht inhaltlich meiner im Februar 1989 von der Fakultät für Informatik der Universität Karlsruhe genehmigten Dissertation mit dem Thema *Werkzeuge und Methoden für den Test von OSI-Protokollen.* Die Dissertation entstand, während ich als wissenschaftlicher Mitarbeiter am Lehrstuhl für Telematik der Fakultät für Informatik an der Universität Karlsruhe tätig war.

Mein besonderer Dank gilt Herrn Prof. Dr. O. Drobnik für die Anregung zum Thema und für die Betreuung der Arbeit. Er hat mit zahlreichen Ratschlägen und Diskussionen sehr zum Gelingen der Arbeit beigetragen.

Herrn Prof. Dr. G. Krüger sei für das Korreferat und für seine Hinweise und Ratschläge zur Gestaltung der Arbeit gedankt. Herrn Prof. Dr. G. Krüger möchte ich auch meinen Dank dafür aussprechen, daß er die Arbeit an seinem Lehrstuhl ermöglicht hat.

Den Herren D. Gantenbein und Dr. E. Mumprecht des IBM-Forschungslabors in Rüschlikon (Schweiz) sei für ihre Ratschläge und ihre Unterstützung bei der Realisierung des Karlsruher Testsystems gedankt.

Darüber hinaus danke ich allen Kollegen am Lehrstuhl für Telematik, insbesondere Herrn Dr. H. Krumm, für die hilfreiche Unterstützung; den Studenten, besonders den Herren M. Bannert, G. Blakowski, R. Bolz, R. Brandner, R. Göstenmeier und G. Klug, bin ich für ihr großes Engagement bei der Durchführung des praktischen Teils der Arbeit ebenfalls dankbar; nicht zuletzt sei auch meiner Frau Barbara für ihr Verständnis und für ihre Unterstützung gedankt.

Karlsruhe, im August 1989 Wilhelm Stoll

Inhaltsverzeichnis

1 Einleitung

1.1 Problematik

Durch die Entwicklung von Verfahren zum Austausch von Daten zwischen Rechnersystemen wurde ein neues Teilgebiet der Informatik, die *Telematik* geschaffen. Ein erstes derartiges Verfahren wurde in den frühen 60er Jahren durch das *ALOHA-Netzwerk* [Abra 77] realisiert, das den Austausch von Daten zwischen Terminals und einem Zentralrechner über Funkverbindungen ermöglichte. In der zweiten Hälfte der 60er Jahre folgten die ersten *Ethernets* [MeBo 76], die den Austausch von Daten zwischen Rechnern erlauben, die über ein Koaxialkabel miteinander verbunden sind. Diese Ethernets bildeten die ersten *lokalen Rechnernetzwerke* - lokale Rechnernetzwerke erlauben den Austausch von Daten zwischen Rechnern in einer begrenzten geographischen Umgebung (z.B. Rechenzentrum, benachbarte Gebäude). Im Laufe der Zeit entstanden eine Vielzahl derartiger lokaler Rechnernetzwerke mit unterschiedlicher Topologie (z.B. Token-Bus [IEEE 85a], Token-Ring [IEEE 85b]) und unterschiedlicher Kommunikationssoftware (Software, die den Austausch von Daten zwischen den Rechnern eines Rechnernetzwerkes unterstützt; z.B. SNA [Cyps 78], DECNET [Weck 80]).

In der jüngeren Geschichte der Telematik wurden Konzepte zur Kopplung lokaler Rechnernetzwerke entwickelt und realisiert. Durch die Kopplung wird die geographische Begrenzung der lokalen Rechnernetzwerke überwunden, so daß gekoppelte lokale Rechnernetzwerke der Klasse der *Weitverkehrsnetze* zugeordnet werden können. Weitverkehrsnetze unterscheiden sich von lokalen Rechnernetzwerken darin, daß ihr Einsatzgebiet nicht geographisch begrenzt ist (dies wird insbesondere durch die Einbeziehung öffentlicher Netze, wie z.B. DATEX-P, in die Weitverkehrsnetze erreicht). Als Beispiel für ein Weitverkehrsnetz sei hier das ARPANET [McWa 77] genannt, das in den 70er Jahren entstand. Bei der Konzipierung von Weitverkehrsnetzen, die mehrere lokale Rechnernetzwerke beinhalten, gilt es insbesondere die Heterogenität, die aus der Kopplung der lokalen Rechnernetzwerke resultiert, zu überwinden. Diese Heterogenität ist geprägt durch die unterschiedlichen Netztopologien, durch die verschiedenartigen Rechnertypen und durch die vielfältige Kommunikationssoftware, die durch die Kopplung zu einer Einheit verschmolzen werden sollen. Zur Überwindung dieser Heterogenität wurden und werden eine Vielzahl von Standards für die Netztopologien und die Kommunikationssoftware geschaffen.

Von ISO wurde durch die Einführung des OSI-Basisreferenzmodells [OSIREF 84] eine Strukturierung der Kommunikationssoftware vorgenommen. Das OSI-Basisreferenzmodell umfaßt sieben Schichten. Jeder dieser Schichten ist eine spezielle Aufgabe zugeordnet, die durch standardisierte Protokolle erfüllt werden. Die Protokolle der unteren drei Schichten übernehmen die Aufgaben, die sich aus den Eigenschaften der lokalen Rechnernetzwerke ergeben, während die Protokolle der oberen vier Schichten unabhängig von den lokalen Rechnernetzwerken sind.

Auf der Grundlage der einzelnen OSI-Protokollstandards entstanden eine Vielzahl unterschiedlicher Protokollimplementierungen. Hier ergab sich nun das Problem, geeignete Methoden zu finden, die es ermöglichen, die Konformität der Protokollimplementierungen zum zugrunde liegenden Standard und die Kompatibilität verschiedenartiger Protokollimplementierungen, die auf demselben Standard basieren, zu testen.

1.2 Bekannte Werkzeuge und Methoden

In den letzten Jahren wurden eine Reihe von Testzentren [CoHaRa 83] installiert, die einen Konformitätstest von OSI-Protokollimplementierungen ermöglichen. Hierzu wird im Testzentrum eine Referenzimplementierung (oder ein Protokollemulator) eingesetzt, der in allen Belangen konform zu einem bestimmten Protokollstandard ist. Zwischen dieser Referenzimplementierung und der zu testenden Protokollimplementierung, die auf einem separaten Rechner installiert ist, werden einem Testszenario folgend Nachrichten über ein Weitverkehrsnetz ausgetauscht. Die während des Nachrichtenaustauschs beobachteten Aktionen bzw. Reaktionen der zu testenden Protokollimplementierung werden nach der Testdurchführung zur Beurteilung der Konformität des Prüflings genutzt.

Von OSI wurden mehrere abstrakte Testverfahren [OSICON 85] spezifiziert, die zum Test der Konformität einer Protokollimplementierung geeignet sind. Hier werden Testverfahren unterschieden, die entweder lokal auf einem Rechnersystem, auf dem der Prüfling installiert ist, oder unter Einbeziehung eines zweiten Rechnersystems eingesetzt werden können. Des weiteren wird eine Unterscheidung der Testverfahren vorgenommen, die sich an der Struktur des Prüflings orientiert.

Die Güte eines Testergebnisses ist letztendlich von den für die Testdurchführung zur Verfügung stehenden Testdaten abhängig. Speziell für den Konformitätstest werden in der Literatur eine Reihe von Verfahren beschrieben, die die automatische Generierung von Testdaten ermöglichen. Zur Erzeugung von Testdaten für den Test von Protokollimplementierungen sind diese Verfahren weniger geeignet, da sie die sich beim Test von Protokollimplementierungen ergebende Verteilung der Testaktivitäten nicht berücksichtigen. Die Testsequenzen, die sich aus den Testdaten ergeben, die von den einzelnen Verfahren erzeugt werden, sind durch zwei Merkmale charakterisierbar - durch ihre Länge und durch ihre Mächtigkeit hinsichtlich der Fehlererkennung (Fehlererkennungsmächtigkeit). Ausgehend von diesen Merkmalen können zwei Klassen von Testsequenzen unterschieden werden, die die Eigenschaften eines Verfahrens bestimmen - Testsequenzen großer Länge mit großer Fehlererkennungsmächtigkeit und Testsequenzen kleiner Längen mit geringer Fehlererkennungsmächtigkeit.

1.3 Motivation

Im Rahmen des Projektes 'Kommunikation in Netzwerken über ISO/OSI-Protokolle' (Kooperation IBM - Universität Karlsruhe) [DrSv 88] wurde am Institut für Telematik ein experimentelles OSI-Netzwerk installiert. Die in diesem Rechnernetzwerk eingesetzten Kommunikationsprotokolle waren weder bezüglich ihrer Kompatibilität noch bezüglich ihrer Konformität zum zugrunde liegenden Standard getestet. Die Einbeziehung eines Testzentrums zum Test der eingesetzten Protokolle scheiterte daran, daß keines der bekannten Testzentren in der Lage ist, einen Kompatibilitätstest zwischen verschiedenartigen Protokollimplementierungen desselben Standards durchzuführen. Hieraus ergab sich die Motivation, ein eigenes Testsystem zu entwickeln, das sowohl den Konformitätstest als auch den Kompatibilitätstest von OSI-Protokollen unterstützt. Ausgehend von einer Analyse bekannter Testverfahren wurden zusätzliche Forderungen an das zu entwickelnde Testsystem gestellt. Unter Berücksichtigung dieser Forderungen entstand das **Karlsruher Testsystem (KATE)**. Unter Einsatz dieses Testsystems wurden die OSI-Protokolle, die in dem erwähnten OSI-Netzwerk zur Verfügung stehen, in zahlreichen Testläufen auf ihre Konformität und ihre Kompatibilität überprüft.

Wie oben erwähnt, ist keines der in der Literatur beschriebenen Verfahren zur automatischen Generierung von Testdaten dafür geeignet, Testsequenzen zu generieren, die die automatische Testdurchführung unterstützen. Ein weiterer Nachteil dieser Verfahren ist darin zu sehen, daß sie nicht in der Lage sind, Testsequenzen kleiner Länge mit großer Fehlererkennungsmächtigkeit zu generieren. Zur automatischen Generierung von Testdaten wurde daher ein eigenes Verfahren, das **TRANS-CHECK-Verfahren**, entwickelt. Das TRANS-CHECK-Verfahren erzeugt ausgehend von den Automaten, auf denen die zu testenden Protokolle basieren, Testsequenzen von kleiner Länge und mit großer Fehlererkennungsmächtigkeit. Durch eine **Erweiterung des Protokollautomaten**, durch die die verteilten Aktivitäten während der Testdurchführung berücksichtigt werden, können mittels des TRANS-CHECK-Verfahrens *Testszenarien* erzeugt werden, die neben den eigentlichen Testdaten auch die für die Testdurchführung benötigten Steuer- und Kontrollkommandos enthalten. Die Erstellung des erweiterten Protokollautomaten wird durch einen speziellen Algorithmus unterstützt, der eine teilweise Automatisierung der Erweiterung ermöglicht. Um die Interpretation der derart erstellten Testszenarien durch das KATE zu ermöglichen, wurde eine spezielle Sprache, die **Test Control Language** (TCL), entwickelt. Die TCL dient zur Beschreibung der Testfälle, die in einem Testszenario zusammengefaßt sind.

Das Verhalten von OSI-Protokollen ist in vielen Fällen indeterministisch, wodurch die Testdurchführung erheblich erschwert wird. Dies gilt insbesondere für Testdurchführungen auf der Basis von Testszenarien. Daher wurden Methoden entwickelt, die eine Determinisierung spezieller indeterministischer Verhaltensweisen erlauben. Ausgehend von der Unterscheidung deterministischer/indeterministischer Protokollverhaltensweisen wurden Richtlinien erarbeitet, die bei der Festlegung einer Teststrategie zu beachten sind.

1.4 Gliederung der Abhandlung

Die vorliegende Abhandlung gliedert sich in acht Kapitel.

In Kapitel 2 wird die allgemeine Problematik des Testens und die spezielle Problematik des Protokolltestens beschrieben. Des weiteren enthält dieses Kapitel eine Beschreibung der bekannten Testverfahren zum Test von OSI-Protokollen.

In Kapitel 3 werden einige aus der Literatur bekannten Verfahren zur automatischen Generierung von Testdaten beschrieben, und es wird eine Bewertung dieser Verfahren vorgenommen.

Das Testsystem KATE wird in Kapitel 4 vorgestellt. Einleitend werden die Forderungen abgeleitet, die an ein Testsystem zu stellen sind, das den Protokolltest unterstützt. Anschließend werden die Struktur und die Komponenten des KATE beschrieben. Abgeschlossen wird dieses Kapitel durch einen Vergleich des KATE mit den bekannten Testverfahren und einer Bewertung des KATE hinsichtlich der eingangs erhobenen Forderungen.

Kapitel 5 enthält die Darstellung des TRANS-CHECK-Verfahrens. Durch eine Analyse der bekannten Testdatengenerierungsverfahren werden zu Beginn dieses Kapitels Maßnahmen ermittelt, die zu einer Reduzierung der Testsequenzlänge unter Beibehaltung einer großen Fehlererkennungsmächtigkeit führen. Aus diesen Maßnahmen wird der Algorithmus des TRANS-CHECK-Verfahrens abgeleitet. Abschließend wird eine Bewertung des TRANS-CHECK-Verfahrens und ein Vergleich mit den bekannten Generierungsverfahren vorgenommen.

In Kapitel 6 wird die Vorgehensweis zur automatischen Generierung von Testszenarien beschrieben. Zunächst wird die Syntax der TCL dargestellt. Anschließend erfolgt die schrittweise Entwicklung eines Algorithmus zur Erweiterung des Protokollautomaten. Des weiteren wird die Anpassung des in Kapitel 5 beschriebenen TRANS-CHECK-Verfahrens an die Struktur des erweiterten Protokollautomaten beschrieben. Ein Beispiel, das die Abarbeitung eines mittels des TRANS-CHECK-Verfahren erzeugten Testszenarios zeigt, schließt dieses Kapitel ab.

In Kapitel 7 wird zunächst durch eine Änderung der Testszenariostruktur die Basis zur Festlegung einer Teststrategie geschaffen. Anschließend wird auf die Probleme eingegangen, die sich aus indeterministischen Protokollverhaltensweisen für die Testdurchführung ergeben. Des weiteren werden einige Methoden vorgestellt, die eine Determinisierung indeterministischer Protokollverhaltensweisen ermöglichen. Abgeschlossen wird dieses Kapitel durch eine Beschreibung der Vorgehensweise zur Festlegung einer Teststrategie.

Im Anschluß an das Kapitel 7 finden sich einige Anhänge, die zur Ergänzung der Kapitel 4 - 6 dienen.

2 Test

Die hier vorliegende Arbeit befaßt sich mit der Entwicklung von Werkzeugen für den Test von OSI-Protokollen. Das Testen von Kommunikationssoftware ist dem Themenkreis Programmtest zuzuordnen. Daher sollen in diesem Kapitel zunächst einige allgemeine Bemerkungen zum Thema Programmtest angeführt werden, bevor im weiteren auf die Besonderheiten des Protokolltests eingegangen wird. Weiterhin werden in diesem Kapitel einige bekannte Verfahren für den Protokolltest vorgestellt. Abschließend erfolgt eine kurze Darstellung über die Aufbereitung der für den Protokolltest benötigten Testdaten.

2.1 Grundprinzipien des Testens

Im Unterschied zur Verifikation, bei der mittels formaler Methoden die Korrektheit des Prüflings überprüft wird, wird beim Testen durch Inspektion und/oder Beobachtung des Prüflings eine Aussage hinsichtlich der festgelegten Testziele gewonnen. Somit gliedert sich das Testen in drei Phasen

- Festlegung der Testziele,
- Durchführung des Tests und
- Auswertung.

Die Festlegung der Testziele ergibt sich aus den Anforderungen, die an die Software zu Beginn des Entwicklungszyklus gestellt worden sind. Diese Anforderungen können dem Pflichtenheft oder den Normungen internationaler Gremien (z.B. ISO/OSI-Protokollspezifikationen) entnommen werden. Es sind dies Anforderungen bez. der *Zuverlässigkeit* (Verhältnis zwischen der Summe der Zeitintervalle, zu denen der Prüfling funktionsfähig zur Verfügung steht, und der Summe der Ausfallzeiten), der *Robustheit* (Verhalten unter Härtebedingungen), der *Leistung* (Bearbeitungsgeschwindigkeit), der *Kompatibilität* (übereinstimmendes Verhalten mit Produkten, die anhand derselben Spezifikation erstellt wurden) und der *Komformität* (Erfüllung der Spezifikation).

Bei der Testdurchführung werden zwei Betrachtungsweisen unterschieden - die *interne* Betrachtungsweise (engl. white box test) und die *externe* Betrachtungsweise (engl. black box test). Die interne Betrachtungsweise setzt Kenntnisse über die interne Struktur des Prüflings voraus (Beispiele hierfür sind Codeinspektion, Debugging und Tracing), während bei der externen Betrachtungsweise keine Kenntnisse über die interne Struktur genutzt werden. Die hier vorgestellten Werkzeuge und Verfahren sind für den Test von Protokollimplementierungen vorgesehen, die dem Tester in ausführbarer Form vorliegen (d.h. der Tester besitzt keinerlei Informationen über die interne Struktur des Prüflings), so daß sich im weiteren Verlauf dieser Arbeit die Aussagen über die Testdurchführung auf die externe Betrachtungsweise beziehen.

Die Testdurchführung hat zwei Aufgaben - die *Erzeugung* von Reakionen und die *Beobachtung* der Reaktionen des Prüflings durch Bedienung bzw. durch Beobachtung der Schnittstellen des Prüflings. Die Erzeugung von Reaktionen erfolgt mittels *Testeingangsparametern*, die sich aus Aufrufen, die an den Schnittstellen des Prüflings zur Verfügung stehen, und aus den mit diesen Aufrufen verbundenen Eingabedaten zusammensetzen. Für die Testdurchführung werden die Testeingangsparameter, im folgenden Testdaten genannt, zu Testsequenzen bzw. zu Testszenarien zusammengefaßt. Die Bestimmung der Testdaten wird in Abhängigkeit von den in der Phase 1 festgelegten Testzielen vorgenommen.

Die erzeugten Reaktionen äußern sich in Aktivitäten an den Schnittstellen des Prüflings. Diese Aktivitäten werden während der Testdurchführung beobachtet und protokolliert. Sie bilden das *beobachtete* Verhalten, im Gegensatz zum *erwarteten* Verhalten, das sich aus den nach der Spezifikation zu erwartenden Aktivitäten ergibt. Das erwartete Verhalten wird mittels sogenannter *Referenzparameter* beschrieben. Die Anzahl der zu beobachtenden Schnittstellen ist abhängig von der Art des Tests. Beim *Schnittstellentest* (Test einer einzelnen Schnittstelle des Prüflings) beschränkt sich die Beobachtung auf eine Schnittstelle, während beim *Funktionalitätstest* (Test des gesamten Funktionsumfangs des Prüflings) alle Schnittstellen beobachtet werden müssen.

Die Aufgabe der Testauswertung ist es, aus dem beobachteten Verhalten eine Aussage über die Güte des Prüflings (Testergebnis) hinsichtlich der in Phase 1 festgelegten Testziele abzuleiten. Dies geschieht durch einen Vergleich des beobachteten mit dem erwarteten Verhalten und durch eine anschließende Bewertung des vorgenommenen Vergleichs. Das derart gewonnene Testergebnis kann keine absolute Aussage über die Güte des Testergebnisses liefern, da das Testergebnis in hohem Maße von den bei der Testdurchführung verwendeten Testdaten abhängig ist. In den meisten Fällen steht eine unendliche Menge von Testdaten zur Verfügung, von der aus Aufwandsgründen nur eine endliche Teilmenge bei der Testdurchführung Verwendung finden kann, so daß das Testergebnis eigentlich nur für die verwendete Teilmenge gültig ist. Die Teilmenge sollte daher so gewählt werden, daß durch die darin enthaltenen Testdaten zumindest alle möglichen Reaktionen des Prüflings erzeugt und damit auch getestet werden können.

Bild 2.1 gibt die wesentlichen Komponenten des Testens und ihre gegenseitigen Abhängigkeiten wieder, während Bild 2.2 eine allgemeine Darstellung der Testdurchführung enthält. Eine ausführliche Diskussion über die Problematik des Testens wird in [Myer 79], in [Press 87] und in [Somm 87] vorgenommen.

2.2 Test von OSI-Protokollen

Nachdem im letzten Kapitel ein allgemeiner Überblick über das Thema Testen gegeben wurde, soll hier auf die Besonderheiten des Testens von OSI-Protokollen eingegangen werden. OSI-Protokolle bilden einen Bestandteil des OSI-Basisreferenzmodells [OSIREF 84]. Daher soll zum besseren Verständnis der beschriebenen Besonderheiten zunächst ein kurzer Überblick über das OSI-Basisreferenzmodell gegeben werden.

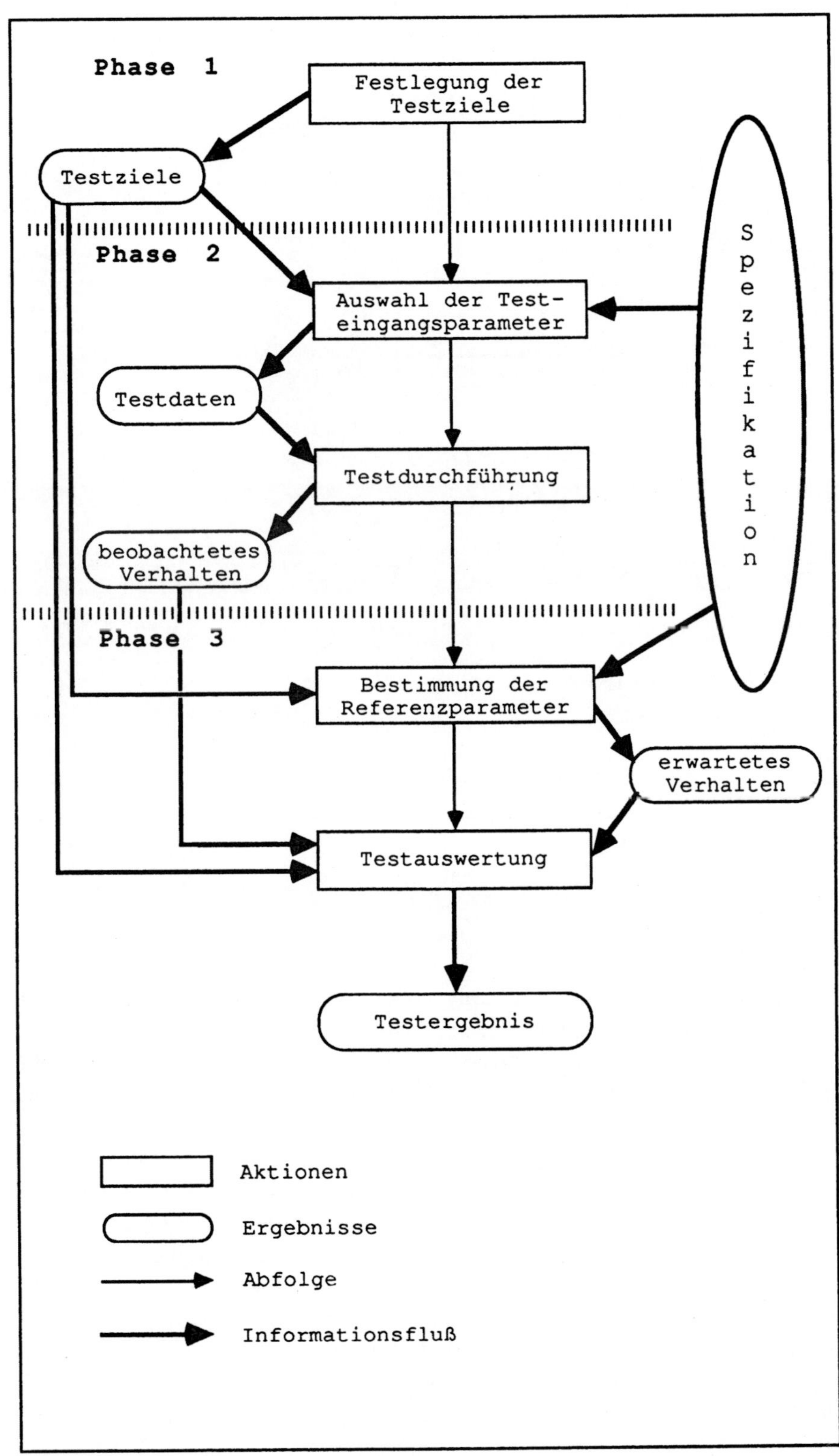
Phase 1
Festlegung der Testziele
Testziele
Phase 2
Auswahl der Test-eingangsparameter
Testdaten
Testdurchführung
beobachtetes Verhalten
Phase 3
Bestimmung der Referenzparameter
erwartetes Verhalten
Testauswertung
Testergebnis
Spezifikation
Aktionen
Ergebnisse
Abfolge
Informationsfluß

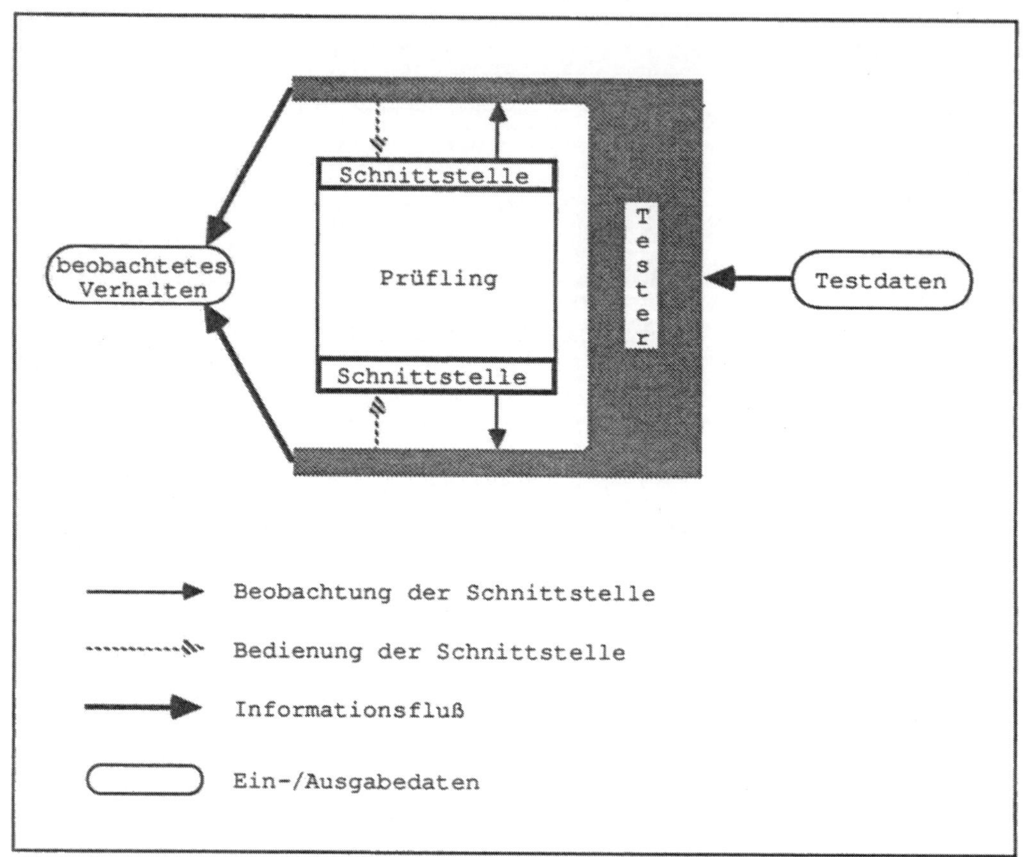

Bild 2.2. Testdurchführung

2.2.1 OSI-Basisreferenzmodell

Das OSI-Basisreferenzmodell setzt sich aus sieben Schichten zusammen. Jeder Schicht fällt ein genau spezifizierter Aufgabenbereich (*Dienst*) zu, wobei zwischen verbindungsorientierten und verbindungslosen Diensten unterschieden wird. Dem zugeordneten Aufgabenbereich entsprechend stellt jede Schicht eine Reihe von *Dienstelementen* zur Verfügung, die einen Teil des zugeordneten Aufgabenbereiches erfüllen. Diese Dienstelemente werden der nächsthöheren Schicht über die sogenannte *Dienstelementschnittstelle* zur Verfügung gestellt, so daß einer Schicht zur Bewältigung ihrer Aufgaben neben den eigenen Dienstelementen auch die Dienstelemente der darunterliegenden Schicht zur Verfügung stehen. Dementsprechend besitzt jede Schicht eine zweite Schnittstelle - die Schnittstelle zur darunterliegenden Schicht, die von deren Dienstelementschnittstelle Gebrauch macht. Die Dienste selbst werden von Protokollen, den *Diensterbringern*, erbracht. Die Aktivierung von Dienstelementen wird durch *Dienstelementaufrufe* vorgenommen, während *Dienstelementanzeigen* zur Kontrolle des Ablaufs der Dienstelementausführung dienen. Die Dienstelementaufrufe und -anzeigen einer Dienstelementschnittstelle sind in abstrakter Form als sogenannte *abstrakte Dienstelementprimitive* (engl. abstract service primitives, ADP) definiert.

Für die Kommunikation zwischen zwei Rechnern muß gewährleistet sein, daß beide Rechner dieselben Dienste anbieten bzw. über dieselben Protokolle verfügen. Die Kommunikation erfolgt durch den Austausch von *Protokolldateneinheiten* (engl. protocol data units, PDE) zwischen zwei benachbarten *Protokollinstanzen* (engl. protocol entities), wobei mit benachbarten Protokollinstanzen die Realisierungen eines Protokolls derselben Schicht auf unterschiedlichen Rechnern bezeichnet werden, die miteinander über ein Rechnernetz verbunden sind.

Eine PDE (auch Paket genannt) setzt sich aus zwei Teilen zusammen - dem eigentlichen *Datenteil* und dem *Paketkopf*. Ein Paketkopf enthält Verwaltungsinformationen, die zur Erbringung eines Dienstes erforderlich sind. Der Datenteil umfaßt die Daten, die an die Schicht, der die für das Paket verantwortliche Protokollinstanz angehört, von der nächsthöheren Schicht oder vom Anwender direkt über die Dienstelementschnittstelle weitergegeben worden sind. Im ersten Fall entsprechen die Daten den PDEs, die zwischen den Protokollinstanzen der darüberliegenden Schichten ausgetauscht werden sollen; im zweiten Fall enthält der Datenteil die eigentlichen Nutzdaten. Demzufolge sind im Datenteil neben den Nutzdaten auch sämtliche Verwaltungsinformationen abgelegt, die zur Erbringung der Dienste aller über der aktuellen Schicht liegenden Schichten benötigt werden (vorausgesetzt die betrachtete Schicht entspricht nicht der obersten Schicht). Beim Empfang einer PDE wird zwischen zwei Schichten immer nur der Datenteil der PDE ausgetauscht.

2.2.2 Besonderheiten

Wie oben erwähnt besitzt jede Schicht und damit jedes Protokoll zwei Schnittstellen. An der Durchführung der Kommunikation sind immer zwei Protokollinstanzen desselben OSI-Protokolls beteiligt, so daß von der Kommunikation vier Schnittstellen (pro Schicht) betroffen sind. Da alle Funktionen eines Potokolls mit der Kommunikation zu tun haben, müssen demnach bei der Durchführung eines Funktionalitätstests vier Schnittstellen beachtet werden.

Die Testdaten beziehen sich auf die Dienstelementschnittstelle der Schicht, der die beiden vom Test betroffenen Protokollinstanzen angehören. Die durch Eingabe der Testdaten erzeugten Reaktionen äußern sich durch Aktivitäten an einer oder mehreren der vier Schnittstellen, so daß zur Beobachtung und Protokollierung der Aktivitäten bzw. zur Ermittlung der Referenzparameter die von der jeweiligen Reaktion betroffenen Schnittstellen bestimmt werden müssen. Wesentliche Aktivitäten sind die Erzeugung von Dienstelementanzeigen und der Austausch von PDEs zwischen den beiden Protokollinstanzen. Der Inhalt der in den PDEs enthaltenen Verwaltungsinformationen wird durch die erzeugten Reaktionen mitbestimmt. Für die Testauswertung hat dies zur Folge, daß in Abhängigkeit von den Testzielen des vorgenommenen Tests eine Interpretation der während der Testdurchführung protokollierten Verwaltungsinformationen vorgenommen werden muß.

Beim Funktionalitätstest eines Protokolls müssen immer zwei Protokollinstanzen berücksichtigt werden (s.o.). Hierdurch ergeben sich für die Testdurchführung zwei zusätzliche Aspekte - die *Asynchronität* während der Funktionsausführung und die *verteilte Ausführung* einer Funktion auf zwei physikalisch getrennten Rechnern. Nach einer positiven Quittierung eines Dienstelementaufrufs ist die vollständige Ausführung der zugehörigen Protokollfunktion nicht sichergestellt. In den meisten Fällen wird die Ausführung der Funktion nach der Quittierung noch andauern und erst zu einem späteren, nicht genau voraussagbaren Zeitpunkt abgeschlossen sein (Asynchronität). So muß während der Testdurchführung (zur Vermeidung unerwünschter Seiteneffekte) durch Einfügung spezieller Steuer- und Kontrollkommandos in die Testsequenz dafür Sorge getragen werden, daß die Eingabe des nächsten Testeingangsparameters (z.B. Aufruf eines Dienstelementes) erst dann erfolgt, wenn die durch die letzte Eingabe ausgelöste Protokollfunktion vollständig ausgeführt ist. Weiterhin erfordert die verteilte Ausführung einer Funktion zusätzliche Kommandos zur Steuerung und Kontrolle des zweiten an der Funktionsausführung beteiligten Rechners.

Ein nicht unerhebliches Problem bei der Testdurchführung ergibt sich durch das teilweise indeterministische Verhalten der Protokolle. Dieser Indeterminismus ist darauf zurückzuführen, daß die Reaktionen eines Protokolls nicht nur von den Eingabedaten sondern auch von den aktuellen Werten interner Protokollvariablen abhängig sind. Da im allgemeinen keine Informationen über die (während der Testdurchführung) aktuellen Werte der Protokollvariablen vorliegen, wird die Bestimmung der Referenzparameter und damit auch die Testauswertung in nicht unerheblichem Maße erschwert.

Es wurde bereits im vorausgegangenen Kapitel darauf hingewiesen, daß zwischen verbindungsorientierten und verbindunsglosen Diensten unterschieden wird. Diese Unterscheidung kann auch für die entsprechenden Diensterbringer übernommen werden. Da Verbindungen aus der Sicht der Protokolle Objekte darstellen, werden verbindungsorientierte Protokolle oft auch als *objektorientierte Protokolle* bezeichnet. Eine Grundeigenschaft von objektorientierten Protokollen besteht in der gleichzeitigen Verwaltung mehrerer solcher Objekte. Demzufolge sollte in einer speziellen Testphase diese Fähigkeit getestet werden. Sinnvollerweise sollten zur Vereinfachung der Testauswertung die Schnittstellen- und der Funktionalitätstest in einer ersten Testphase anhand eines einzelnen Objektes durchgeführt werden und anschließend in einer zweiten Testphase der gesamte Test unter Verwendung mehrerer Objekte wiederholt werden. Zur Unterscheidung dieser beiden Testphasen werden im weiteren Verlauf der Abhandlung die Begriffe *Einzelobjekttest* und *Mehrobjekttest* verwendet.

Im folgenden Kapitel werden einige Testverfahren vorgestellt, die den Test der Protokollschnittstellen und der Protokollfunktionen erlauben.

2.3 Testverfahren

In diesem Kapitel werden einige bekannte Testverfahren beschrieben, die sich für den Test von OSI-Protokollen mit dem Testziel Konformität eignen. Hierbei werden zwei Gruppen von Testverfahren unterschieden

- Testverfahren auf der Basis von Testzentren und
- OSI-Testverfahren.

Die zweite Gruppe umfaßt die von der OSI-Arbeitsgruppe 16 vorgeschlagenen Verfahren zur Druchführung von Konformitätstests bez. OSI-Protokollen (die Arbeitsgruppe 16 ist eine Untergruppe der OSI-Organisation, die sich mit der allgemeinen Problematik des Konformitätstest bez. OSI-Protokollen befaßt). Diese Verfahren sind mehr abstrakter Natur. Die Testverfahren der ersten Gruppe entstanden vor der Gründung der Arbeitsgruppe 16 und wurden in Form von Testzentren realisiert.

2.3.1 Verfahren auf der Basis von Testzentren

Von verschiedenen Institutionen wurden Testzentren eingerichtet, die den Test von Protokollimplementierungen in Hinblick auf ihre Konformität zu dem OSI-Standard, auf dem sie basieren, erlauben, so z.B. vom National Computing Center (NCC), vom National Bureau of Standards (NBS), vom Agence de l'Informatique (ADI), von der Gesellschaft für Mathematik und Datenverarbeitung (GMD) und vom Fernmeldetechnischen Zentralamt (FTZ) der Deutschen Bundespost. Einige dieser Institutionen haben sich zu internationalen Verbänden zusammengeschlossen, um ihre Dienste aufeinander abzustimmen. Als Beispiel sei hier das CTS-WAN (Conformance Testing Services for Wide Area Networks) Konsortium erwähnt [CTS 87].

Die Testdurchführung erfolgt bei allen Verfahren dieser Art nach demselben Prinzip. Die Verfahren unterscheiden sich lediglich in der Realisierung einzelner Verfahrenskomponenten und ihrer gegenseitigen Synchronisierung. Das Folgende beschränkt sich auf die Darstellung des allgemeinen Prinzips. Detaillierte Informationen können [CoHaRa 83], [LiNi 83], [Linn 84], [Linn 86], [Mill 84], [Pave 84] und [SiBl 86] entnommen werden.

In die Testdurchführung sind zwei Rechnersysteme einbezogen - das Rechnersystem im Testzentrum (im folgenden kurz *Testzentrum* genannt) und das *System unter Test*. Beide Systeme sind über ein oder mehrere öffentliche Netze miteinander verbunden. Auf dem System unter Test ist die zu testende Protokollinstanz, die *Implementierung unter Test*, installiert. Eine zweite Protokollinstanz, die sogenannte *Referenzimplementierung* (engl. reference implementation), ist im Testzentrum installiert. Die Referenzimplementierung und die Implementierung unter Test basieren auf demselben Standard. Im Unterschied zur Implementierung unter Test kann bei der Referenzimplementierung davon ausgegangen werden, daß diese in allen Punkten konform zum zugrunde liegenden Standard ist (zu Erzeugung einer Referenzimplementierung s. [Mill 84] und [SiBl 86]). Einige Verfahren verwenden anstelle einer Referenzimplementierung einen *Paketerzeuger/Paketanalysierer* (engl. encoder/decoder). Ein Paketerzeuger/Paketanalysierer ist *keine* Protokollimplementierung. Vielmehr werden mit einem Paketerzeuger/Paketanalysierer die wesentlichen Funktionen eines Protokolls simuliert (s. [CoHaRa 83]).

Die Steuerung und die Kontrolle der Testdurchführung wird durch den *Testtreiber* (engl. test driver) wahrgenommen, der ebenfalls im Testzentrum installiert ist. Der Testtreiber (s. [CoHaRa 83]) ist für die Verteilung der Testdaten zwischen Testzentrum und System unter Test zuständig, löst die sich aus den Testdaten ergebenden Dienstelementaufrufe auf seiten des Testzentrums aus, synchronisiert die Aktivitäten im Testzentrum mit den Aktivitäten im System unter Test und aktiviert nach erfolgter Testdurchführung den für die Testauswertung verantwortlichen *Testanalysator* (engl. test analyzer).

Der *Testbeantworter* (engl. test responder) löst die durch die Testdaten als Antwort auf die Aktionen im Testzentrum festgelegten Dienstelementaufrufe im System unter Test aus. Seine Aktionen werden durch den Testtreiber gesteuert und kontrolliert.

Das *Testtreiber - Beantworter Protokoll* (engl. test driver - responder protocol) dient zur Kommunikation zwischen dem Testtreiber und dem Testbeantworter (s. [Pave 84]). Über dieses Protokoll werden die zur Steuerung und zur Kontrolle des Testbeantworters benötigten Kommandos und die für den Testbeantworter bestimmten Testdaten vom Testtreiber an den Testbeantworter gesendet.

Weitere wesentliche Verfahrenskomponenten sind der *Fehlergenerator* (engl. error generator) und der *Beobachter* (engl. monitor). Sowohl der Fehlergenerator als auch der Beobachter sind im Testzentrum installiert. Die Aufgabe des Fehlergenerators ist die Erzeugung von Fehlersituationen während der Testdurchführung, wodurch die Überprüfung der Robustheit der Implementierung unter Test ermöglicht wird. Der Beobachter dient zur Beobachtung der Aktivitäten, die während der Testdurchführung an den Schnittstellen der Referenzimplementierung stattfinden. Das beobachtete Protokollverhalten wird in der *Testprotokolldaten-Datei* (engl. traffic monitoring data file) festgehalten, die wiederum als Eingabedatei für den Testanalysator dient.

In Bild 2.3 ist die generelle Struktur der hier diskutierten Verfahren dargestellt.

2.3.2 OSI-Testverfahren

Im Unterschied zu den im vorausgegangenen Kapitel vorgestellten Testverfahren auf der Basis von Testzentren handelt es sich bei den OSI-Testverfahren um abstrakte Verfahren, d.h. die Verfahrensbeschreibungen sind sehr allgemein gehalten und enthalten keinerlei Angaben zur konkreten Realisierung der Verfahren.

Die verschiedenen OSI-Testverfahren setzen sich aus denselben Verfahrenskomponenten zusammen. Es sind dies zwei Verfahrenskomponenten - der *obere Tester* (engl. upper tester) und der *untere Tester* (engl. lower tester). Der obere Tester steuert und beobachtet die Aktivitäten an der Dienstelementschnittstelle zur Implementierung unter Test, während der untere Tester die Aufgabe hat, die Aktivitäten an der unteren Schnittstelle der Implementierung unter Test (IUT) zum Diensterbringer der nächsttieferen Schicht (im folgenden kurz untere Schnittstelle der IUT genannt) zu steuern und zu beobachten. Die Koordinierung zwischen dem oberen und dem unteren Tester wird mittels sogenannter *Testkoordinierungsprozeduren* (engl. test coordination procedures) vorgenommen, die zu einem *Testverwaltungsprotokoll* (engl. test management protocol) zusammengefaßt werden können.

Es werden vier Basisverfahren unterschieden

- das *lokale* Testverfahren (engl. local test method),
- das *verteilte* Testverfahren (engl. distributed test method),
- das *koordinierte* Testverfahren (engl. coordinated test method) und
- das *abgesetzte* Testverfahren (engl. remote test method).

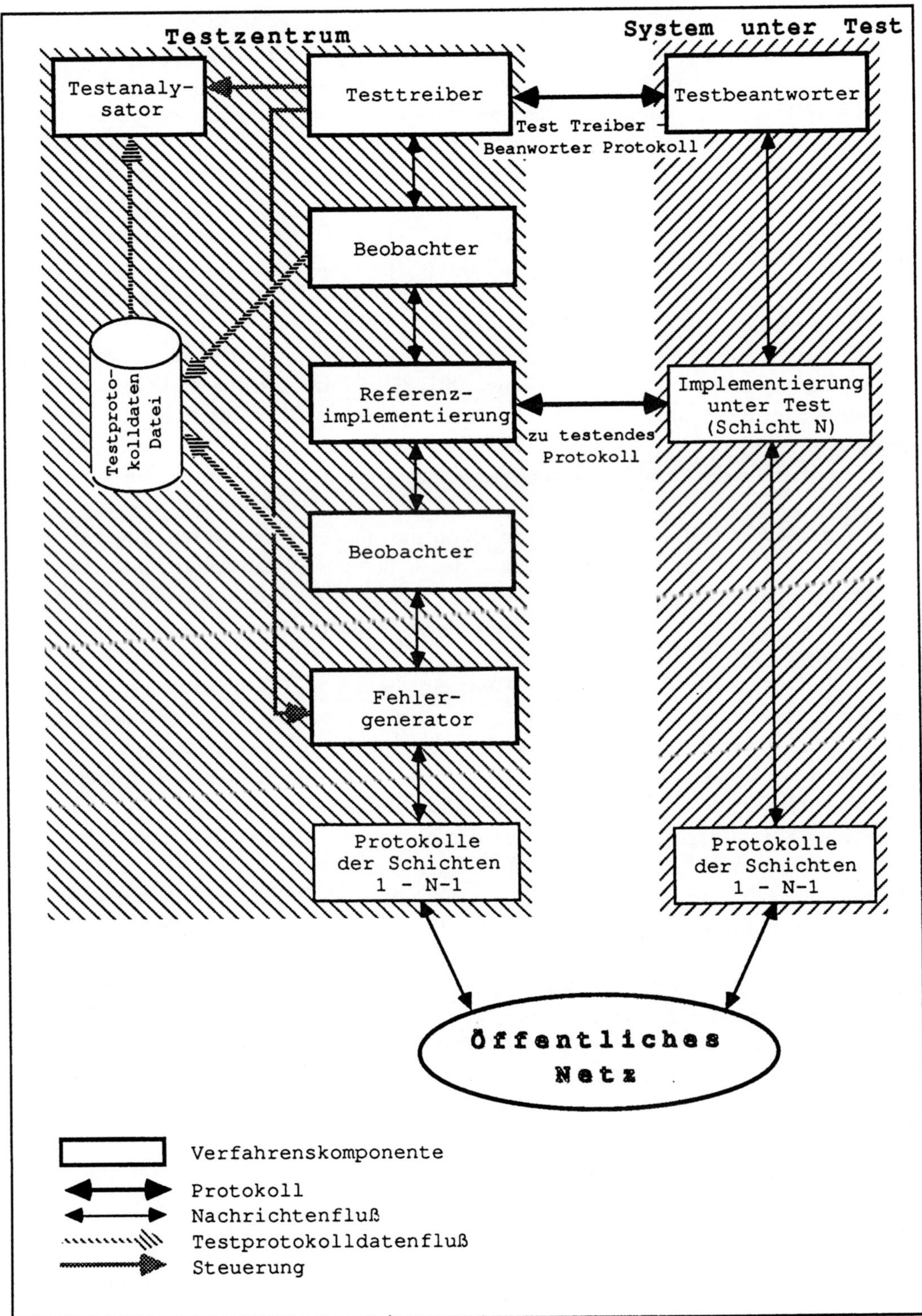

Bild 2.3. Generelle Struktur der Testverfahren auf der Basis von Testzentren

Das lokale Testverfahren eignet sich für das isolierte Testen einer IUT, d.h. die IUT wird ohne Einbeziehung eines (N-1) - Diensterbringers getestet (N-1 gibt die Position an, die die Schicht, deren Dienstelemente von der IUT genutzt werden, innerhalb des OSI-Basisreferenzmodells einnimmt). Hierdurch beschränkt sich der Einsatz dieses Testverfahrens auf die 'lokale Umgebung' eines Rechnersystems. Steuer- und Beobachtungspunkte während der Testdurchführung sind die Dienstelementschnittstelle und die untere Schnittstelle der IUT. Die Testdaten bzw. Referenzparameter ergeben sich aus den Mengen der abstrakten Dienstelementprimitiven (ADPs) der Dienstelementschnittstelle der IUT (IUT-ADPs), aus der Menge der abstrakten Dienstelementprimitiven der Dienstelementschnittstelle des (N-1) - Diensterbringers ((N-1)-ADPs) und aus der Menge der Protokolldateneinheiten, die die IUT erzeugen kann ((N)-PDEs).

Die übrigen Testverfahren unterscheiden sich vom lokalen Testverfahren prinzipiell durch die Einbeziehung eines (N-1) - Diensterbringers in die Testdurchführung, zu dem der untere Tester eine eigene Schnittstelle besitzt. Über diese Schnittstelle steuert und kontrolliert der untere Tester indirekt die untere Schnittstelle der IUT. Die ADPs, die an der Schnittstelle des unteren Testers verwendet werden, werden im folgenden durch (N-1)-ADPs" dargestellt.

Das verteilte Testverfahren macht, wie schon das lokale Testverfahren, von zwei Beobachtungs- und Steuerpunkten Gebrauch. Dies sind die Dienstelementschnittstelle der IUT und die Schnittstelle des unteren Testers. Dementsprechend werden die Testdaten bzw. die Referenzparameter aus den Mengen der IUT-ADPs, der (N-1)-ADP"s und der (N)-PDEs abgeleitet.

Für das koordinierte Testverfahren ist nur ein Steuer- und Beobachtungspunkt vorgesehen - die Schnittstelle des unteren Testers. Im Unterschied zu den anderen OSI-Testverfahren werden bei diesem Testverfahren die Testkoordinierungsprozeduren zu einem Testverwaltungsprotokoll zusammengefaßt. Die Testdaten bzw. Referenzparameter, die beim koordinierten Testverfahren Verwendung finden, ergeben sich aus den Mengen der (N-1)-ADP"s, der (N)-PDEs und aus der Menge der Protokolldateneinheiten des Testverwaltungsprotokolls (TVP-PDEs).

Beim abgesetzten Testverfahren wird das Verhalten der IUT ebenfalls nur über die Schnittstelle des unteren Testers gesteuert und beobachtet. Allerdings wurde bei diesem Testverfahren auf die Einbeziehung eines Testverwaltungsprotokolls verzichtet, so daß sich die Testdaten bzw. Referenzparameter aus den Mengen der (N-1)-ADP"s und der (N)-PDEs ergeben. Die Testkoordinierungsprozeduren und der obere Tester sind beim abgesetzten Testverfahren nur als optionale Komponenten vorgesehen.

Wie bereits oben angedeutet, stellen die vier vorgestellten Testverfahren Basisverfahren dar. Aus diesen Basisverfahren werden Testverfahren abgeleitet, die an die spezielle Beschaffenheit der IUT angepaßt sind. Bei diesen abgeleiteten Testverfahren werden drei Klassen unterschieden: die *Einzelschicht*-Testverfahren (engl. single layer test methods), die *Mehrschichten*-Testverfahren (engl. multi layer test methods) und die *selektierenden* Testverfahren (engl. embedded test methods).

Die Einzelschicht-Testverfahren eignen sich für den Test von IUTs, die sich auf eine einzelne Schicht (Schicht N) des OSI-Basisreferenzmodells beziehen. Die Testdaten, die bei den speziellen Einzelschicht-Testverfahren Verwendung finden, werden aus den bei der Beschreibung der Basisverfahren angeführten Mengen abgeleitet, wobei die IUT-ADPs den (N)-ADPs entsprechen. In den Bildern 2.4 - 2.7 sind die aus den Basisverfahren ableitbaren Einzelschicht-Testverfahren dargestellt.

IUTs, die Protokolle mehrerer aufeinanderfolgender Schichten umfassen (Schicht (N) bis Schicht (N+n)), können mittels Mehrschichten-Testverfahren getestet werden. Hierbei bezieht sich der Test auf die gesamte IUT. Für das lokale und das verteilte Mehrschichten-Testverfahren müssen die Testdaten bzw. die Referenzparameter, die sich auf die oberste Dienstelementschnittstelle der IUT beziehen, aus der Menge der (N+n)-ADPs abgeleitet werden. Als Beispiel für ein Mehrschichten-Testverfahren ist in Bild 2.8 das verteilte Mehrschichten-Testverfahren dargestellt.

Die selektierenden Testverfahren wurden für den Test einzelner Protokollimplementierungen definiert, die mit Implementierungen anderer Protokolle in einer IUT zusammengefaßt sind. Ist das zu testende Protokoll der Schicht i ($0 < i \leq n$) zugeordnet, so ergeben sich die Testdaten bzw. die Referenzparameter für die selektierenden Testverfahren in Abhängigkeit vom zugrunde liegenden Basisverfahren aus den Mengen der (N+i) - (N+n)-PDEs, der (N+n)-ADPs der (N+i-1)-ADP"s und der TVP-PDEs. Bild 2.9 zeigt ein Beispiel für das verteilte selektierende Testverfahren zum Test eines Protokolls der Schicht (N+i), das in eine n-Schichten IUT eingebettet ist.

2.4 Testdaten für den Protokolltest

Die Testdaten werden in erster Linie aus der Spezifikation abgeleitet, die der zu testenden Protokollimplementierung zugrunde liegt. Die Spezifikationen enthalten vier Klassen von Anforderungen, die bei der Implementierung entsprechend zu berücksichtigen sind. Es sind dies *Basisanforderungen* (sie müssen immer erfüllt werden), *bedingte Anforderungen* (sie müssen in Abhängigkeit von den während der Protokollausführung ausgetauschten Verwaltungsinformationen und den sich daraus ergebenden Werten interner Protokollvariablen erfüllt werden), *Optionen* (sie müssen nicht unbedingt erfüllt werden) und *Verbote* (sie geben an, was nicht erlaubt ist). Durch die Zulassung von Optionen ist es für die Testdurchführung bzw. für die Festlegung der Testdaten unbedingt erforderlich, daß der Implementierer eines Protokolls alle Anforderungen (insbesondere die Optionen), die von der Protokollimplementierung erfüllt werden, in einer sogenannten *Konformitätsfestlegung* (engl. protocol implementation conformance statement) aufzählt.

Die für die Testdurchführung festgelegten Testdaten werden in einem *Testszenario* zusammengefaßt. In [OSICON 85] ist eine Beschreibung über den Aufbau eines Testszenarios (engl. test scenario, test suite) und über die Auswahl der Testdaten für die Durchführung eines Konformitätstests enthalten, auf die im folgenden kurz eingegangen wird.

Die *Testfälle* bilden die Basiselemente eines Testszenarios. Jeder Testfall ist mit einem oder mit mehreren *Testschritten* verbunden. Ein Testschritt enthält eine Reihe von Ereignissen zur Überführung der IUT in den für den Testfall erforderlichen Ausgangszustand (*Präambel*), zur Erfüllung des Testzwecks (*Ausführungsschritt*) und zur Überführung der IUT in einen stabilen Zustand nach der Behandlung des Testfalls (*Postambel*).

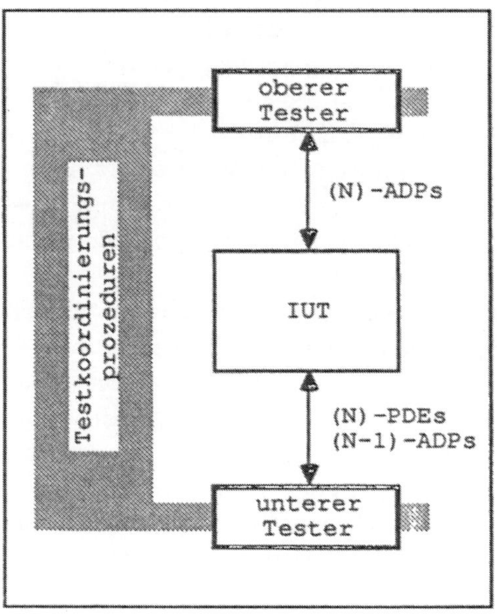

Bild 2.4. Das lokale Einzelschicht-Testverfahren

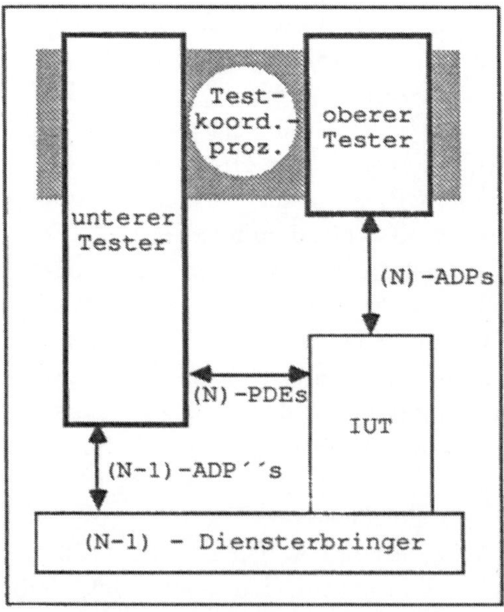

Bild 2.5. Das verteilte Einzelschicht-Testverfahren

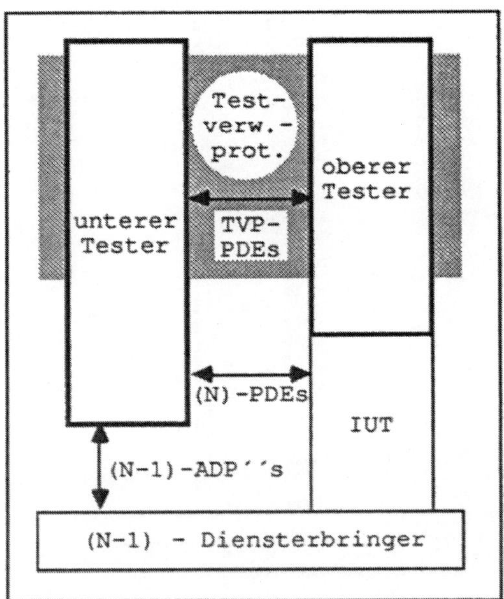

Bild 2.6. Das koordinierte Einzelschicht-Testverfahren

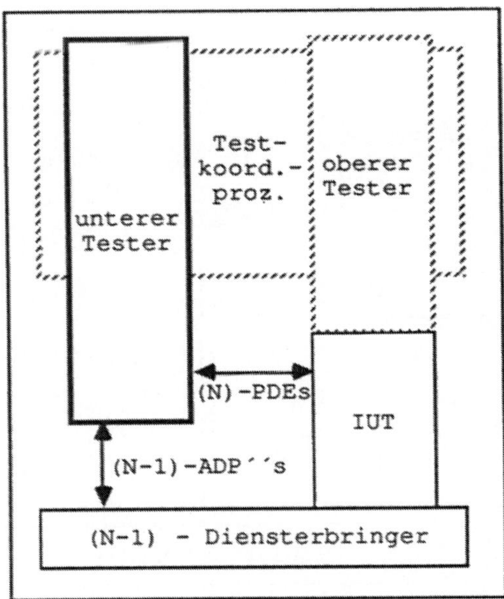

Bild 2.7. Das abgesetzte Einzelschicht-Testverfahren

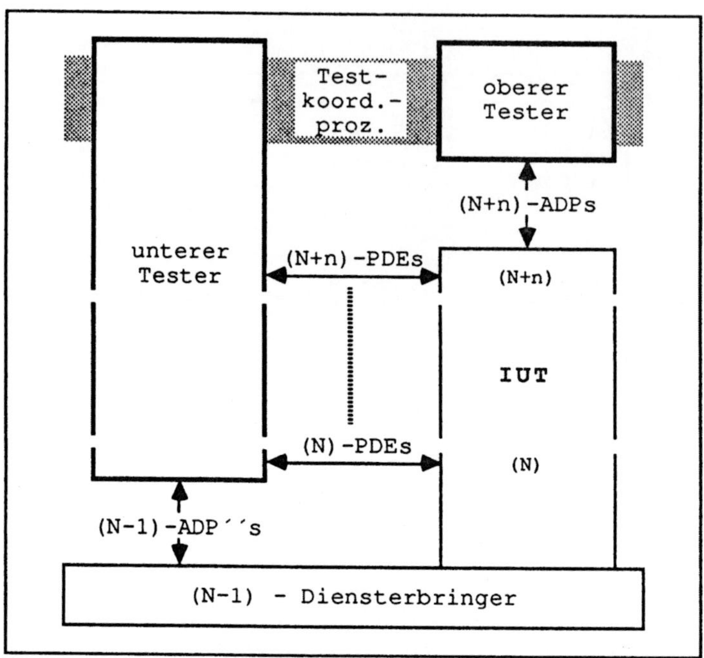

Bild 2.8. Das verteilte Mehrschichten-Testverfahren

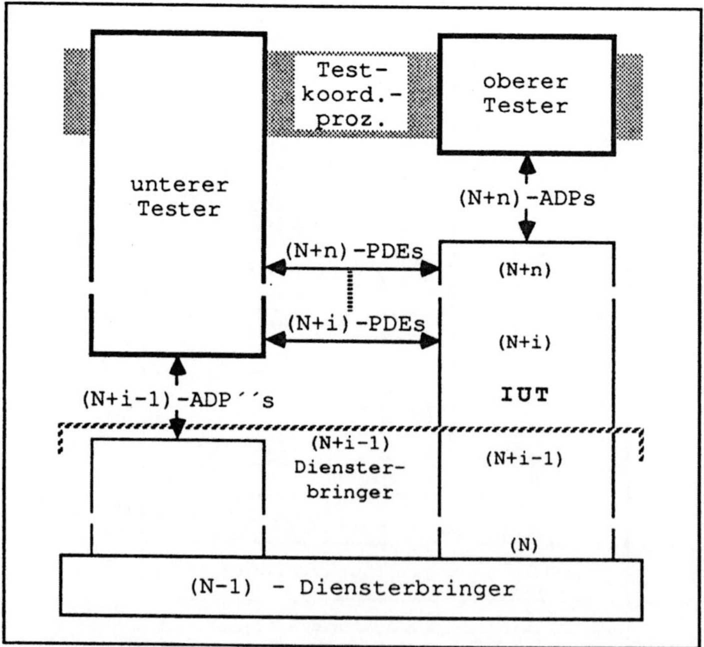

Bild 2.9. Beispiel für ein verteiltes selektierendes Testverfahren

Es werden drei Arten von Testfällen unterschieden.

- **Allgemeiner Testfall**
  Ein allgemeiner Testfall stellt eine informelle Beschreibung der Präambel und der mit dem Testausführungsschritt verbundenen Testabsicht dar. Die Beschreibung erfolgt unabhängig vom OSI-Testverfahren, das zur Testausführung verwendet werden soll.

- **Abstrakter Testfall**
  Ein abstrakter Testfall enthält eine detaillierte Beschreibung der Präambel und des Testausführungsschrittes in Abhängigkeit vom OSI-Testverfahren, das verwendet werden soll.

- **Ausführbarer Testfall**
  Ein ausführbarer Testfall wird aus einem abstrakten Testfall abgeleitet, so daß der Testfall direkt auf die IUT anwendbar ist.

Die Verwendung der Postambel ist optional.

Die Testfälle werden zu Testgruppen bzw. zu Testuntergruppen zusammengefaßt, um eine logische Ordnung des Testszenarios zu ermöglichen. Die Gesamtheit der Testgruppen ergibt das Testszenario (s. Bild 2.10). Vor Erstellung des Testszenarios sollte sich der für diese Arbeit Verantwortliche durch intensives Studium der Spezifikation und der für die jeweilige Implementierung relevanten Konformitätstfestlegung Klarheit über die Konformitätsanforderungen und die Wertebereiche spezieller Parameter verschaffen. Die anschließende Auswahl der Testfälle sollte so getroffen werden, daß eine adäquate Abdekkung der Konformitätsanforderungen garantiert ist. D.h. mindestens ein Testfall für jede relevante Funktion und für jeden PDE Typ; für INTEGER-Parameter je einen Testfall für gültige Werte, für Werte außerhalb des gültigen Wertebereiches und für die Grenzwerte.

Nach der Festlegung der allgemeinen Testfälle erfolgt die Auswahl des OSI-Testverfahrens. Die Formulierung der abstrakten Testfälle wird abhängig von der getroffenen Wahl vorgenommen. Ergänzt wird diese Formulierung durch eine Beschreibung der Relationen zwischen den Testfällen einerseits und zwischen den Testfällen und der Konformitätsfestlegung andererseits. Diese Beschreibung ist notwendig, um die Einschränkungen aufzuzeigen, die sich bez. der Wahl der ausführbaren Testfälle und der Reihenfolge ergeben, in der die Testfälle ausgeführt werden. Im letzten Schritt werden aus den abstrakten Testfällen die ausführbaren Testfälle in Abhängigkeit von dem für die eigentliche Testausführung zur Verfügung stehenden Testsystem abgeleitet, das dem zuvor ausgewählten OSI-Testverfahren entsprechen muß.

Zur Beschreibung eines Testszenarios werden zwei Notationen verwendet. Mit Hilfe der *Tabellennotation* werden die Testabsichten beschrieben. Die *Baumnotation* wird zur detaillierten Darstellung des eigentlichen Testszenarios verwendet. Eine ausführliche Erläuterung der beiden Notationen findet sich in [OSICON 85].

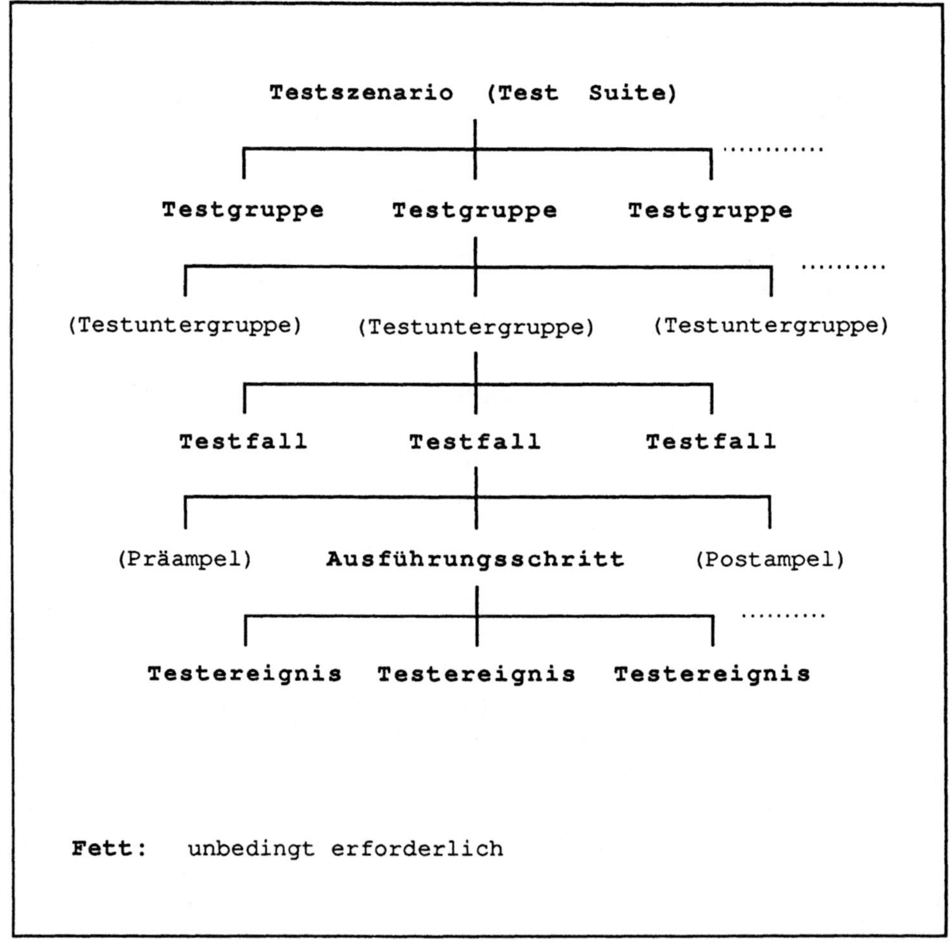

Bild 2.10. Allgemeine Struktur eines Testszenarios (nach [OSICON 85])

3 Automatische Generierung von Testdaten

Wie bereits im vorausgegangenen Kapitel angedeutet wird die Güte eines Testergebnisses im wesentlichen durch die Testdaten bestimmt, die bei der Testdurchführung verwendet werden. Die Testdaten werden aus der Spezifikation des Prüflings abgeleitet. Die Menge der möglichen Testdaten ist in den meisten Fällen nicht begrenzt. Für die Ableitung bzw. Generierung der Testdaten muß daher ein Auswahlkriterium festgelegt werden. Das Auswahlkriterium muß so gewählt werden, daß die für die Testdurchführung zur Verfügung gestellten Testdaten die Güte des Testergebnisses nicht beeinträchtigen.

In der Literatur werden eine Reihe von Verfahren zur automatischen Generierung von Testdaten für den Konformitätstest beschrieben. Ausgehend von unterschiedlichen Auswahlkriterien verfolgen die Verfahren dieselben Ziele - Minimierung der Testsequenzlänge und Generierung von Testsequenzen, die die Aufdeckung möglichst vieler Fehler erlauben. Betrachtet man die Basis, von der die verschiedenen Verfahren ausgehen, so lassen sich die Verfahren in zwei Klassen einteilen, in

- **Grammatikverfahren** und
- **Automatenverfahren.**

3.1 Grammatikverfahren

Grammatikverfahren beruhen auf der Erstellung von attributierten, kontextfreien Grammatiken mittels Produktionsregeln, die die funktionalen Anforderungen an die zu testende Software wiedergeben. Hierzu ist zunächst eine genaue Analyse der Spezifikation hinsichtlich der funktionalen Anforderungen erforderlich. Die derart erstellten Grammatiken werden unter Verwendung logischer Programmiersprachen (LISP, PROLOG usw.) in Programme umgesetzt, die den Produktionsregeln folgend die gewünschten Testsequenzen ausgeben. Das Programm bildet den eigentlichen Testdatengenerator. In [UrPr 83] wird ein Beispiel zur Erstellung einer Grammatik und des daraus abgeleiteten Testdatengenerators (codiert in PROLOG) basierend auf der OSI-Spezifikation des Transportprotokolls der Klasse 0 [OSITRA 84] vorgestellt. Grammatikverfahren besitzen den Vorteil, daß die Programme, die die Testdatengeneratoren darstellen, auf leichte Weise derart erweitert werden können, daß bei der Erzeugung der Testsequenz die zur Steuerung und Kontrolle der Testausführung benötigten Kommandos automatisch miterzeugt werden. Ein Nachteil dieser Verfahren ist darin zu sehen, daß der Testdatengenerator für jedes zu testende Protokoll neu erstellt werden bzw. an jede Änderung der Spezifikation angepaßt werden muß.

Die eigentliche Testdatengenerierung erfolgt zwar automatisch, zur Erstellung des Testdatengenerators sind aber eine Reihe von (menschlichen) Eingriffen notwendig, so daß Grammatikverfahren nur *halbautomatische* Verfahren darstellen. Da sich die hier vorliegende Arbeit mit der automatischen Generierung von Testdaten befaßt, werden die Grammatikverfahren hier nicht weiterbehandelt. Der interessierte Leser sei auf die entsprechende Literatur (z.B. [UrPr 83]) verwiesen.

3.2 Automatenverfahren

Automatenverfahren basieren auf der Interpretation von endlichen Automaten - ein häufig verwendetes Hilfsmittel zur zusammenfassenden Darstellung einer Spezifikation. Diese Verfahren haben gegenüber den Grammatikverfahren den Vorteil, daß der entsprechende Testdatengenerator nur einmal implementiert werden muß und dann auf jeden endlichen Automaten, der bestimmten Vorbedingungen genügt, anwendbar ist. Das Grundprinzip der Automatenverfahren besteht darin, einen Pfad durch den endlichen Automaten zu beschreiben, der alle Transitionen des Automaten mindestens einmal enthält. Bevor nun eine Beschreibung der bekanntesten Automatenverfahren erfolgt, werden zunächst einige Begriffe definiert, die für das Verständnis der Verfahren wesentlich sind. Ergänzend sind im Anhang B Testsequenzen aufgeführt, die durch Anwendung der nachfolgend beschriebenen Verfahren auf den dort dargestellten Automaten ergeben.

3.2.1 Definitionen

Ein endlicher Automat besteht aus einer endlichen Menge von Zuständen

$$\mathcal{Z} = \{Z_1, \ldots, Z_n\}$$

und einer endlichen Menge von Transitionen

$$\mathcal{T} = \{T_1, \ldots, T_q\}.$$

Im folgenden wird mit n die Anzahl der Automatenzustände und mit q die Anzahl der Transitionen des Automaten bezeichnet. Eine Transition sei durch das Quadrupel

$$T_i = (AZ_i, EE_i, AE_i, EZ_i)$$

definiert mit

AZ_i: Zustand, von dem die Transition ausgeht (*Anfangszustand*),

EE_i: Ereignis, das die Transition aktiviert, sofern sich der Automat im Zustand AZ_i befindet (*Eingabeereignis*),

AE_i: Ereignis, das durch die Aktivierung der Transition erzeugt wird (*Ausgabeereignis*), und

EZ_i: Zustand, in dem die Transition endet (*Endzustand*).

Es gelten die folgenden Operationen:

$$az(T_i) = AZ_i$$

$$ee(T_i) = EE_i$$

$$ae(T_i) = AE_i$$

$$ez(T_i) = EZ_i$$

Ein Teilpfad (TP) des endlichen Automaten ergibt sich durch die Aneinanderreihung ($\oplus$) aufeinanderfolgender Transitionen

$$TP = T_1 \oplus T_2 \oplus \ldots \oplus T_v$$

wobei gilt

$$ez(T_{i-1}) = az(T_i) \qquad 1 < i \leq v.$$

l(TP) liefert die Anzahl der Transitionen, die ein Teilpfad enthält.
$\mathcal{T}^{TP}$ bezeichne die Menge der Transitionen, die in einem Teilpfad enthalten sind.
Im folgenden wird für die Darstellung eines Teilpfades auch die Folge der Eingabeereignisse (*Eingabesequenz*) verwendet

$$TP = EE_1 \ominus EE_2 \ominus \ldots \ominus EE_v$$

wobei

$$\begin{aligned} ee(T_1) &= EE_1 \\ &\vdots \\ ee(T_v) &= EE_v. \end{aligned}$$

Der *Start- oder Initialzustand (IZ)* eines endlichen Automaten bezeichnet den Zustand, in dem sich der Automat vor dem Auftreten des ersten Eingabeereignisses befinden sollte. Ein Teilpfad, der im Initialzustand beginnt und im Initialzustand endet, wird als *kompletter Teilpfad* bezeichnet. Sei

$$KTP = T_1 \oplus T_2 \oplus \ldots \oplus T_p$$

ein kompletter Teilpfad, dann gilt

$$\begin{aligned} az(T_1) = ez(T_p) &= IZ \\ ez(T_i) \neq IZ & \qquad 1 \leq i < p. \end{aligned}$$

Eine *Initialsequenz (IS)* ist eine feste Folge von Eingabeereignissen, die den Automaten unabhängig vom Zustand, in dem sich der Automat befindet, in den *IZ* überführt. Sei

$$\mathcal{IS} = \{TP_1, \ldots, TP_n\}$$

die Menge aller Teilpfade, die einer *IS* zugeordnet werden können, und

$$TP_i = T_1^i \oplus T_2^i \oplus \ldots \oplus T_w^i \qquad 1 \leq i \leq n,\ w \leq q$$

ein entsprechender Teilpfad, dann gilt

$$l(TP_i) = w \ \wedge \ ez(T_w^i) = IZ \qquad \forall TP_i \in \mathcal{IS}.$$

Eine *Heimsequenz (HS)* für einen Zustand Z_j besteht aus den Eingabeereignissen, die den Transitionen des Teilpfades HTP_j zugeordnet sind, der den kürzesten Teilpfad zwischen

Z_j und IZ darstellt. Die Menge aller Teilpfade, die ausgehend von Z_j in IZ überführen, sei definiert durch

$$\mathcal{HTP}^j = \{TP_1, \ldots, TP_r\}$$

wobei

$$\forall i,\ 1 \leq i \leq r: \qquad az(T_1^i) = Z_j \ \wedge \ ez(T_{m_i}^i) = IZ$$

für

$$TP_i = T_1^i \oplus T_2^i \oplus \ldots \oplus T_{m_i}^i \qquad 1 \leq i \leq r,\ m_i \leq q,\ TP_i \in \mathcal{HTP}^j.$$

Dann gilt

$$HTP_j \in \mathcal{HTP}^j$$

$$l(HTP_j) \leq l(TP_i) \qquad \forall TP_i \in \mathcal{HTP}^j.$$

Zwei Teilpfade

$$TP_1 = T_1^1 \oplus T_2^1 \oplus \ldots \oplus T_k^1$$

$$TP_2 = T_1^2 \oplus T_2^2 \oplus \ldots \oplus T_l^2$$

sind *identisch*

$$TP_1 \cong TP_2$$

wenn gilt

$$\begin{aligned} l(TP_1) &= l(TP_2) \ \wedge \\ ee(T_i^1) &= ee(T_i^2) \ \wedge \\ ae(T_i^1) &= ae(T_i^2) \qquad \forall i,\ 1 \leq i \leq l(TP_1) \end{aligned}$$

Ein Teilpfad heißt *eindeutig*, wenn der endliche Automat keinen anderen Teilpfad besitzt, der identisch zu diesem Teilpfad ist. Eindeutige Teilpfade bzw. die zugeordneten Eingabeereignisse werden bei der Testdatengenerierung zur *Zustandsidentifizierung* derjenigen Zustände verwendet, von denen sie ausgehen.

3.2.2 Transition Tour Verfahren

Das Transition Tour Verfahren [NaTs 81] ist eines der einfachsten Automatenverfahren. Ausgehend vom IZ des Automaten wird ein Pfad (q: Anzahl der Transitionen im Automaten)

$$TTP = T_1 \oplus T_2 \oplus \ldots \oplus T_r \qquad q \leq r$$

bestimmt, der jede Automatentransition mindestens einmal enthält (*Transitionen-Tour*). Das Verfahren endet, sobald alle Automatentransitionen in die Transitionen-Tour aufgenommen sind. Für TTP gilt

$$az(T_1) = IZ$$

und

$$\forall T_i \in \mathcal{T}: \qquad T_i \in \mathcal{T}^{TTP}.$$

3.2.3 W-Methode

Die W-Methode beruht auf der Erstellung zweier unterschiedlicher Mengen von Eingabesequenzen ($\mathcal{P}, \mathcal{W}$). In $\mathcal{P}$ werden die Eingabesequenzen zusammengefaßt, die sämtlichen vom IZ ausgehenden Teilpfaden entsprechen. Ein Verfahren zur Bestimmung von $\mathcal{P}$ wird in [Chow 78] beschrieben. Die Menge $\mathcal{W}$ enthält das sogenannte *characteristic set* (CS) des endlichen Automaten. Das CS besteht aus den Eingabesequenzen, die die Unterscheidung zweier Zustände eines jeden Zustandpaares des Automaten ermöglichen, so daß sich für $\mathcal{W}$ die folgende Menge von Teilpfadpaaren ergibt

$$
\begin{aligned}
\mathcal{T}^W = \{(TP_i, TP_j)|\ & TP_i = T_1^i \oplus \ldots \oplus T_v^i,\ TP_j = T_1^j \oplus \ldots \oplus T_v^j, \\
& az(T_1^i) = Z_i, \\
& az(T_1^j) = Z_j, \\
& ee(T_1^i) = ee(T_1^j) = EE_1, \\
& \vdots \\
& ee(T_v^i) = ee(T_v^j) = EE_v, \\
& ae(T_1^i) = ae(T_1^j), \\
& \vdots \\
& ae(T_{v-1}^i) = ae(T_{v-1}^j), \\
& ae(T_v^i) \neq ae(T_v^j), \\
& EE_1 \ominus \ldots \ominus EE_v \sqsubseteq \mathcal{W}, \\
& \forall Z_i, Z_j \in \mathcal{Z},\ i \neq j, \\
& 1 \leq i \leq n,\ 1 \leq j \leq n\}.
\end{aligned}
$$

In [Gill 62] wird ein Algorithmus zur Bestimmung des CS eines endlichen Automaten angegeben. Da das CS ein wesentliches Merkmal dieses Generierungsverfahrens bildet, wurde der Bezeichner für diese Menge in den Namen des Verfahrens aufgenommen, daher W-Methode.

Die eigentliche Testsequenz TS ergibt sich durch Konkatenation der Eingabesequenzen aus $\mathcal{P}$ und $\mathcal{W}$, u.zw. derart daß jede Eingabesequenz aus $\mathcal{P}$ mit allen Eingabesequenzen aus $\mathcal{W}$ verknüpft wird. Sei

$$\mathcal{P} = \{PES_1, \ldots, PES_q\}$$

(q: Anzahl der Transitionen im Automaten) und

$$\mathcal{W} = \{WES_1, \ldots, WES_p\} \qquad p = \frac{n(n-1)}{2}$$

dann gilt für TS

$$TS = TP_1 \oplus \ldots \oplus TP_q$$

mit

$$TP_i = PES_i \ominus WES_{1_i} \ominus HTP_{1_i} \ominus \ldots \ominus PES_i \ominus WES_{(n-1)_i} \ominus HTP_{(n-1)_i} \qquad \forall i,\ 1 \leq i \leq q$$

wobei die HTP_{k_i} ($1 \leq k_i \leq n-1$) zur Überführung des Automaten in den IZ dienen (q: Anzahl der Transitionen im Automaten; n: Anzahl der Automatenzustände).

Für die Anwendung der W-Methode muß sichergestellt sein, daß der Automat ein CS besitzt. Automaten, die diese Voraussetzung nicht erfüllen, können durch eine einfache Erweiterung (z.B. Einführung weiterer Transitionen für Eingabeereignisse, die bei einem Zustand nicht berücksichtigt worden sind, und Überführung dieser Transitionen in einen (zusätzlichen) Fehlerzustand) derart modifiziert werden, daß ein CS gebildet werden kann. Ferner muß der Automat die folgenden Forderungen erfüllen

- der Automat darf keine Variablen bzw. Zähler besitzen, die die Auswahl einer Transition beeinflussen (d.h. die Auswahl einer Transition wird allein durch den aktuellen Zustand und das jeweilige Eingabeereignis bestimmt),
- der Automat muß vollständig spezifiziert sein,
- der Automat muß minimal sein,
- der Automat muß einen definierten Initialzustand besitzen und
- jeder Zustand des Automaten muß vom IZ aus erreichbar sein.

3.2.4 Checking Sequence Verfahren

Im Unterschied zur W-Methode wird beim Checking Sequence Verfahren eine sogenannte *distinguishing sequence* (DS) zur Unterscheidung der verschiedenen Zustände eines Automaten verwendet. Eine DS ist eine feste Folge von Eingabeereignissen, die für jeden Zustand des Automaten eine unterschiedliche Folge von Ausgabeereignissen erzeugt. Sei

$$DS = EE_1 \ominus \ldots \ominus EE_r$$

und

$$\begin{aligned}\mathcal{TP}' = \{TP_i|\ TP_i &= T_1^i \oplus \ldots \oplus T_r^i,\\ ee(T_1^i) &= EE_1,\\ &\vdots\\ ee(T_r^i) &= EE_r,\\ az(T_1^i) &= Z_i \in \mathcal{Z},\\ l(TP_i &= r,\\ 1 \leq i &\leq n\}\end{aligned}$$

dann gilt

$$\begin{aligned}\not\exists TP_k \in \mathcal{TP}' : \qquad & ae(T_1^k) = ae(T_1^i),\\ & \vdots\\ & ae(T_r^k) = ae(T_r^i) \qquad \forall TP_i \in \mathcal{TP}',\ i \neq k,\ 1 \leq k \leq n\end{aligned}$$

(n: Anzahl der Automatenzustände).

Eine mit Hilfe eines Checking Sequence Verfahrens erstellte Testsequenz setzt sich aus drei Teilsequenzen zusammen.

- **Initialsequenz**
  Die Initialsequenz führt den endlichen Automaten in den IZ über.

- **Zustandserkennungssequenz**(α-Sequenz)
  Die Zustandserkennungssequenz entspricht einem Pfad (TP_α), der jeden Zustand des Automaten mindestens einmal enthält. Der Pfad wird so gewählt, daß *jeder Automatenzustand* genau einmal durch die DS überprüft wird. Sei

  $$TP_\alpha = T_1^\alpha \oplus \ldots \oplus T_z^\alpha \qquad n < z$$

  (n: Anzahl der Automatenzustände) dann gilt:

  $$az(T_1^\alpha) = IZ$$

  $$\exists T_i^\alpha \in \mathcal{T}^{TP_\alpha} : \qquad ez(T_i^\alpha) = Z_i \qquad \forall Z_i \in \mathcal{Z}$$

  $$\exists_1 TP'' = T_l^\alpha \oplus T_{l+1}^\alpha \oplus \ldots \oplus T_{l+r}^\alpha \qquad \forall Z_i \in \mathcal{Z},\ 1 \leq l \leq z - r$$

  mit

  $$T_l^\alpha, \ldots, T_{l+r}^\alpha \in \mathcal{T}^{TP_\alpha}$$
  $$ez(T_l^\alpha) = Z_i$$
  $$T_{l+1}^\alpha \oplus \ldots \oplus T_{l+r}^\alpha \in \mathcal{TP}'.$$

- **Transitionenüberprüfungssequenz**(β-Sequenz)
  Die Transitionenüberprüfungssequenz entspricht einer Transitionen-Tour (TP_β), die jede Transition des Automaten mindestens einmal enthält. Hierbei wird die Tour so festgelegt, daß der *Endzustand einer jeden Transition* genau einmal durch die DS überprüft wird. Sei

  $$TP_\beta = T_1^\beta \oplus \ldots \oplus T_w^\beta \qquad q \leq w$$

  (q: Anzahl der Transitionen im Automaten) dann gilt

  $$\exists T_i^\beta \in \mathcal{T}^{TP_\beta} \qquad \forall T_i \in \mathcal{T}$$

  $$\exists_1 TP'' = T_l^\beta \oplus T_{l+1}^\beta \oplus \ldots \oplus T_{l+r}^\beta \qquad \forall T_i \in \mathcal{T},\ 1 \leq l \leq w - r$$

  mit

  $$T_l^\beta, \ldots, T_{l+r}^\beta \in \mathcal{T}^{TP_\beta},$$
  $$T_l^\beta = T_i$$
  $$T_{l+1}^\beta \oplus \ldots \oplus T_{l+r}^\beta \in \mathcal{TP}'.$$

In [Göne 70] werden Verfahren zur Bestimmung der α-Sequenz und der β-Sequenz angegeben. Die DS eines Automaten läßt sich mit Hilfe eines sogenannten *Nachfolgerbaumes* (engl. successor tree) ermitteln. Ein Algorithmus zur Erstellung eines Nachfolgerbaumes wird in [Koha 78] beschrieben.

Für die Anwendung des Checking Sequence Verfahrens muß der Automat den folgenden Forderungen genügen

- der Automat muß eine DS besitzen,
- der Automat muß minimal, deterministisch und vollständig spezifiziert sein und
- jeder Zustand des Automaten muß erreichbar sein.

Besitzt ein Automat keine DS (dies ist häufig bei Automaten mit einer sehr großen Anzahl von Zuständen der Fall), so kann man sich auch hier durch eine Erweiterung des Automaten behelfen (s. Kap. 3.2.3).

3.2.5 UIO-Verfahren

Das UIO-Verfahren (*unique input output*) wurde erstmals 1985 von Sabnani und Dahbura beschrieben (s. [SaDa 85]). Es stellt eine Variante zu dem im vorausgegangenen Kapitel vorgestellten Checking Sequence Verfahren dar. Im Unterschied zu diesem Verfahren wird beim UIO-Verfahren keine einheitliche DS gebildet, die die Unterscheidung aller Zustände des endlichen Automaten erlaubt, sondern für jeden Zustand wird eine spezielle DS (im folgenden UIO-Sequenz genannt) ermittelt, die diesen Zustand von den anderen Zuständen unterscheidet, aber nicht notwendigerweise die restlichen Zustände unterscheiden kann. Das Verfahren setzt sich aus drei Schritten zusammen

1. Ermittlung der UIO-Sequenzen für die Zustände des Automaten,
2. Erstellung der Testsequenz und
3. Optimierung der Testsequenz.

Ein Automat, auf den das UIO-Verfahren angewandt werden soll, muß die folgenden Bedingungen erfüllen.

- Der Automat muß minimal und vollständig spezifiziert sein.
- Der Automat muß einen definierten IZ besitzen.
- Jeder Zustand des Automaten muß vom IZ aus erreichbar sein.
- Von jedem Automatenzustand muß eine Transition ausgehen, die diesen in den IZ überführt. Des weiteren müssen diesen Transitionen dieselben Ein- und Ausgabeereignisse zugeordnet sein. Sei

  $$\mathcal{RT} = \{T_1^{RT}, T_2^{RT}, \ldots, T_n^{RT}\}$$

  die Menge dieser Transitionen (n: Anzahl der Zustände), dann gilt

  $$ez(T_i^{RT}) = IZ \qquad \forall T_i^{RT} \in \mathcal{RT}$$

  $$ee(T_1^{RT}) = ee(T_2^{RT}) = \ldots = ee(T_n^{RT})$$
  $$ae(T_1^{RT}) = ae(T_2^{RT}) = \ldots = ae(T_n^{RT})$$

Sollte ein Automat der letzten Bedingung nicht genügen, muß dieser um entsprechende Transitionen erweitert werden.

In [SaDa 85] werden Algorithmen zur Durchführung der einzelnen Schritte beschrieben. Schritt 1 liefert als Ergebnis eine Menge von UIO-Sequenzen (n: Anzahl der Zustände)

$$\mathcal{UIO} = \{UIO_1, \ldots, UIO_n\}$$

$$UIO_i = T_1^i \oplus \ldots \oplus T_{m_i}^i \qquad 1 \leq m_i,\ 1 \leq i \leq n$$

mit

$$az(T_1^i) = Z_i,$$

wobei mit UIO_i die UIO-Sequenz bezeichnet wird, die dem Zustand Z_i zugeordnet ist. Sei

$$\mathcal{UIO}^i = \{TP_j = T_1^j \oplus \ldots \oplus T_{m_i}^j |\ \begin{array}{l} az(T_1^j) = Z_j, \\ ee(T_1^j) = ee(T_1^i), \\ \quad\vdots \\ ee(T_{m_i}^j) = ee(T_{m_i}^i), \\ 1 \leq j \leq n\} \end{array}$$

dann gilt

$$\not\exists TP_j \in \mathcal{UIO}^i,\ j \neq i: \quad \begin{array}{l} ae(T_1^j) = ae(T_1^i), \\ \quad\vdots \\ ae(T_{m_i}^j) = ae(T_{m_i}^i). \end{array}$$

Die Erstellung der Testsequenz (Schritt 2) erfolgt in zwei Phasen. In Phase 1 wird eine Teilsequenz erzeugt, die jeden Zustand des Automaten überprüft. Ausgehend vom IZ wird für jeden Zustand der kürzeste Teilpfad zu diesem Zustand ermittelt. An diesen Teilpfad wird die UIO-Sequenz für den betreffenden Zustand angehängt, so daß sich die folgende Menge von Teilpfaden ergibt (n: Anzahl der Zustände)

$$\mathcal{TP}^1 = \{TP_1, \ldots, TP_n\}$$

mit

$$TP_i = T_1^i \oplus \ldots \oplus T_{p_i}^i \oplus T_{p_i+1}^i \oplus \ldots \oplus T_{p_i+q_i}^i \qquad 1 \leq i \leq n,\ 1 \leq p_i$$

$$T_1^i \in \mathcal{RT}$$

$$ez(T_{p_i}^i) = Z_i$$

$$T_{p_i+1}^i \oplus \ldots \oplus T_{p_i+q_i}^i = UIO_i.$$

Zur Überprüfung der einzelnen Transitionen des Automaten wird in Phase 2 für jede Transition ein Teilpfad erstellt. Hierzu wird zunächst ausgehend vom IZ der kürzeste Teilpfad zum Erreichen des Anfangszustands der Transition ermittelt. Dieser Teilpfad wird um die betreffende Transition und um die UIO-Sequenz, die dem Endzustand der Transition zugeordnet ist, verlängert. Es ergibt sich die folgende Menge von Teilpfaden (q: Gesamtanzahl der Transitionen des Automaten; T_i: zu überprüfende Transition)

$$\mathcal{TP}^2 = \{TP_1', \ldots, TP_q'\}$$

mit

$$TP'_i = T^i_1 \oplus \ldots \oplus T_{s_i-1} \oplus T^i_{s_i} \oplus T^i_{s_i+1} \oplus \ldots \oplus T^i_{s_i+m_j} \qquad 1 \leq i \leq q$$

$$T^i_1 \in \mathcal{RT}$$

$$T^i_{s_i} = T_i$$

$$Z_j = ez(T^i_{s_i}),$$

$$T^i_{s_i} \oplus \ldots \oplus T^i_{s_i+m_j} = UIO_j.$$

Nach Ausführung von Schritt 2 liegt eine Testsequenz der Form

$$TS = TP_1 \oplus \ldots \oplus TP_n \oplus TP'_1 \oplus \ldots \oplus TP'_m$$

bzw.

$$\mathcal{TS} = \mathcal{TP}^1 \cup \mathcal{TP}^2$$

vor, die in Schritt 3 bez. der Länge optimiert wird, indem alle Teilpfade, die vollständig in anderen Teilpfaden enthalten sind, aus der Testsequenz gestrichen werden, z.B.

$$TP_k = \underbrace{T^k_1 \oplus \ldots \oplus T^k_x}_{TP_l \in \mathcal{TS}} \oplus T^k_{x+1} \oplus \ldots \oplus T^k_y \qquad TP_k \in \mathcal{TS}$$

$$\mathcal{TS}' = \mathcal{TS} \backslash \{TP_l\}.$$

3.2.6 Random Sequence Verfahren

Während bei den bisher beschriebenen Verfahren die Testsequenz vor der Durchführung des eigentlichen Tests festgelegt wird, wird beim Random Sequence Verfahren die Testsequenz parallel zur Testdurchführung bestimmt. Nach Überführung des zu testenden Protokolls in den IZ wird ausgehend von dem dem Protokoll zugrunde liegenden Automaten nach einem Zufallsverfahren eine Transition ausgewählt, die den IZ als Anfangszustand besitzt, und das Eingabeereignis, das dieser Transition zugeordnet ist, in entsprechender Form (z.B. als Dienstelementaufruf) an das zu testende Protokoll weitergegeben. Die Auswahl der nächsten Transition erfolgt (wiederum zufallsmäßig) unter den Transitionen, die vom Endzustand der zuletzt ausgewählten Transition ausgehen. Das entsprechende Eingabeereignis wird, sobald es das zu testende Protokoll oder die Teststrategie zuläßt, an das Protokoll weitergegeben. Dieser Schritt wiederholt sich so oft, bis eine vor Beginn der Testausführung festgelegte Zeitspanne abgelaufen ist oder bis ein Protokollfehler entdeckt worden ist. Eine ausführliche Bescheibung dieses Verfahrens findet sich in [RuWe 82].

3.2.7 Bewertung

Eine Bewertung der in den vorausgegangenen Kapiteln beschriebenen Testdatengenerierungsverfahren kann anhand zweier Kriterien vorgenommen werden, u.zw.

- Länge der generierten Testsequenzen und
- Fehlererkennungsmächtigkeit (engl. error coverage).

Die Bewertung anhand der Fehlererkennungsmächtigkeit (FEM) liefert eine Aussage über die Qualität der erzeugten Testsequenzen. Sinn und Zweck einer Testsequenz ist die Aufdeckung von Abweichungen zwischen dem Originalautomaten und dem 'implementierten' Automaten. Die FEM zeigt an, inwieweit die erzeugten Testsequenzen in der Lage sind, derartige Abweichungen (im folgenden als Fehler bezeichnet) aufzudecken. In [SaBo 82] finden sich Angaben über die FEM der durch das Transition Tour, durch die W-Methode und durch das Checking Sequence Verfahren erzeugten Testsequenzen. Zur Ermittlung dieser Angaben wurde eine Einteilung der möglichen Fehler in vier Klassen vorgenommen, die auch im weiteren Verlauf dieser Abhandlung Verwendung findet. Die Klassen sind im folgenden beschrieben.

- **Ausgabefehler** (engl. operation errors)
  Eine Transition besitzt zwar den korrekten Anfangs- und den korrekten Endzustand, erzeugt aber ein falsches Ausgabeereignis. D.h.

  $$\begin{aligned} az(T) &= az(T') \\ ez(T) &= ez(T') \\ ee(T) &= ee(T') \\ ae(T) &\neq ae(T') \end{aligned}$$

  (T: Transition des Originalautomaten; T': äquivalente Transition des implementierten Automaten).

- **Transferfehler** (engl. transfer errors)
  Eine Transition erzeugt zwar das korrekte Ausgabeereignis, endet aber in einem falschen Zustand. D.h.

  $$\begin{aligned} az(T) &= az(T') \\ ez(T) &\neq ez(T') \\ ee(T) &= ee(T') \\ ae(T) &= ae(T') \end{aligned}$$

  (T: Transition des Originalautomaten; T': äquivalente Transition des implementierten Automaten).

- **Zustandserweiterungsfehler** (engl. extra states errors)
  Der implementierte Automat enthält mehr Zustände als der Originalautomat. D.h.

  $$\mathcal{ZZ} \subset \mathcal{ZZ}'$$

  ($\mathcal{ZZ}$: Menge der Zustände des Originalautomaten; $\mathcal{ZZ}'$: Menge der Zustände des implementierten Automaten)

- **Zustandsverminderungsfehler** (engl. missing states errors)
  Der implementierte Automat enthält weniger Zustände als der Originalautomat. D.h.

  $$\mathcal{ZZ}' \subset \mathcal{ZZ}$$

  ($\mathcal{ZZ}$: Menge der Zustände des Originalautomaten; $\mathcal{ZZ}'$: Menge der Zustände des implementierten Automaten)

Nach [SaBo 82] sollen Testsequenzen, die mittels des Checking Sequence Verfahrens erzeugt werden, in der Lage sein, alle Fehler der Fehlerklassen Ausgabefehler und Transferfehler aufzudecken, während bei Testsequenzen, die mit Hilfe des Transition Tour Verfahrens erstellt werden, nur das Erkennen von Ausgabefehlern garantiert werden kann. Für Testsequenzen, die sich aus der Anwendung der W-Methode ergeben, wird in [SaBo 82] die Behauptung aufgestellt, daß sie zur Aufdeckung aller möglichen Fehler geeignet sind. Das UIO-Verfahren erzeugt nach [SaDa 85] Testsequenzen, die nahezu alle Fehler aufdecken können.

In [HeKr 87] wird ein Vergleich zwischen der FEM des Checking Sequence Verfahrens, des Transition Tour Verfahrens und des Random Sequence Verfahrens angestellt. Hierzu wurden mittels der drei Verfahren Testsequenzen zum Test eines Sitzungsprotokolls nach CCITT X.225 erstellt. In die Implementierung des Protokolls wurden gezielt Fehler der verschiedenen Fehlerklassen eingebracht und durch Testläufe untersucht, inwieweit die Testsequenzen geeignet sind, diese Fehler aufzudecken. Für das Checking Sequence Verfahren ergab sich hinsichtlich der Aufdeckung von Ausgabefehlern die größte FEM gefolgt vom Transition Tour Verfahren, während das Random Sequence Verfahren mit sehr großem Abstand zu den beiden anderen Verfahren die geringste FEM erzielte.

Das zweite Bewertungskriterium ergibt sich aus der maximalen Länge der Testsequenzen, die von den verschiedenen Testdatengenerierungsverfahren erzeugt werden. Hierunter ist eine obere Grenze zu verstehen, die sich in Abhängigkeit vom jeweiligen Automaten aus der Anzahl der Zustände, der Anzahl der Transitionen und aus der Länge der DS bzw. aus dem Umfang der $\mathcal{W}$-Menge ergibt. Die Tabelle 3.1 gibt die in den entsprechenden Literaturstellen angegebenen Formeln zur Bestimmung der Grenzwerte wieder, wobei gilt

n: Anzahl der Zustände
q: Gesamtanzahl der Transitionen
k: Maximale Anzahl von Transitionen, die von einem Zustand ausgehen
w: Anzahl der in der $\mathcal{W}$-Menge enthaltenen Sequenzen
m: Maximale Länge der Sequenzen, die in der $\mathcal{W}$-Menge enthalten sind
L: Länge der distinguishing sequence

Für das Transition Tour Verfahren ergeben sich die mit Abstand kürzesten Testsequenzen, während das Checking Sequence Verfahren bzw. die W-Methode bedingt durch die Verwendung der distinguishing sequence bzw. der Sequenzen der $\mathcal{W}$-Menge zur Überprüfung der einzelnen Zustände relativ große Testsequenzen erzeugen. Testsequenzen, die mit Hilfe des UIO-Verfahrens generiert werden, weisen eine kleinere Obergrenze auf als die durch die beiden zuletzt genannten Verfahren erzeugten Testsequenzen. Dies

Verfahren	*Obere Grenze der Testsequenzlänge*
Transition Tour Verfahren	$q + (q-1)(n-1)$
W-Methode	$\frac{1}{2}knw(n+1) + m(q+1)$
Checking Sequence Verfahren	$2nL + (n-1)^2 + q(n+L)$
UIO-Verfahren	$\mathcal{O}(n^2q)$

Tabelle 3.1. Grenzwerte der Testsequenzlängen

ist auf die in Schritt 3 des UIO-Verfahrens vorgenommene Optimierung der Testsequenz zurückzuführen. Über die Länge der durch das Random Sequence Verfahren erzeugten Testsequenzen kann bedingt durch das Konzept des Verfahrens keine Aussage gemacht werden. Ein in [HeKr 87] angestellter Vergleich zwischen der FEM des Checking Sequence Verfahrens und des Random Sequence Verfahrens hat allerdings gezeigt, daß bei Verwendung des Random Sequence Verfahrens zur Aufdeckung eines speziellen Protokollfehlers im Mittel doppelt so viele Testschritte benötigt werden.

Vergleicht man die durch Anwendung der beiden Bewertungskriterien gewonnenen Ergebnisse, so lassen sich die beschriebenen Verfahren (mit Ausnahme des Random Sequence Verfahrens) in zwei Gruppen einteilen. Hierbei bilden die W-Methode, das Checking Sequence Verfahren und das UIO-Verfahren eine Gruppe, die durch eine große FEM und durch relativ lange Testsequenzen gekennzeichnet ist. Die andere Gruppe wird durch das Transition Tour Verfahren gebildet. Kennzeichen dieser zweiten Gruppe sind eine geringe FEM und kurze Testsequenzen. Beide Gruppen stellen Extrema dar. Verwendet man zur Testdatengenerierung ein Verfahren der ersten Gruppe, erhält man Testsequenzen mit einer hohen FEM, die bedingt durch ihre Länge zu großen Testlaufzeiten und damit zu hohen Testkosten führen. Die Verwendung von Verfahren der zweiten Gruppe führt zu einer Reduktion der Testlaufzeit auf Kosten der FEM. Zur Lösung dieses Dilemmas müssen neue Verfahren zur Testdatengenerierung entwickelt werden, die möglichst kurze Testsequenzen mit einer hohen FEM generieren.

3.3 Probleme

Die bekannten Verfahren zur automatischen Generierung von Testdaten sind nicht ohne weiteres für den Protokolltest verwendbar. Kommunikationsprotokolle zeichnen sich, wie in Kapitel 2.2.2 beschrieben, durch das Zusammenspiel zweier Protokollinstanzen aus, während die Automaten, die die Spezifikation des Protokolls wiedergeben, immer nur die Verhaltensweise einer Protokollinstanz darstellen. Testsequenzen, die auf der Grundlage eines solchen Automaten erzeugt werden, sind daher nur auf eine einzige Protokollinstanz anwendbar, wobei von einer starren durch die Reihenfolge der Eingabeereignisse in der Testsequenz festgelegten Verhaltensweise der zweiten Protokollinstanz ausgegangen wird. Da aber die Verhaltensweise einer solchen Protokollinstanz keineswegs starr ist, muß dieses erzwungen werden. Zum besseren Verständnis sei hier ein Beispiel angeführt, das sich auf den Aufbau einer logischen Verbindung über ein OSI-Transportprotokoll der Klasse 4 [OSITRA 84] bezieht. Enthält die diesbezügliche Testsequenz eine Teilsequenz der Form (Input/Ouput)

$$\begin{array}{lr} T\_CONreq/CR & (1) \\ CC/T\_CONconf & (2) \\ \vdots & \end{array}$$

so wird auf seiten der zu testenden Protokollinstanz, nachdem sie die T_CONreq-Anforderung (1) ausgeführt hat, ein CC-Paket (connect confirm) von der Gegenseite (2) erwartet. Die Gegenseite kann aber nach dem Empfang des CR-Paketes (connect request) und der entsprechenden T_CONind-Anzeige sowohl mit einem T-CONresp (was zur erwünschten Ausgabe des CC-Paketes (connect confirm) führt) als auch mit einem T_DISreq (was den unerwünschten Empfang eines DR-Paketes (disconnect request) zur Folge hat) antworten. Die Reaktionen der Gegenseite auf die Aktionen der zu testenden Protokollinstanz müssen demnach vor der Ausführung des entsprechenden Testschrittes festgelegt werden. Zur vollautomatischen Testausführung wäre es daher wünschenswert, daß die Testsequenz auch die Testdaten enthält, die für die gezielte Erzeugung der Reaktionen der Gegenseite benötigt werden

Ein weiteres Problem bei der Generierung von Testdaten für den Protokolltest ergibt sich aus der Tatsache, daß ein Großteil der Zustandsübergänge in den entsprechenden Automaten nicht nur vom Eingabeereignis sondern auch von den jeweiligen Werten interner Protokollvariablen, wie z.B. Sendwiederholungszähler (engl. retransmission counter), Kredite usw. abhängig ist. Beim Test einer derartigen Transition muß daher sichergestellt sein, daß die internen Protokollvariablen die Werte enthalten, die sie laut Spezifikation für die Aktivierung der mit dieser Transition verbundenen Aktionen besitzen müssen. Hierzu sind oft recht komplexe Algorithmen notwendig, die in Form spezieller Teilsequenzen zusätzlich in die Testsequenz einzubringen sind.

Wie in Kapitel 3.2 beschrieben, sind die Verfahren zur automatischen Testdatengenerierung darauf ausgerichtet, Ausgabeereignisse und Zielzustände einer Transition zu überprüfen. Bei Anwendung dieser Verfahren auf Automaten, die Kommunikationsprotokolle spezifizieren, werden die oftmals mit einer Transition verbundenen *internen* Protokollaktionen (die Aktion ist nicht direkt von außen, d.h. an den Protokollschnittstellen sichtbar) nicht berücksichtigt. Solche internen Protokollaktionen sind z.B. Aktivieren und Deaktivieren einer Zeitüberwachung, Ändern einer Fenstergröße usw.. Zum Testen interner Protokollaktionen werden spezielle Teilsequenzen benötigt, die das Ergebnis der Aktion nach außen sichtbar und damit überprüfbar machen. Diese Teilsequenzen können nun nicht mehr allein aus Eingabe- und Ausgabeereignissen bestehen, sondern sie müssen auch spezielle Kommandos enthalten, die zur vollautomatischen Steuerung und Kontrolle solch doch recht komplexer Tests unerläßlich sind.

Die Eingabeereignisse eines Automaten für Kommunikationsprotokolle entsprechen zum Teil Dienstelementaufrufen. Mit Dienstelementaufrufen sind immer eine Reihe von Parametern verbunden. Für die Testdurchführung stellt sich nun das Problem, welche Eingabeereignisse mit welchen Parametern zu versehen sind (die Testsequenzen enthalten keinerlei Angaben zu den Parametern) und wie die Werte der Parameter zu wählen sind.

Zusammenfassend lassen sich folgende Punkte auflisten, die bislang bei der automatischen Testdatengenerierung nicht beachtet wurden

- Berücksichtigung der Gegenseite der zu testenden Protokollinstanz,
- Berücksichtigung von Prädikaten, die die eine Transition bestimmenden Variablenwerte festlegen,
- Berücksichtigung von Parametern, die den Eingabeereignissen zugeordnet sind und
- Test von Aktionen, deren Ergebnisse nicht unmittelbar durch Ausgabeereignisse in Erscheinung treten.

In Kapitel 5 und Kapitel 6 wird ein neues Verfahren zur automatischen Generierung von Testdaten für den Protokolltest vorgestellt, das u.a. Lösungen für die oben angeführten Punkte enthält.

4 Das Karlsruher Testsystem

Das Karlsruher Testsystem (KATE) wurde als Werkzeug für den Test von OSI-Protokollen entwickelt. Die Entwicklung des KATE orientierte sich an einer Reihe von Forderungen, die sich einerseits aus einer genauen Analyse der in Kapitel 2.3 vorgestellten Testverfahren und andererseits aus eigenen Erfahrungen mit (manuellen) Tests von Protokollen ergaben. Im folgenden sind diese Forderungen wiedergegeben. Anschließend erfolgt eine Beschreibung der Komponenten des Testsystems und der Funktionsweise des KATE. Ein Vergleich mit den bereits vorgestellten Testverfahren und eine Bewertung des KATE hinsichtlich der gestellten Forderungen schließen dieses Kapitel ab.

4.1 Forderungen

Wie bereits in Kapitel 2.1 erwähnt, können beim Testen unterschiedliche Testziele verfolgt werden (Test der Kompatibilität, der Konformität, der Robustheit usw.). Ein Testsystem sollte daher in der Lage sein, möglichst vieler dieser Testziele zu unterstützen (*Unabhängigkeit von den Testzielen*).

Ähnliches gilt in Hinblick auf die zu testenden Implementierungen von OSI-Protokollen. Für jedes OSI-Protokoll gibt es eine Vielzahl unterschiedlicher Implementierungen, zu deren Test ein Testsystem geeignet sein soll. Hieraus ergibt sich die zweite Forderung - die *Unabhängigkeit von der Protokollimplementierung.* Neben der Unabhängigkeit von der Protokollimplementierung sollte auch die *Unabhängigkeit vom Protokolltyp* gewährleistet sein. D.h. der Einsatz eines Testsystems sollte nicht, wie es bei den Testzentren oft der Fall ist, auf den Test eines speziellen OSI-Protokolls beschränkt sein, vielmehr sollte ein Testsystem für den Test unterschiedlicher OSI-Protokolle geeignet sein.

Der Test des gesamten Funktionsumfangs einer Protokollimplementierung erweist sich bedingt durch die Komplexität der OSI-Protokolle als eine sehr umfangreiche und schwierige Aufgabe. Zur Vereinfachung des Tests empfiehlt es sich, vor der Durchführung des Tests eine Teststrategie festzulegen. Die Festlegung einer Teststrategie sollte durch das Testsystem nicht beeinflußt werden. Es muß deshalb von einem Testsystem *Flexibilität hinsichtlich der Verwendung von Teststrategien* gefordert werden.

Die Realisierung eines Testsystems sollte so vorgenommen werden, daß keine Einschränkungen bez. der Installation des Testsystems in der Testumgebung entstehen (*Unabhängigkeit von der Testumgebung*). Die Testumgebung umfaßt die Rechnersysteme, auf denen die Komponenten des Testsystems installiert werden, die Betriebssysteme, die auf diesen Rechnersystemen eingesetzt werden, und die Systeme, über die die Rechnersysteme miteinander kommunizieren. Des weiteren sollte bei der Realisierung darauf geachtet werden, daß die Schnittstelle zur Steuerung und Kontrolle des Testsystems einfach zu handhaben ist (*einfache Handhabung*).

Zwei der oben aufgeführten Forderungen können nur teilweise erfüllt werden - die Unabhängigkeit von der Protokollimplementierung und die Unabhängigkeit von der Testumgebung. Bedingt durch interne Schnittstellen zu den Betriebssystemen einerseits und zu der zu testenden Protokollimplementierung andererseits können diesbezügliche Abhängigkeiten nicht vermieden werden. Die Forderung nach Unabhängigkeit ist daher in diesem Zusammenhang eher als Aufforderung zur Minimierung der Abhängigkeiten zu verstehen.

Zusammenfassend können die folgenden Forderungen festgehalten werden

- Unabhängigkeit von den Testzielen,
- Unabhängigkeit von der zu testenden Protokollimplementierung,
- Unabhängigkeit vom Protokolltyp,
- Unabhängigkeit von der Testumgebung,
- Flexibilität hinsichtlich der Verwendung von Teststrategien und
- einfache Handhabung des Testsystems.

4.2 Konzeption

Bild 4.1 zeigt das Grundkonzept des KATE. Das KATE setzt sich aus den folgenden Komponenten zusammen:

- dem *Testkoordinator*,
- den *Testtreibern* und
- dem *Testagenten*.

Die Koordinierung der Aktivitäten der Komponenten wird über das *Testkoordinierungsprotokoll* vorgenommen. Es werden vier Systeme unterschieden - das Testkoordinatorsystem, das Testagentensystem, das System unter Test und das Antwortsystem. Auf dem System unter Test ist die zu testende Protokollimplementierung installiert, während das Antwortsystem die zweite zur Kommunikation benötigte Protokollinstanz, das Antwortprotokoll, enthält. Der Testkoordinator bzw. der Testagent sind dem Testkoordinatorsystem bzw. dem Testagentensystem zugeordnet.

Im folgenden erfolgt eine ausführliche Beschreibung der einzelnen Komponenten und des Testkoordinierungsprotokolls. Die Beschreibung wird durch zahlreiche Bilder ergänzt. Viele dieser Bilder weisen aus darstellungstechnischen Gründen Abkürzungen auf, die den Inhalt der einzelnen Bildkomponenten beschreiben. Die Abkürzungen und die ihnen zukommende Bedeutung sind nachfolgend aufgelistet.

PUT: Protokollimplementierung bzw. Protokollinstanz unter Test
AP: Antwortprotokoll
TK: Testkoordinator
TT: Testtreiber
TA: Testagent
TKP: Testkoordinierungsprotokoll
SUT: System unter Test

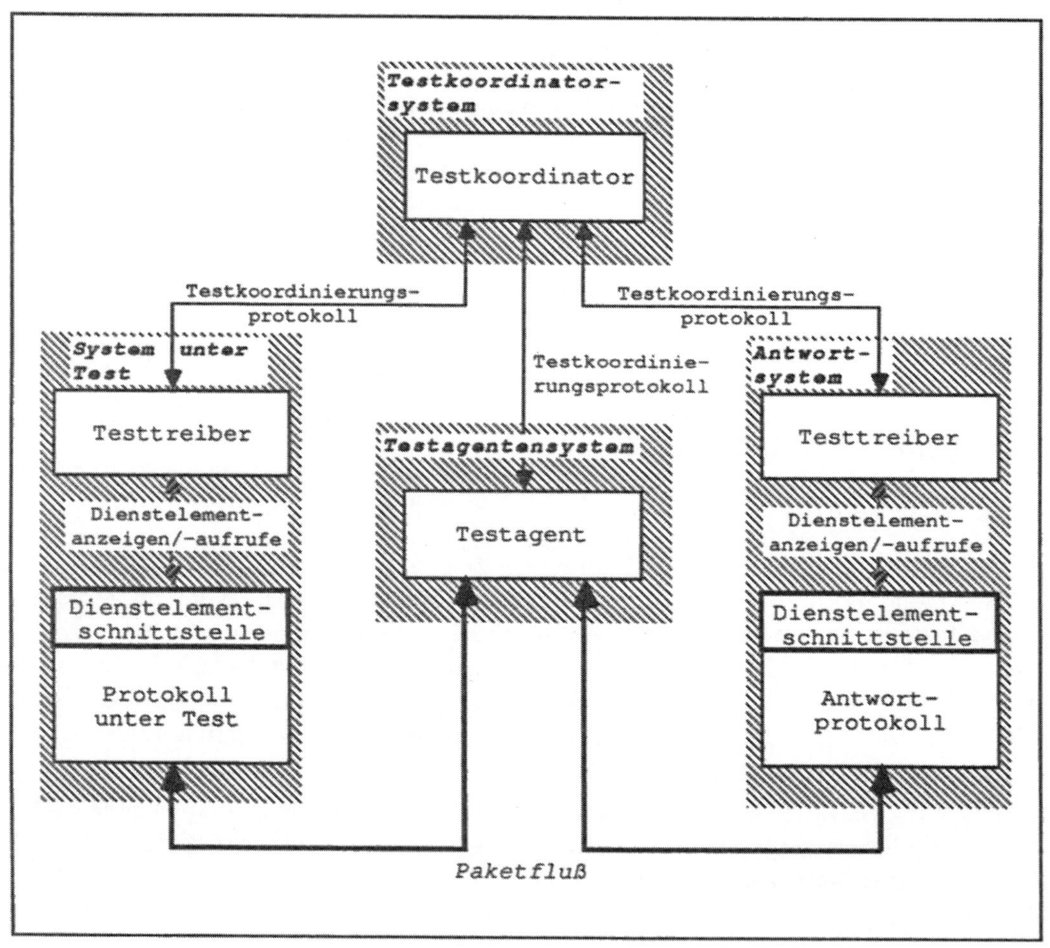

Bild 4.1. Grundkonzept des KATE

AS: Antwortsystem
TAS: Testagentensystem
TKS: Testkoordinatorsystem

4.2.1 Testkoordinator

Der Testkoordinator (TK) übernimmt innerhalb des KATE die *Kontrolle* und die *Steuerung* der Testdurchführung. Er besitzt keine direkte Schnittstelle zu einer von der Testdurchführung betroffenen Protokollimplementierung, so daß der TK auch auf Rechnersystemen eingesetzt werden kann, die über keine dieser Protokollimplementierungen verfügen.

Der Kern des TK wird durch einen Interpreter gebildet, der die eingegebenen Kommandos und Testdaten, die zur Durchführung eines Tests benötigt werden, interpretiert und in entsprechende *Auftragsblöcke* umsetzt, die mittels des Testkoordinierungsprotokolls an die anderen Komponenten des Testsystems weitergegeben werden. Die Eingabe an den TK kann auf mehrere Arten erfolgen - über eine Testszenariodatei, interaktiv über eine Terminalschnittstelle oder durch direkte Übernahme der Kommandos bzw. der Testdaten von einem Zufallsgenerator, der die Testdaten willkürlich, aber in Abhängigkeit von den während der Testdurchführung auftretenden Protokollzuständen erzeugt (s. Bild 4.2). Durch die Zusammenfassung der Eingabedaten in einer Testszenariodatei wird der Ablauf des Tests bereits vor der Testdurchführung festgelegt. Im Gegensatz hierzu erlauben die beiden letztgenannten Eingabearten eine Anpassung des Testablaufs an das während der Testdurchführung beobachtete Protokollverhalten. Eine weitere Eingabealternative wurde zur Reduzierung der Testlaufzeiten eingeführt. Sie erlaubt das Einlesen von Dateien, die Auftragsblöcke enthalten, so daß der Interpreter umgangen werden kann und sich die Aufgabe des TK auf die Synchronisation der einzelnen Komponenten des Testsystems beschränkt. Hierzu muß allerdings eine zusätzliche Komponente (Transformator) in das Testsystem aufgenommen werden, die die entsprechenden Auftragsblöcke vor der Testdurchführung aus dem eigentlichen Testszenario erzeugt und in einer speziellen Datei ablegt, auf die der TK später zugreift. Durch die Bereitstellung mehrerer Eingabemöglichkeiten wird einerseits die Unabhängigkeit des TK von der Testumgebung gewährleistet und andererseits die Flexibilität des gesamten Testsystems bez. der Anwendung von Teststrategien erhöht.

Die Testdurchführung erfolgt durch die Abarbeitung aufeinanderfolgender Testschritte. Ein Testschritt wird durch die Kommandos und Testdaten beschrieben, die zum Test einer einzelnen Funktion der Protokollimplementierung benötigt werden. Der TK erstellt die zur Abarbeitung eines Testschrittes erforderlichen Auftragsblöcke und gibt sie an die Testtreiber bzw. an den Testagenten weiter. Nach der Ausgabe der Auftragsblöcke erwartet der TK von jeder angesprochenen Testsystemkomponente eine positive Quittung, die die korrekte Übernahme des Auftragsblocks bestätigt und die Bereitschaft der Komponente zur Durchführung des Testschrittes anzeigt. Sobald alle Quittungen eingetroffen sind, sendet der TK an die Komponente einen *Startblock*, die die zu testende Protokollaktion auslösen soll. Durch diese Maßnahmen wird die Synchronisation der Aktionen, die von den einzelnen Komponenten ausgeführt bzw. ausgelöst werden, sichergestellt.

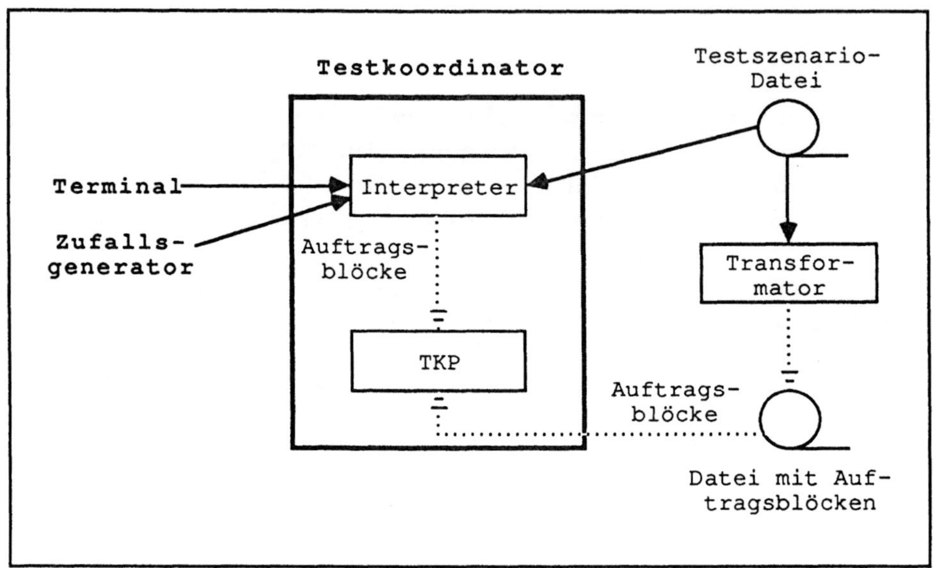

Bild 4.2. Eingabemodi des Testkoordinators

Neben der Kontrolle und der Steuerung der Testdurchführung erfüllt der TK eine weitere Funktion - die *Protokollierung* der an den Schnittstellen der Protokollinstanzen beobachteten Reaktionen. Da der TK keinen direkten Zugriff auf die Schnittstellen der Protokollinstanzen besitzt, muß die Beobachtung der Schnittstellen durch die anderen Testsystemkomponenten vorgenommen werden, die ihre Beobachtungen in Form von *Berichtblöcken* an den TK weitergeben. Der TK speichert den Inhalt der Berichtblöcke in geeigneter Form in der Ergebnisdaten-Datei ab, so daß nach dem Abschluß des Tests eine Auswertung vorgenommen werden kann. Die Abarbeitung eines Testschrittes gilt dann als beendet, wenn der letzte Berichtblock, der sich auf diesen Testschritt bezieht, bearbeitet ist.

Bild 4.3 enthält eine schematische Darstellung eines Blockaustauschs zwischen den einzelnen Testsystemkomponenten während der Durchführung eines Testschrittes. Die Darstellung unterscheidet zwischen der Art der ausgetauschten Blöcke und gibt die Reihenfolge wieder, in der die Blöcke ausgetauscht werden (der Blockaustausch beginnt mit dem Block, dem die Nummer 1 zugeordnet ist, und endet mit dem Block, dem die Nummer 10 vorangestellt ist). Es sei darauf hingewiesen, daß die dargestellte Reihenfolge nicht allgemeingültig ist, da sie sehr stark vom durchzuführenden Testschritt abhängig ist und sich die Reihenfolge der Berichtblöcke bedingt durch Faktoren, die die Bearbeitungsgeschwindigkeit der Testsystemkomponenten beeinflussen, von der Reihenfolge in Bild 4.3 unterscheiden kann.

Bei der Abarbeitung der Testschritte wird zwischen zwei Arbeitsmodi unterschieden -

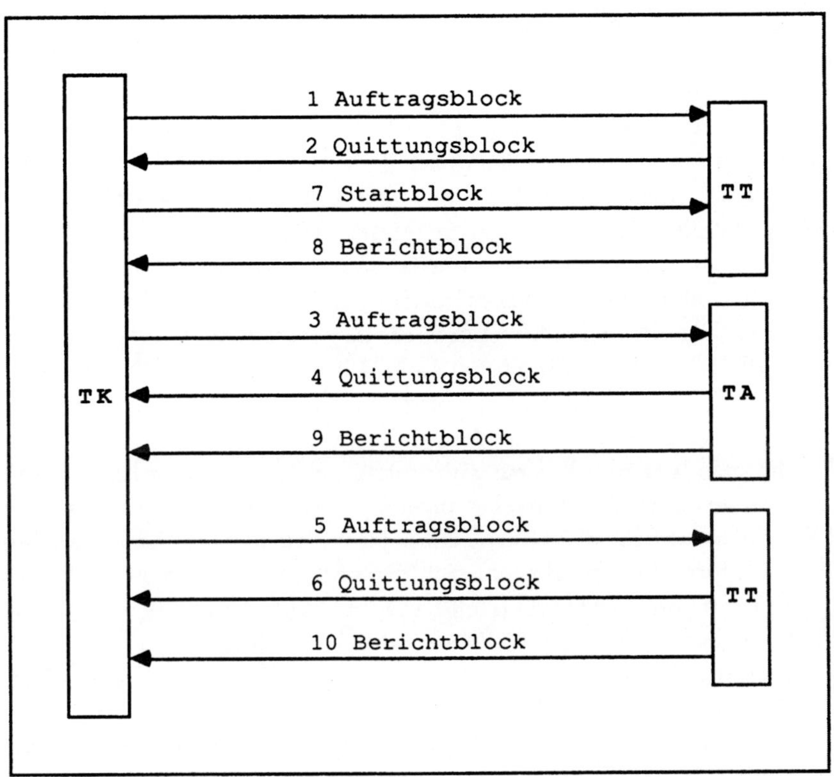

Bild 4.3. Blockaustausch zwischen den Komponenten des KATE

dem *Einzelschrittmodus* und dem *Blockmodus*. Im Einzelschrittmodus werden die Testschritte rein sequentiell abgearbeitet, d.h. mit der Interpretation der Eingabedaten für den nächsten Testschritt wird erst dann begonnen, wenn die Ausführung des vorangegangenen Testschrittes abgeschlossen ist. Der Blockmodus unterscheidet sich vom Einzelschrittmodus dadurch, daß die Interpretation der Eingabedaten blockweise vorgenommen wird. Hierzu müssen die Testschritte bei der Eingabe zu Testblöcken zusammengefaßt werden. Ein Auftragsblock enthält dann nicht mehr, wie bisher, nur Informationen zu einem Testschritt, sondern Informationen zu allen Testschritten, die in einem Testblock enthalten sind. Der letztgenannte Arbeitsmodus bietet sich für die Durchführung von Leistungs- und Robustheitstests an, während der Einzelschrittmodus für den Test der Konformität einer Protokollimplementierung vorgesehen ist.

4.2.2 Testtreiber

Die Testtreiber (TT) besitzen zwei Funktionen - die *Bedienung* und die *Beobachtung* der oberen Schnittstelle (Dienstelementschnittstelle) einer Protokollinstanz. Die Verbindung zwischen dem Testkoordinator und den TT wird durch das Testkoordinierungsprotokoll hergestellt. Über das Testkoordinierungsprotokoll werden Auftrags-, Start-, Quittungs- und Berichtblöcke zwischen dem Testkoordinator und den TT ausgetauscht.

Die Auftragsblöcke enthalten Informationen, die ein TT zur Ausführung des nächsten Testschrittes (im Einzelschrittmodus) bzw. der nächsten Testschritte benötigt (im Blockmodus) und die sich ausschließlich auf die Protokollinstanz beziehen, der der Testtreiber zugeordnet ist. Es werden - entsprechend den Funktionen eines TT - zwei Arten von Informationen unterschieden, Informationen zur Bedienung und Informationen zur Beobachtung der Schnittstelle. Informationen der ersten Art werden in REQUEST-Aufrufe umgesetzt, während die der zweiten Art darauf hinweisen, daß ein INDICATION, das durch die Information näher beschrieben wird (im Sinne von ISO/OSI ist dies ein erlaubtes Ergebnis), an der Schnittstelle auftreten wird und beobachtet werden soll. Nach dem Auftreten des INDICATION (im Sinne von ISO/OSI ist dies das beobachtete Ergebnis) wird es mit dem erwarteten INDICATION verglichen und das Ergebnis dieses Vergleichs zusammen mit einer Kurzbeschreibung des beobachteten INIDICATIONs mittels eines Berichtblocks über das Testkoordinierungsprotokoll an den Testkoordinator weitergegeben. Die Auftragsblöcke werden zunächst in entsprechenden Warteschlangen zwischengespeichert. Der Zeitpunkt für die Abarbeitung der Auftragsblöcke ist abhängig von den darin enthaltenen Informationen. Bezieht sich die erste im Auftragsblock enthaltene Information auf die Bedienung der Schnittstelle, wird der Auftragsblock nach dem Empfang eines Startblocks abgearbeitet, andernfalls wird die Abarbeitung des Auftragsblocks erst dann ausgelöst, wenn eine Aktion an der Schnittstelle beobachtet wird. Im letzten Fall unterbleibt die Übermittlung eines Startblocks.

Die TT sind bedingt durch die enge Kopplung mit der Schnittstelle der Protokollinstanzen die einzigen Komponenten des KATE, die auf dem System unter Test bzw. dem Antwortsystem installiert werden müssen. Der Code zur Realisierung eines TT kann relativ klein gehalten werden, vorausgesetzt die Informationen werden derart in den Auftragsblöcken abgelegt, daß sie direkt in Schnittstellenaufrufe umgesetzt werden können. Die Informationen müssen bis zum Eintreffen des nächsten Startblocks zwischengespeichert werden. Hieraus ergeben sich Anforderungen an Hauptspeicherressourcen (auf die Verwendung von Hintergrundspeicher für die Zwischenspeicherung wurde verzichtet, um der Forderung nach Unabhängigkeit von den Rechnersystemen der Testumgebung zu genügen). Die sich im Einzelschrittmodus ergebenden Anforderungen an Hauptspeicherressourcen können vernachlässigt werden, da nur die Informationen zu einem einzelnen Testschritt zwischengespeichert werden müssen. Beim Blockmodus müssen allerdings die Informationen zu mehreren, aufeinanderfolgenden Testschritten zwischengespeichert werden. In Abhängigkeit von den zur Verfügung stehenden Hauptspeicherressourcen können sich hierdurch Einschränkungen bez. der Informationsmenge ergeben. Falls eine derartige Einschränkung besteht, muß für die Anzahl der in einem Testblock enthaltenen Testschritte ein Maximum festgelegt werden. Dieses Maximum wird aus der kleinsten der größtmöglichen Informationsmengen abgeleitet, die von den einzelnen Testtreibern zwischengespeichert werden können.

Die Berichtblöcke, die von den TT und vom Testagenten an den Testkoordinator übermittelt werden, sind mit einem Zeitstempel versehen. Der Zeitstempel wird zusammen mit dem restlichen Inhalt eines Berichtblocks vom Testkoordinator in die Ergebnisdaten-Datei übertragen. Hierdurch können bei der abschließenden Testauswertung die Ergebnisdaten entsprechend der zeitlichen Reihenfolge der zugeordneten Ereignisse geordnet werden (die Reihenfolge, in der die Berichtblöcke beim Testkoordinator eintreffen, kann sich bedingt durch die Bearbeitungszeiten, die in den einzelnen Testsystemkomponenten zur Ausführung eines Auftrages erforderlich werden, von der Aufeinanderfolge der darin beschriebenen Ereignisse unterscheiden). Des weiteren ermöglicht die Übernahme der Zeitstempel in die Ergebnisdaten-Datei eine Leistungsbewertung der getesteten Protokollimplementierung. Voraussetzung für die Generierung von Zeitstempeln ist allerdings, daß das Betriebssystem, unter dem ein TT installiert wird, einen Zeitdienst zur Verfügung stellt. OSI-Protokolle beinhalten, bis auf wenige Ausnahmen, Zeitüberwachungsfunktionen, zu deren Realisierung ebenfalls ein Zeitdienst erforderlich ist, so daß von allen Betriebssystemen, unter denen eine OSI-Protokollimplementierung installiert ist, die oben erhobene Forderung erfüllt wird. Weiterhin sollte ein Betriebssystem, unter dem der Einsatz eines TT vorgesehen ist, zumindest die Nutzung einer V.24-Schnittstelle erlauben, auf die das Testkoordinierungsprotokoll abgebildet werden kann (s.u.).

Eine Forderung an Testsysteme aus Kapitel 4.1 ist die Unabhängigkeit von der Protokollimplementierung. Von dieser Forderung sind insbesondere die TT betroffen, die ja innerhalb des KATE für die Beobachtung der Protokollschnittstelle verantwortlich sind. Nun können die TT aufgrund dieser Funktionen nicht völlig unabhängig von der Protokollimplementierung sein. Durch Verlagerung der Abhängigkeiten in separate Programmodule kann die Realisierung der übrigen Teile der TT unabhängig von der Protokollschnittstelle erfolgen. Die eigentliche Protokollschnittstelle verbirgt sich hinter der Routine BEDIEN-SCHNITTSTELLE. Die Informationen eines Auftragsblocks werden nicht direkt in Schnittstellenaufrufe umgesetzt, sondern in Parameter, die der Routine BEDIEN-SCHNITTSTELLE zugeordnet sind. Der erste Parameter enthält den Bezeichner für den Dienstelementaufruf, während die restlichen Parameter den Parametern entsprechen, die dem Dienstelementaufruf mitgegeben werden sollen. Die Routine selbst hat den folgenden Aufbau.

```
PROCEDURE BEDIEN-SCHNITTSTELLE (PAR1, PAR2, ... )
BEGIN
     CASE PAR1 OF
          ADP1:     CALL DIENSTELEMENT1(PAR2,PAR3,PAR4);
          ADP2:     CALL DIENSTELEMENT2(PAR2,PAR3);
                    ⋮
END;
```

Zur Anpassung eines TT an eine Protokollschnittstelle muß lediglich die Routine BEDIEN-SCHNITTSTELLE umgeschrieben werden, indem die einzelnen Komponenten innerhalb der CASE-Anweisung (die oben etwas vereinfacht durch

ADPx: CALL DIENSTELEMENTx(...)

dargestellt sind) an die Erfordernisse der Schnittstellenrealisierung angeglichen werden.

4.2.3 Testagent

Eine wesentliche Aufgabe bei der Testdurchführung ist die Überprüfung des Protokollverhaltens beim Auftreten von Fehlern, die z.B. durch Paketverluste, durch Paketverfälschung oder durch Nichteinhaltung der Paketsequenz bedingt sind. Die Überprüfung der entsprechenden Protokollfunktion erfolgt zu genau vorgegebenen Zeitpunkten während der Testausführung, die durch die Reihenfolge der Eingabedaten bestimmt sind. Das Testsystem muß demnach eine Komponente beinhalten, die es erlaubt, zum gegebenen Zeitpunkt die betreffenden Fehler zu erzeugen. Diese Aufgabe wird im KATE vom Testagenten (TA) wahrgenommen, der dem Fehlergenerator im Testzentrum entspricht.

Die zu erzeugenden Fehler betreffen hauptsächlich die Komponenten des Paketkopfes, der von der zu testenden Protokollinstanz erzeugt wird, d.h. der TA kann erst dann in Aktion treten, wenn die Protokollinstanz ihre Pakete erstellt hat und an die Dienstelementschnittstelle weitergibt, auf der die untere Schnittstelle der Protokollinstanz aufbaut. Demzufolge ist der TA im OSI-Basisreferenzmodell zwischen der Schicht, der das zu testende Protokoll zugeordnet ist, und der nächsttieferen Schicht anzusiedeln. In Hinblick auf die Installation des TA bedeutet dies, daß der TA zwischen dem zu testenden Protokoll und dem darunterliegenden Protokoll (Diensterbringer der nächsttieferen Schicht) in das Kommunikationssystem eingefügt werden muß (s. Bild 4.4). Voraussetzung hierzu ist, daß mindestens auf einem der an der Testausführung beteiligten Rechnersysteme (System unter Test, Antwortsystem) die Schnittstelle zwischen den Protokollen zugänglich ist, so daß der Datenaustausch zwischen den beiden Protokollen über den TA 'umgeleitet' werden kann. Eine solche Umleitung kann nur dann vorgenommen werden, wenn genaue Informationen über die Realisierung der unteren Schnittstelle der zu testenden Protokollimplementierung vorliegen. Derartige Informationen können nur aus dem Quellcode oder aus einer sehr detaillierten Dokumentation gewonnen werden (beides liegt in den meisten Fällen nur dann vor, wenn Protokollimplementierung und Protokolltest von derselben Organisation vorgenommen wird). Dies steht allerdings im Widerspruch zu der in Kapitel 4.1 erhobenen Forderung, daß ein Testsystem unabhängig von der Protokollimplementierung sein soll. Des weiteren besteht durch den Codeumfang des TA ein relativ großer Bedarf an Hauptspeicherressourcen (bedingt durch die umfangreichen Funktionen des TA), der nicht von jedem Rechnersystem befriedigt werden kann. Diese beiden Gründe schlossen eine Realisierung des TA nach dem in Bild 4.4 dargestellten Schema aus.

Zur Realisierung des TA wurde ein drittes Rechnersystem in das KATE aufgenommen (im folgenden Testagentensystem (TAS) genannt). Das TAS muß einen Anschluß an das

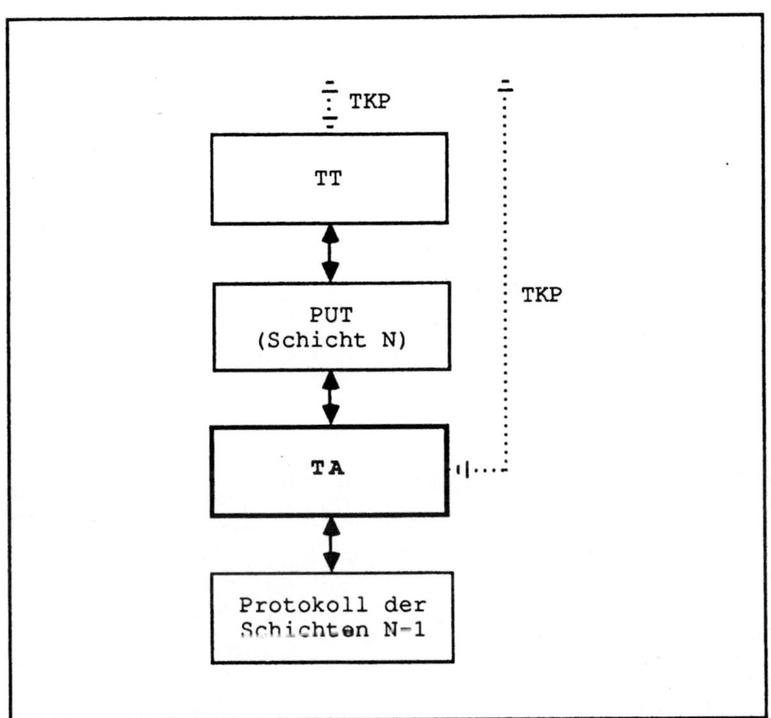

Bild 4.4. Positionierung des Testagenten im Kommunikationssystem

Rechnernetz besitzen, an das das System unter Test und das Antwortsystem angeschlossen sind. In Bild 4.5 ist die entsprechende Konfiguration des KATE wiedergegeben. Wie aus Bild 4.5 zu ersehen ist, setzt der TA direkt auf der Treibersoftware für den Netzanschluß auf, so daß auf dem TAS keine zusätzlichen Protokolle installiert werden müssen. In dieser Konstellation wird keine Umleitung des Datenaustauschs zwischen den Protokollen vorgenommen, sondern es erfolgt eine Umleitung des Paketaustauschs über das TAS (die durchgezogene Linie in Bild 4.5 zeigt den Weg des 'normalen' Paketaustauschs zwischen dem System unter Test und dem Antwortsystem, während die gestrichelte Linie die Umleitung darstellt). Für die Umleitung sind im KATE zwei Möglichkeiten vorgesehen, auf die im folgenden eingegangen wird.

Die Ermittlung des Übertragungsweges eines Paketes vom Quell- zum Zielrechner ist im OSI-Basisreferenzmodell dem Aufgabenbereich der Schicht 3 (genauer gesagt der Schicht 3c) zugeordnet. Für die Schicht 3c wurde das *OSI-Internetzwerkprotokoll* spezifiziert (s. [OSINET 83]), das den Austausch von Paketen über mehrere Netzwerke hinweg ermöglicht, die durch sogenannte *Zwischenstationen* (engl. interworking units) gekoppelt sind. Beschränkt sich der Datenverkehr auf ein einzelnes lokales Netzwerk wird die Er-

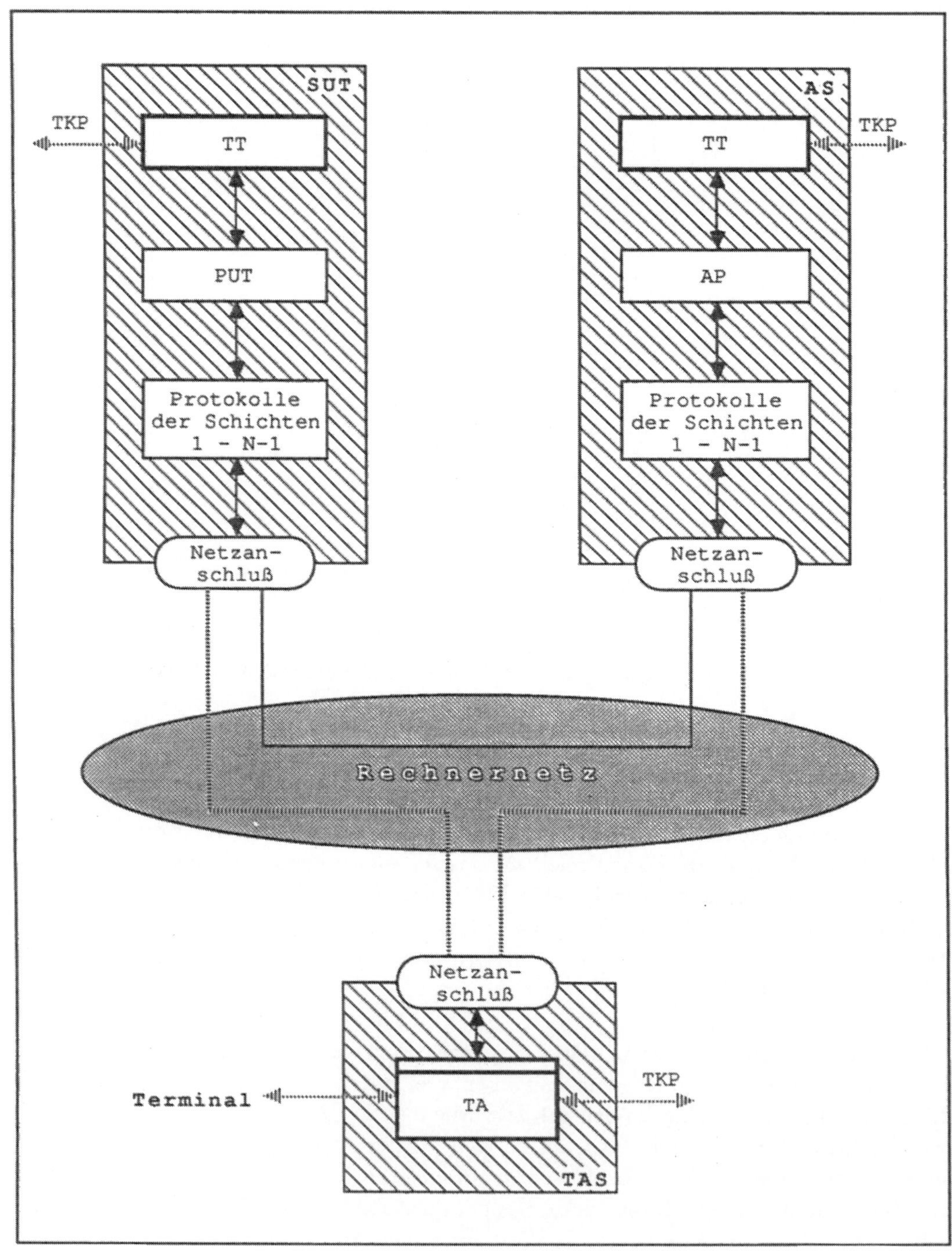

Bild 4.5. Konfiguration des KATE mit Testagenten

mittlung des Übertragungsweges wesentlich vereinfacht, d.h. zur Erfüllung dieser Aufgabe ist ein Teil des Funktionsumfangs des Internetzwerkprotokolls ausreichend, der als *passive Untermenge* (engl. inactivity subset) des Internetzwerkprotokolls bezeichnet wird.

Eine wesentliche Funktion der passiven Untermenge ist die Abbildung der (logischen) Transportadresse des Zielrechners eines Paketes auf die (physikalische) Netzwerkadresse. Zur Umleitung des Paketaustauschs über das TAS wird (bei Nutzung der passiven Untermenge in der Testumgebung) eine Änderung der entsprechenden Zuordnungstabellen vorgenommen, u.zw. derart daß die Netzwerkadresse des Zielrechners durch die Netzwerkadresse des TAS ersetzt wird. Aus der Netzwerkadresse des Quellrechners, die dem TA beim Empfang eines Paketes von der Treibersoftware angezeigt wird, ermittelt der TA über interne Tabellen die Netzwerkadresse des Zielrechners, für den das empfangene Paket ursprünglich bestimmt war. Hieraus ergibt sich allerdings eine Einschränkung dahingehend, daß ein Rechner während der Testdurchführung nur mit einem und nicht mit mehreren Rechnern gleichzeitig kommunizieren darf.

Diese Einschränkung kann beim Einsatz eines Internetzwerkprotokolls in der Testumgebung, das über den gesamten Funktionsumfang verfügt, vermieden werden. Bei derartigen Internetzwerkprotokollen wird zwischen der (logischen) *Endziel-Netzwerkadresse* und der (physikalischen) *Zwischenziel-Netzwerkadresse* unterschieden. Die Endziel-Netzwerkadresse entspricht der der (logischen) Transportadresse zugeordneten (logischen) Netzwerkadresse des Zielrechners. Sie wird nicht direkt zur Übertragung des Paketes verwendet, sondern geht als Verwaltungsinformation in den Paketkopf ein, der vom Internetzwerkprotokoll erstellt wird. Aus der Endziel-Netzwerkadresse wird unter Zuhilfenahme einer *Wegtabelle* (engl. routing table) die Zwischenziel-Netzwerkadresse abgeleitet.

Die Zwischenziel-Netzwerkadresse entspricht der (physikalischen) Netzwerkadresse der (aus der Sicht des für die Paketbearbeitung verantwortlichen Rechners) nächsten Zwischenstation, die auf dem Weg zum Zielrechner erreicht wird. Im Unterschied zur Endziel-Netzwerkadresse geht die Zwischenziel-Netzwerkadresse direkt als Übertragungsparameter in die Paketübertragung ein. Ergänzend sei erwähnt, daß die Endziel-Netzwerkadresse der Zwischenziel-Netzwerkadresse entspricht, falls das für die Paketbearbeitung verantwortliche Rechnersystem und das Zielrechnersystem demselben lokalen Netzwerk angehören. Die Umleitung über das TAS erfolgt hier durch eine Modifizierung der Wegtabellen. Die Wegtabellen werden derart modifiziert, daß alle Wege zwischen dem System unter Test und den als Anwortsystemen dienenden Rechnersystemen über das TAS führen (das TAS stellt sich für diese Rechnersysteme als Zwischenstation dar). Dies hat zur Folge, daß der gesamte Datenverkehr zwischen dem System unter Test und den Antwortsystemen im TAS mündet.

Nachdem der TA das Paket bearbeitet hat, muß er das Paket an den eigentlichen Zielrechner weitergeben. Hierzu muß die nächste Zwischenziel-Netzwerkadresse bestimmt werden. Dies geschieht über eine Wegtabelle, die in den TA integriert ist. Die Informationen über die Endziel-Netzwerkadresse werden dem Paketkopf entnommen, der vom Internetzwerkprotokoll erstellt wurde. Die Wegtabelle wird vom TA in der Intialisierungsphase erstellt. Die hierfür benötigten Informationen (Netzwerkadressen der am Test beteiligten Rechnersysteme, Format der Netzwerkadressen usw.) werden einer Initialisierungsdaten-

Datei entnommen. Diese Datei enthält auch Informationen über den Funktionsumfang des in der Testumgebung eingesetzten Internetzwerkprotokolls.

Die Kontrolle und die Steuerung des TA wird durch den Testkoordinator vorgenommen. Zur Kommunikation zwischen diesen beiden Testsystemkomponenten dient das Testkoordinierungsprotokoll. Über das Testkoordinierungsprotokoll werden Auftrags-, Quittungs-, Start- und Berichtblöcke zwischen dem TA und dem Testkoordinator ausgetauscht. Die Blöcke entsprechen in ihrer Funktion den in Kapitel 4.2.2 beschriebenen Blöcken. Die Auftragsblöcke enthalten hier allerdings keine schnittstellenspezifischen Informationen, sondern Informationen über die Art der Pakete, die im nächsten Testschritt zwischen dem System unter Test und dem Antwortsystem ausgetauscht werden, und Informationen über die Art der Modifikationen, die (falls erwünscht) an diesen Paketen vorgenommen werden sollen.

Die Modifikationen betreffen hauptsächlich die Paketköpfe, die von der zu testenden Protokollinstanz bzw. vom Antwortprotokoll erstellt werden. Die Struktur der Paketköpfe ist abhängig vom Typ des Protokolls, dem sie zugeordnet sind. Um die in Kapitel 4.1 geforderte Unabhängigkeit vom Protokolltyp zu erfüllen, mußte demnach bei der Realisierung des TA darauf geachtet werden, daß die Implementierung der Modifikationsfunktionen keine Abhängigkeiten von der Struktur der zu bearbeitenden Paketköpfe aufweist. Dies wird durch eine *relative Adressierung* der Komponenten des Paketkopfes bei der Auftragsübermittlung erfüllt, d.h. die Komponenten werden nicht direkt, sondern über *Versätze* (engl. offsets) angesprochen. Das folgende Beispiel soll dies verdeutlichen. Die zu testende Protokollinstanz entspricht einem OSI-Transportprotokoll [OSITRA 84]. Es soll die Reaktion der Protokollinstanz auf den Empfang eines Datenpaketes getestet werden, das eine unkorrekte Checksumme beinhaltet. Hierzu muß der Testkoordinator einen Auftragsblock mit dem Inhalt *Ändere Checksumme* an den TA absetzen. Bei direkter Adressierung der Paketkopfkomponenten würde dies dem Befehl

Ändere im nächsten Paket der Art **DT** *die Komponente* **Checksumme**

entsprechen. Der entsprechende Befehl bei Verwendung der relativen Adressierung hat den folgenden Inhalt

Ändere im nächsten Paket der Art **DT** *4 Oktette beginnend mit* **Oktett X**

Das Oktett X bezeichnet die relative Lage der Paketkopfkomponente innerhalb des betroffenen Paketkopfes. Da der TA direkt auf der Treibersoftware für den Netzanschluß aufsetzt, empfängt er immer Pakete, die neben dem Paketkopf, der von dem zu testenden Protokoll erstellt worden ist, auch die Paketköpfe enthalten, die von den darunterliegenden Protokollen erzeugt worden sind. So muß der TA aus den in den einzelnen Paketköpfen enthaltenen Längeninformationen das erste Oktett des zu bearbeitenden Paketkopfes ermitteln. Die Anzahl der Paketköpfe, die dem zu bearbeitenden Paketkopf vorausgehen, und die relative Lage der Paketkopfkomponente, die die Art des Paketes beschreibt, werden dem TA über die Initialisierungsdaten-Datei bekannt gemacht.

Die direkte Adressierung würde voraussetzen, daß der TA Kenntnisse über die Strukturen aller möglichen Paketköpfe besitzt. Zur abstrakten Darstellung der Paketkopfstrukturen eignet sich die abstrakte Syntaxnotation *ASN.1* (s. [ASN 87a] und [ASN 87b]).

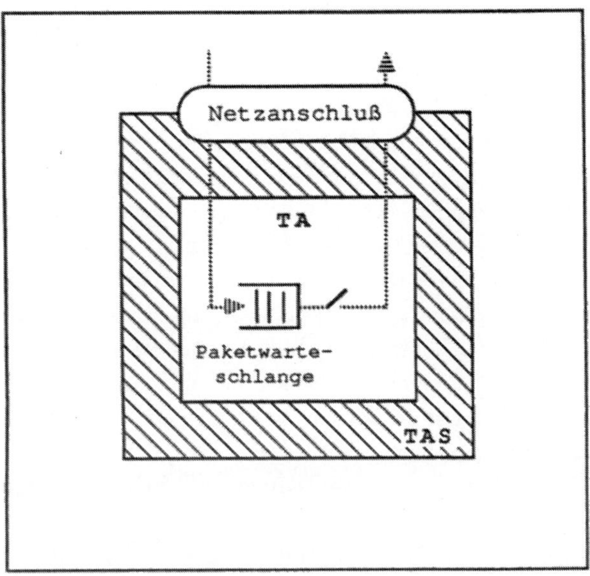

Bild 4.6. Zwischenspeicherung von Paketen im Testagenten

Die abstrakte Darstellung muß durch einen Transformator in eine für den Testagenten verständliche Darstellung überführt werden. An der Entwicklung eines solchen Transformators wird augenblicklich gearbeitet.

Der TA kann die folgenden Aufgaben durchführen.

- Modifizierung einer oder mehrerer Komponenten des Paketkopfes,
- Zerstörung eines Paketes,
- Erzeugung eines Paketes,
- Verzögerung eines Paketes und
- Veränderung der Paketreihenfolge.

Die Zerstörung bzw. Verzögerung eines Paketes ist für den Test von Zeitüberwachungs- bzw. Flußkontrollfunktionen von großer Bedeutung. Zur Veränderung der Paketreihenfolge muß der TA in der Lage sein, mehrere Pakete zwischenzuspeichern. Hierzu wird eine Unterbrechung der Umleitungsstrecke durch das TAS vorgenommen (s. Bild 4.6). Vor der Unterbrechungsstelle ist eine Warteschlange angeordnet, in der eine durch den Befehl *Verändere Paketreihenfolge* bestimmte Anzahl von Paketen zwischengespeichert wird. Sobald die Warteschlange die Pakete enthält, nimmt der TA die Veränderung der Paketreihenfolge vor und leitet die Pakete an den Zielrechner weiter. Mit der Einführung dieser

Warteschlange wurde ein weiteres Ziel verfolgt, u.zw. die Ermöglichung eines Streßtests. Streßtests haben den Test des Protokollverhaltens unter Streßsituationen zum Ziel. Sie bilden eine Unterklasse der Robustheitstests. Eine solche Streßsituation ergibt sich beim Empfang mehrerer, direkt aufeinanderfolgender Pakete - dies entspricht genau der Situation, die bei der unverzögerten Ausgabe aller im TAS zwischengespeicherten Pakete entsteht.

Da der TA in der vorliegenden Version keinerlei Kenntnisse über die Struktur der Pakete besitzt, kann die Erzeugung der Pakete nur indirekt erfolgen. Hierzu werden vom TA während der der eigentlichen Testdurchführung vorausgehenden Initialisierungsphase Kopien empfangener Pakete angelegt, u.zw. für jeden möglichen Pakettyp genau eine Kopie. Für die Initialisierungsphase muß ein spezielles Initialisierungsszenario festgelegt werden, das die Eingabedaten enthält, die zur Erzeugung aller möglichen Pakettypen von beiden an der Testdurchführung beteiligten Protokollinstanzen benötigt werden. Erhält nun der TA den Auftrag, ein Paket eines vorgegebenen Typs zu erzeugen, wird die entsprechende Paketkopie dupliziert und das Duplikat an den Zielrechner gesendet, für den das zu erzeugende Paket bestimmt ist. Durch eine Modifizierung der Paketkopfkomponenten kann das Duplikat an die sich aus der Testdurchführung ergebenden Erfordernisse angepaßt werden.

Eine weitere Aufgabe, die dem TA zukommt, ist die Beobachtung der Aktivitäten an der unteren Schnittstelle der zu testenden Protokollinstanz. Die Aktivitäten können aus der Art und der Reihenfolge der Pakete, die über das Rechnernetz vom System unter Test zum Antwortsystem gesendet werden, abgeleitet werden. Die beobachteten Aktivitäten werden vom TA in Form von Berichtblöcken über das Testkoordinierungsprotokoll an den Testkoordinator weitergegeben. Aus den Paketköpfen der Pakete, die von einem Antwortsystem zum System unter Test übertragen werden, entnimmt der TA die Informationen, die vom Testkoordinator zur Bestimmung und zur Manipulation interner Protokollvariablen (z.B. Fenstergröße) benötigt werden, und gibt sie an den Testkoordinator weiter. Die Manipulation von Protokollvariablen ist von großer Bedeutung für die Testdurchführung, da diese Variablen zur Durchführung einiger Testschritte bestimmte Werte besitzen müssen (siehe hierzu auch Kapitel 7.2). So muß vor der Durchführung eines Testschrittes sichergestellt sein, daß die Protokollvariablen die benötigten Werte enthalten. Dies kann (in den meisten Fällen) nur indirekt unter Einbeziehung des TA erreicht werden, indem die Inhalte der Paketkopfkomponenten, aus denen das Protokoll die aktuellen Werte der Protokollvariablen ableitet, durch den TA entsprechend modifiziert werden.

Bei der Durchführung eines Leistungstests kommt dem TA eine spezielle Aufgabe zu - er ist für die Erzeugung von zusätzlicher Last auf dem Übertragungsmedium zuständig. Diese zusätzliche Last wird vom TA erzeugt, indem er in regelmäßigen, genau definierten Zeitabständen Pakete auf das Übertragungsmedium ausgibt.

4.2.4 Testkoordinierungsprotokoll

Das Testkoordinierungsprotokoll (TKP) hat die Aufgabe, die verschiedenartigen Blöcke zwischen dem Testkoordinator und den übrigen Komponenten des Testsystems zu übertragen. Das Protokoll und die Schnittstellen, die den Testsystemkomponenten zur Verfügung stehen, sind sehr einfach ausgelegt, um einerseits den Aufwand (engl. overhead), der durch die Einbeziehung des TKP in das Testsystem entsteht, zu minimieren und um andererseits die Anpassung des TKP an die in den jeweiligen Rechnersystemen vorhandenen Kommunikationsmöglichkeiten (s.u.) zu vereinfachen. Das TKP entspricht dem von ISO vorgeschlagenen Testverwaltungsprotokoll (s. Seite 12) bzw. dem Testtreiber - Beantworter Protokoll, das in Testsystemen auf der Basis von Testzentren eingesetzt wird (s. Seite 12).

Sehr viele Realisierungen des Testtreiber - Beantworter Protokolls beziehen die zu testende Protokollimplementierung in die Kommunikation zwischen dem Testtreiber und dem Testbeantworter ein. Die Nutzung der an der Testdurchführung beteiligten Protokollinstanzen durch das TKP hätte allerdings zur Folge, daß das Protokollverhalten nicht nur durch die Eingabedaten, sondern auch durch die Aktivitäten des TKP bestimmt würde. Hierdurch würde eine gezielte Aktivierung von Protokollfunktionen sehr erschwert, in vielen Fällen sogar unmöglich werden. Da die gezielte Aktivierung von Protokollfunktionen aber eine wesentliche Voraussetzung für eine erfolgreiche Testdurchführung ist, wird das TKP auf alternative Kommunikationsmöglichkeiten abgebildet, die in der Testumgebung zur Verfügung stehen. Die verfügbaren Kommunikationsmöglichkeiten müssen bei der Konfigurierung des KATE entsprechend berücksichtigt werden. So können z.B. das Testkoordinatorsystem und das System unter Test in einem Rechnersystem zusammengefaßt werden, wenn das auf diesem Rechnersystem installierte Betriebssystem einen Intertaskkommunikationsdienst anbietet.

Die Konfiguration des KATE weist bedingt durch die spezielle Realisierungsform des Testagenten mindestens zwei Rechnersysteme auf, so daß über das TKP Informationen zwischen Rechnersystemen ausgetauscht werden müssen. Verfügt die Testumgebung neben dem Kommunikationssystem, in das die zu testende Protokollinstanz integriert ist, über ein zweites Kommunikationssystem (im folgenden *paralleles Kommunikationssystem* genannt), dem die zu testende Protokollinstanz nicht angehört, wird das TKP auf dieses Kommunikationssystem abgebildet. In Testumgebungen, die kein paralleles Kommunikationssystem enthalten, werden die an der Testdurchführung beteiligten Rechnersysteme über V.24-Leitungen gekoppelt. Die zum Anschluß einer V.24-Leitung benötigte (technische) V.24-Schnittstelle wird von jedem bekannten Rechnersystem unterstützt, so daß diese Möglichkeit bei Rechnersystemen, deren räumliche Entfernung die Verlegung einer V.24-Leitung erlaubt, immer angewendet werden kann. Zur Nutzung der V.24-Schnittstelle ist allerding die zusätzliche Implementierung von V.24-Treibersoftware erforderlich. Um die Flexibilität des KATE zu erhöhen, wurde das TKP derart implementiert, daß mehrere der oben beschriebenen Kommunikationsmöglichkeiten parallel genutzt werden können.

Das TKP ist als verbindungsloses Protokoll realisiert. Dementsprechend stellt die Schnittstelle des TKP nur die beiden Dienstelemente *send* und *receive* zur Verfügung. Dies hat den Vorteil, daß das TKP in einfacher Weise auf die für die Kommunikation zur Verfügung stehende Software abgebildet werden kann. Des weiteren entfällt der Aufwand, der bei der Realisierung des TKP als verbindungsorientiertes Protokoll zur Verwaltung (eigener) logischer Verbindungen entstehen würde. Bei der Abbildung des TKP auf verbindungsorientierte Kommunikationssoftware ist das TKP für das Öffnen und das Schließen der benötigten logischen Verbindungen sowie für die Zuordnung der zu übertragenden Blöcke zu den logischen Verbindungen verantwortlich. So muß bei Einbeziehung von Rechnersystemen mit beschränkten Hauptspeicherressourcen in das KATE das TKP auf verbindungslose Kommunikationssoftware abgebildet werden, um den Codeumfang des TKP klein zu halten. Der Empfang von Blöcken über das TKP verläuft synchron, d.h. es muß *aktiv* auf die Ankunft eines Blocks gewartet werden. Dies stellt keine Einschränkung dar, da die zeitliche Reihenfolge der Blöcke, die zwischen den Testsystemkomponenten ausgetauscht werden, strengen Regeln unterworfen ist (s. Kapitel 4.2.1).

Bei der Realisierung des TKP wurde zugunsten eines minimalen Codeumfangs auf zusätzliche Maßnahmen zur Behebung von Übertragungsfehlern verzichtet. Zur Fehlererkennung wurde in die auf seiten des Testkoordinators installierte TKP-Version eine Zeitüberwachung aufgenommen. Wurde nach dem Ablaufen einer vordefinierten Zeitspanne kein Quittungs- bzw. Berichtblock von einem Testtreiber oder dem Testagenten empfangen, wird davon ausgegangen, daß die entsprechende Testsystemkomponente bzw. das Rechnersystem, auf dem diese installiert ist, nicht mehr in der Lage ist, weiterhin bei der Testdurchführung mitzuwirken, und die Testdurchführung wird abgebrochen.

4.3 Vergleich mit anderen Testverfahren

In Kapitel 2.3 wurden die zur Zeit bekannten Verfahren zum Test von OSI-Protokollimplementierungen vorgestellt. Nachfolgend wird ein Vergleich des KATE mit diesen Testverfahren vorgenommen. Da die OSI-Testverfahren abstrakte Verfahren darstellen, wird sich der Vergleich mit diesen Testverfahren auf eine Einordnung des KATE in das für die OSI-Testverfahren festgelegte Klassifizierungsschema beschränken. Bezüglich der Testverfahren auf der Basis von Testzentren werden die konkreten Realisierungsunterschiede und die sich daraus ergebenden Vor- und Nachteile aufgezeigt.

Das KATE unterscheidet sich von den Testverfahren auf der Basis von Testzentren in den folgenden Punkten

- das KATE enthält eine zusätzliche Komponente (den Testkoordinator), die die Steuer- und die Kontrollfunktion des Testtreibers im Testzentrum übernimmt;
- die Aufgabe des Testtreibers im KATE beschränkt sich auf die Beobachtung und die Bedienung der Dienstelementschnittstelle, so daß der Testtreiber und der Testbeantworter denselben Funktionsumfang besitzen und die Unterscheidung zwischen Testtreiber und Testbeantworter entfallen kann;
- der Testagent, der dem Fehlergenerator im Testzentrum entspricht, wird auf einem separaten Rechnersystem installiert;
- das Testkoordinierungsprotokoll setzt nicht auf dem Kommunikationssystem auf, das die zu testende Protokollimplementierung beinhaltet;

- die Steuerung und die Kontrolle des Testagenten wird über das Testkoordinierungsprotokoll vorgenommen;
- die Funktionen der Beobachter im Testzentrum sind auf den Testkoordinator, die Testtreiber und den Testagenten verteilt worden, so daß spezielle Beobachterkomponenten im KATE entfallen;
- für den Einsatz des KATE ist keine Referenzimplementierung bzw. kein Paketerzeuger/Paketanalysierer erforderlich und
- die Kopplung der Rechnersysteme, auf denen die Komponenten des KATE installiert sind, muß nicht wie bei den Testzentrumsverfahren über ein öffentliches Netz vorgenommen werden.

Zum einen resultieren diese Unterschiede aus den in Kapitel 4.1 erhobenen Forderungen, zum anderen wird durch die andersartige Konzeption des KATE ein Großteil der Probleme vermieden, die in Erfahrungsberichten über den Einsatz von Testzentren zur Durchführung von Protokolltests erwähnt werden (s. [LiNi 83], [Linn 86], [Pave 84]). Es sind dies hauptsächlich Probleme, die die Abstimmung der Aktivitäten der Testverfahrenskomponenten, die Handhabung des Fehlergenerators und die Portierung des Testbeantworters auf das System unter Test betreffen. Durch die in Kapitel 4.2.2 beschriebenen Maßnahmen ließ sich die Portierungsproblematik für das KATE vermeiden. So konnte der ursprünglich für das Betriebssystem VAX/VMS implementierte Testtreiber ohne größere Änderungen auf einen IBM/PC-AT übernommen werden, auf dem ein eigens für den IBM/PC konzipiertes Multitask-Betriebssystem (CP-88) eingesetzt wird.

Die Probleme, die in den Testzentren bez. der Handhabung des Fehlergenerators bestehen, sind größtenteils darauf zurückzuführen, daß die für die Testdurchführung erforderliche Nebenläufigkeit von Testtreiber und Fehlergenerator nicht gegeben ist, da die beiden Testverfahrenskomponenten auf demselben Rechnersystem installiert sind. Die Konzeption des KATE ermöglicht die Nebenläufigkeit von Testkoordinator und Testagent, wodurch die Handhabung des Testagenten wesentlich erleichtert wird. Dies gilt insbesondere auch für die Synchronisierung des Testagenten mit den übrigen Testsystemkomponenten. Die Synchronisierung der Testsystemkomponenten wird bei einer Testdurchführung mittels KATE für jeden Testschritt wiederholt. Im Gegensatz hierzu nehmen die Testverfahren auf der Basis von Testzentren nur eine Synchronisierung der Testverfahrenskomponenten vor, die während der Initialisierungsphase der Testdurchführung stattfindet. Durch die wiederholte Synchronisierung wird eine bessere Abstimmung der Aktivitäten der Testsystemkomponenten erreicht. Ein Nachteil der Synchronisierungswiederholung ist in der Zunahme des Zeitaufwands für die Testdurchführung zu sehen.

Ein großer Vorteil des KATE gegenüber den Testzentrumsverfahren ist in seiner Flexibilität zu sehen - es kann direkt in der lokalen Netzumgebung, in der die zu testende Protokollimplementierung eingesetzt werden soll, installiert werden oder ähnlich den Testzentrumsverfahren als abgesetztes Testsystem angewandt werden. Weiterhin bietet das KATE die Möglichkeit mehrere, auch unterschiedliche Protokollimplementierungen in einem einzigen Testlauf zu erfassen (Kompatibilitätstest), so daß das KATE ohne Einschränkung an die jeweiligen Bedürfnisse eines Kunden (Institution, die die Dienste des

Testsystems in Anspruch nimmt) angepaßt werden kann. Verstärkt wird die Flexibilität durch die Aufhebung der strengen Bindung des Testsystems an ein Testszenario, wie sie bei den Verfahren auf der Basis von Testzentren gegeben ist (das KATE sieht ja, wie in Kapitel 4.2.1 beschrieben, drei Möglichkeiten zur Eingabe der zur Testdurchführung benötigten Testdaten und Kommandos vor). Der Kunde kann so die Eingabemöglichkeit und die Testfälle wählen, die ihm zum Erreichen seiner Testziele als geeignet erscheinen.

Wie ist nun das KATE hinsichtlich der OSI-Testverfahren einzuordnen? Die OSI-Testverfahren setzen sich aus zwei Komponenten (oberer Tester und unterer Tester) zusammen, die über die Testkoordinierungsprozeduren bzw. über das Testverwaltungsprotokoll koordiniert werden (s. Kapitel 2.3.2). Ein Vergleich der Funktionen dieser beiden Komponenten mit den Funktionen der Konponenten des KATE zeigt, daß sich der obere Tester und der Testtreiber im System unter Test entsprechen. Die Funktionen, die dem unteren Tester zugeordnet sind, sind im KATE auf mehrere Komponenten verteilt - auf den Testkoordinator, auf den Testagenten, auf den Testtreiber im Antwortsystem und auf das Antwortprotokoll. Das Antwortprotokoll ist eigentlich keine Testsystemkomponente, wurde aber in die Aufzählung aufgenommen, da der untere Tester u.a. auch für die Erzeugung der Reaktionen auf die Aktionen der Implementierung unter Test zuständig ist. Zur Koordinierung der Aktivitäten des oberen und des unteren Testers dienen die Testkoordinierungsprozeduren, die zu einem Testverwaltungsprotokoll zusammengefaßt werden können bzw. bei den koordinierten OSI-Testverfahren zusammengefaßt werden müssen. Dieser Aufgabenbereich fällt im KATE dem Testkoordinierungsprotokoll zu.

In Bild 4.7 ist die Zuordnung der einzelnen Komponenten des KATE zu den Komponenten der OSI-Testverfahren wiedergegeben (die Struktur der OSI-Testverfahren wird durch die schraffierten Bildelemente angezeigt). Wie aus Bild 4.7 zu ersehen ist, besitzt das KATE keine Möglichkeit, die Dienstelementschnittstelle des (N-1) - Diensterbringers im Antwortsystem direkt zu steuern und zu beobachten. Die Steuerung dieser Schnittstelle wird im KATE indirekt über das Antwortprotokoll vorgenommen, während der Testagent durch eine entsprechende Interpretation der im (N-1) - Paketkopf enthaltenen Verwaltungsinformationen die (indirekte) Beobachtung der Schnittstelle ermöglicht. Des weiteren wird vom Testagenten eine Interpretation des (N) - Paketkopfes vorgenommen. Diese Aufgaben des Testagenten werden in Bild 4.7 durch den Inhalt der fettgedruckten Klammern angezeigt. Zur Vermeidung von Mißverständnissen sei hier darauf hingewiesen, daß die Testtreiber keine abstrakten Dienstelementprimitiven (wie nach Bild 4.7 zu vermuten wäre) verwenden, sondern reale Dienstelementaufrufe bzw. -anzeigen abgesetzt bzw. beobachtet werden. Durch die Anzeige der ADPs soll lediglich der Vergleich mit den OSI-Testverfahren erleichtert werden.

Prinzipiell läßt sich mittels KATE jedes OSI-Testverfahren realisieren, so zeigt z.B. Bild 4.8 eine Konfiguration des KATE zur Realisierung des verteilten Einzelschicht-Testverfahrens. Zur Realisierung der lokalen OSI-Testverfahren mittels KATE ist allerdings eine Änderung des vorgestellten Konzeptes erforderlich. Das Konzept erlaubt zwar die Vereinigung des Systems unter Test, des Antwortsystems und des Testkoordinatorsystems auf einem Rechnersystem, sieht aber für die Installation des Testagenten ein separates Rechnersystem vor. Durch eine derartige Konfiguration des KATE (s. Bild 4.9) zur Re-

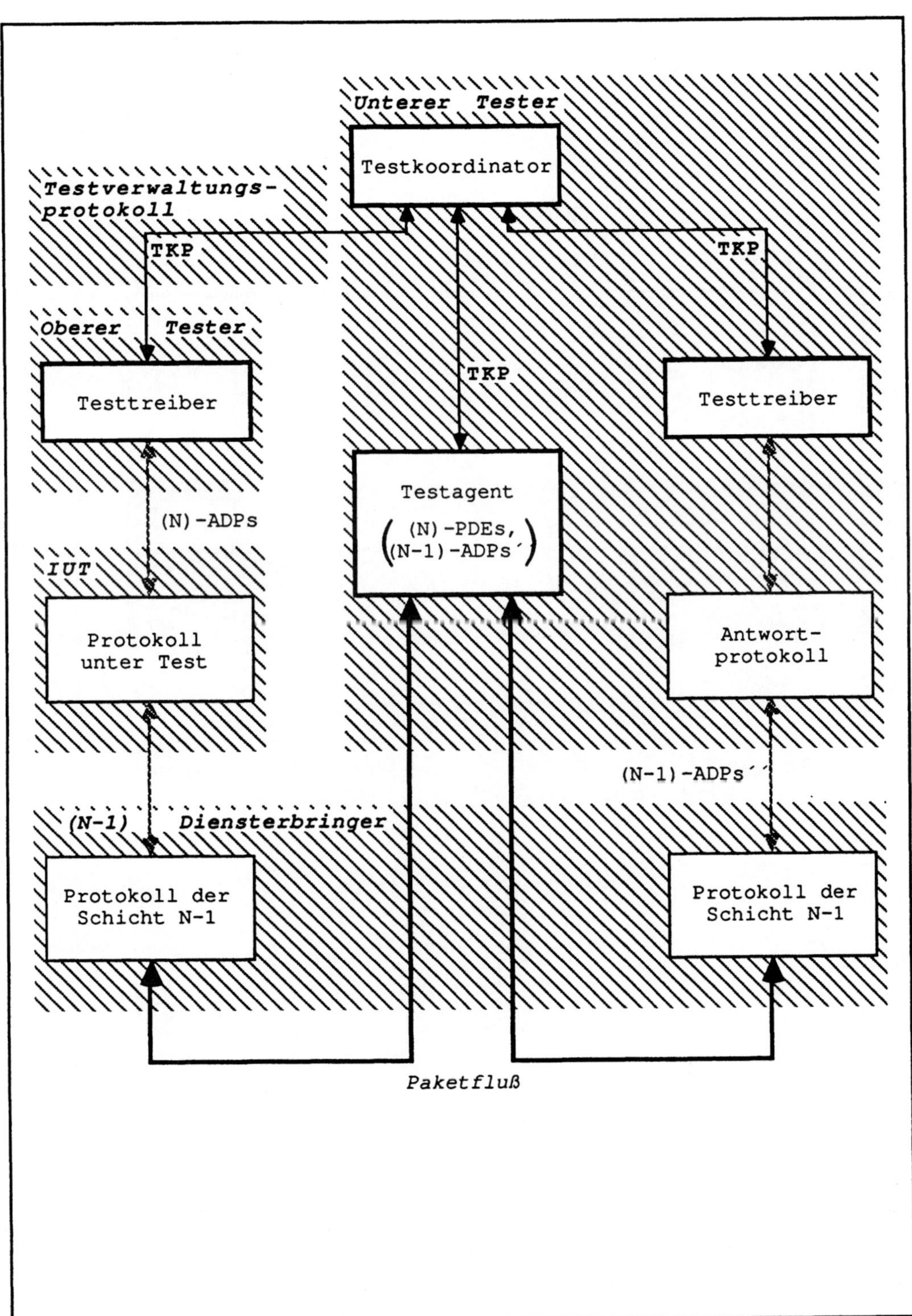

Bild 4.7. Struktur des KATE im Vergleich zur Struktur der OSI-Testverfahren

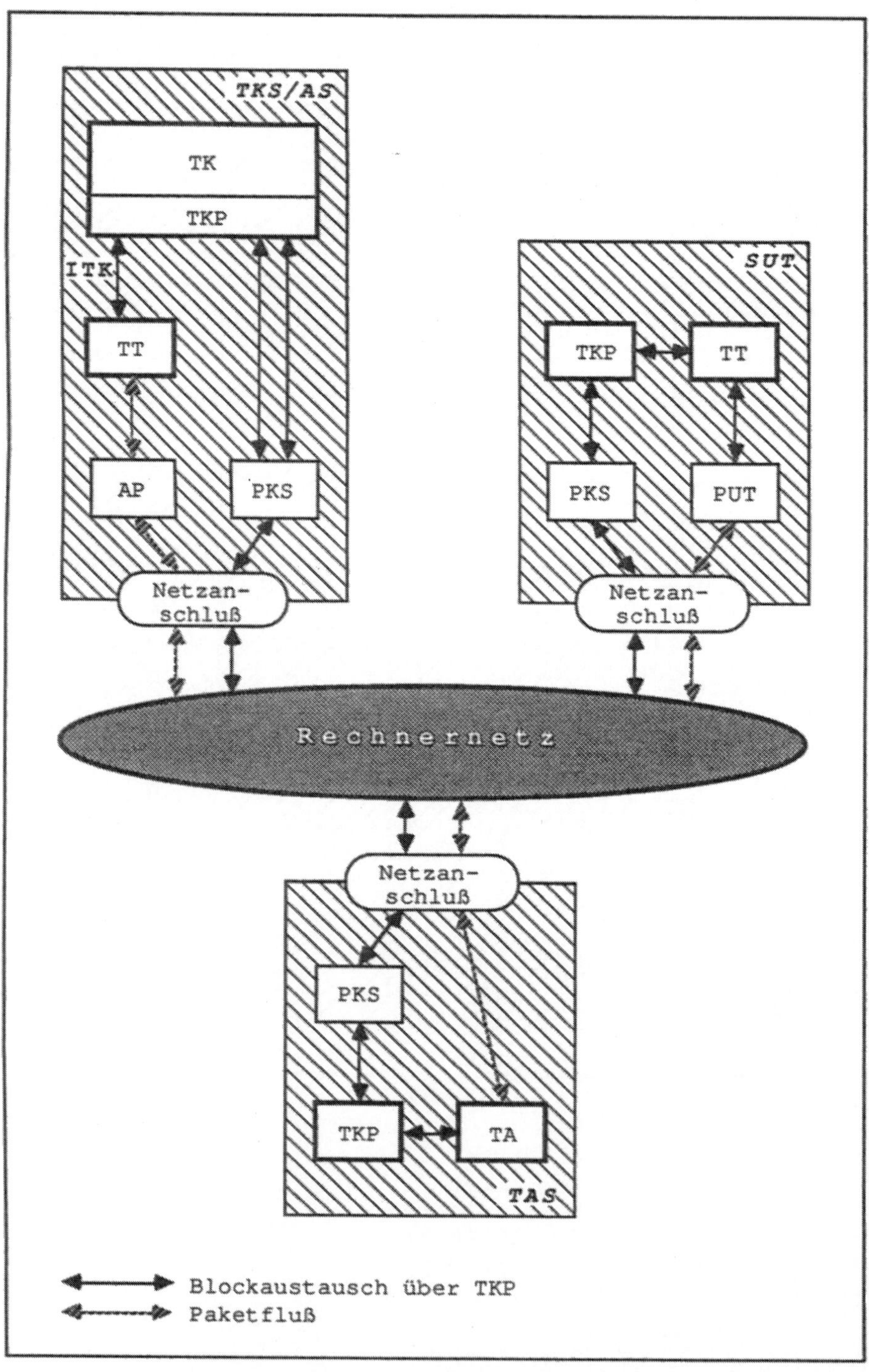

Bild 4.8. Realisierung des verteilten Einzelschicht-Testverfahrens mittels KATE

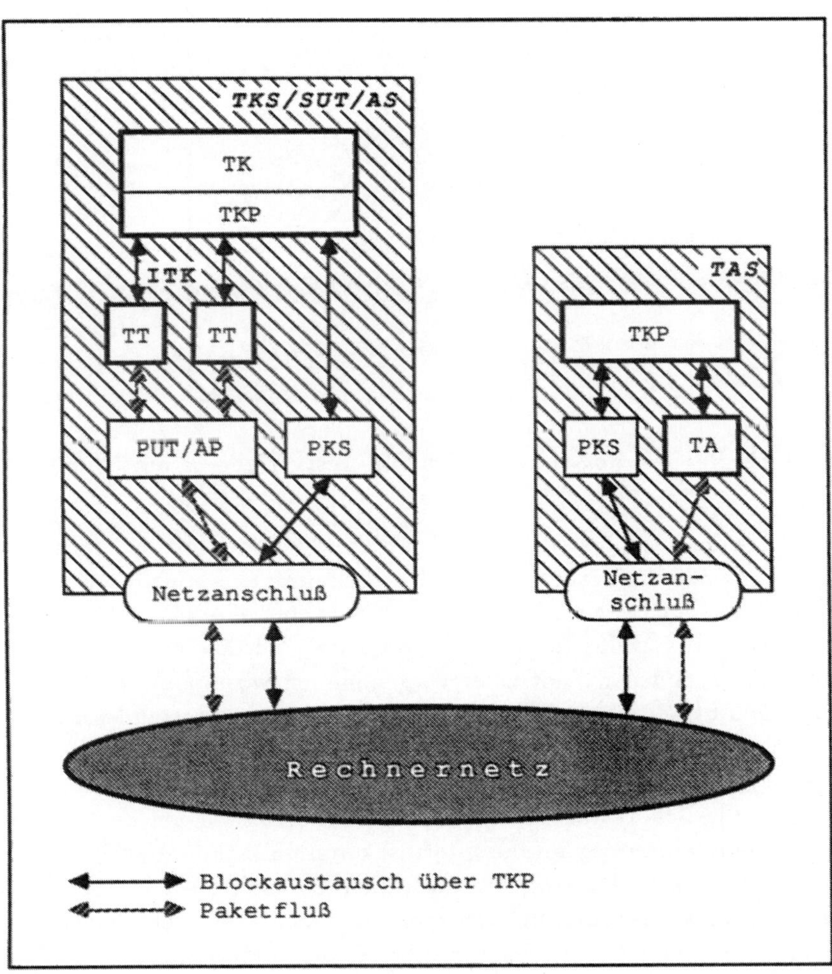

Bild 4.9. Realisierung eines 'halblokalen' Testverfahrens mittels KATE

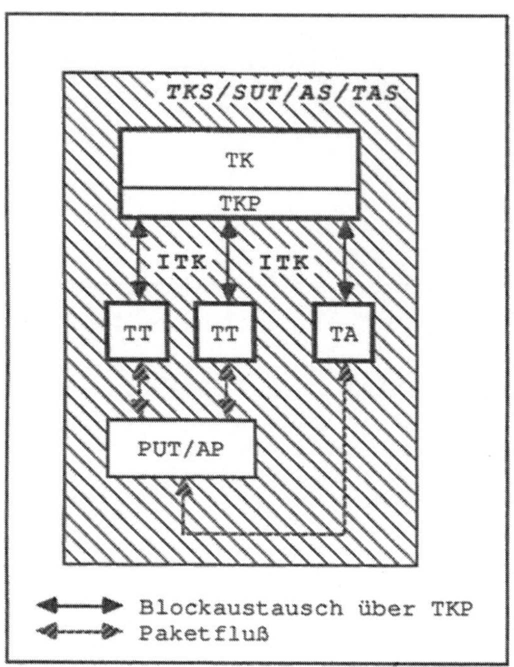

Bild 4.10. Realisierung eines lokalen OSI-Testverfahrens mittels KATE

alisierung eines lokalen OSI-Testverfahrens geht allerdings der lokale Charakter des Verfahrens verloren, so daß das realisierte OSI-Testverfahren eher einem 'halblokalen' Testverfahren entspricht. Zur Erhaltung des lokalen Charakters eines lokalen OSI-Testverfahrens muß der Testagent auf das Rechnersystem portiert werden, auf dem die Installation des Testkoordinators und der Testtreiber vorgenommen wird. Bild 4.10 zeigt eine entsprechende Konfiguration. Der Paketaustausch zwischen der zu testenden Protokollimplementierung und dem Testagenten erfolgt in dieser Konfiguration mittels Intertaskkommunikation. Hierzu muß die untere Schnittstelle der zu testenden Protokollimplementierung und die Schnittstelle des Testagenten, die vor der Portierung auf der Treibersoftware für den Netzanschluß aufsetzte, auf die Intertaskkommunikation abgebildet werden. Die Rückgabe der bearbeiteten Pakete kann nach dem in Kapitel 4.2.3 beschriebenen Verfahren vorgenommen werden, das zur Weiterleitung von Paketen bei der Erbringung des Netzwerkdienstes durch die passive Untermenge des Internetzwerkprotokolls Verwendung findet. Die Installation des Testagenten und des Testkoordinators auf einem Rechnersystem hat den Nachteil, daß die Nebenläufigkeit dieser Testsystemkomponenten nicht mehr gegeben ist. Die Nebenläufigkeit bleibt bei der Realisierung eines 'halblokalen' Testverfahrens erhalten, so daß sich für den lokalen Test einer Protokollimplementierung eine Konfiguration nach Bild 4.9 empfiehlt, sofern die lokale Testumgebung eine entsprechende Konfiguration erlaubt.

Die Konfigurierung des KATE kann unabhängig von der Klasse erfolgen, der das zu realisierende OSI-Testverfahren angehört. Die Klassen unterscheiden sich prinzipiell durch den Inhalt der Implementierung unter Test und durch die Mengen der abstrakten Dienstelementprimitiven bzw. Protokolldateneinheiten, aus denen die Testeingabedaten abgeleitet werden. Weder der Inhalt der Implementierung unter Test noch die Testeingabedaten haben einen Einfluß auf die Konfigurierung des KATE. Lediglich die Ermittlung der Testeingabedaten, die nicht in den Aufgabenbereich des KATE fällt, muß in Abhängigkeit von der Klasse des realisierten OSI-Testverfahrens vorgenommen werden.

4.4 Bewertung

Der Entwurf des KATE wurde maßgeblich von den in Kapitel 4.1 aufgestellten Forderungen geprägt. Die hier vorgenommene Bewertung liefert eine Aussage darüber, inwieweit diese Forderungen vom KATE erfüllt werden. In Tabelle 4.1 sind die für die einzelnen Forderungen erzielten Bewertungsergebnisse aufgelistet.

Forderung	*Bewertungsergebnis*
1 Unabhängigkeit von der Protokollimplementierung	geringe Abhängigkeiten
2 Unabhängigkeit vom Protokolltyp	für Protokolle der Schichten 3-7 erfüllt
3 Unabhängigkeit von der Testumgebung	geringe Abhängigkeiten
4 Unabhängigkeit von den Testzielen	erfüllt
5 Flexibilität bez. Teststrategien	erfüllt
6 Einfache Handhabung	erfüllt

Tabelle 4.1. Bewertungsergebnisse

Die Forderung 1 betrifft die Unabhängigkeit des Testsystems von der zu testenden Protokollimplementierung. Eine totale Unabhängigkeit ist bedingt durch die enge Beziehung zwischen dem Testsystem und der Protokollimplementierung nicht in allen Punkten erreichbar. Dies wird insbesondere bei der Betrachtung der Protokollschnittstelle (Dienstelementschnittstelle) deutlich. Durch die Zusammenfassung der Teststeuerung und der Testkontrolle in einer speziellen Komponente (dem Testkoordinator) wird zwar die Steuerung und die Kontrolle völlig unabhängig von der Protokollschnittstelle, so daß ein und derselbe Testkoordinator für verschiedene Schnittstellenimplementierungen eingesetzt werden kann, die Abhängigkeit wird aber in die Testtreiber verlagert. Zur Minimierung der Abhängigkeit wurde die Routine BEDIEN-SCHNITTSTELLE (s. S. 43) in die Testtreiberimplementierung aufgenommen. Durch die Einführung dieser Routine ist es gelungen, einen Großteil des Testtreibers ohne Abhängigkeiten von der Protokollschnittstelle zu realisieren.

Das KATE ist aufgrund der Installation des Testagenten auf einem separaten Rechnersystem nur für den Test von Protokollen der Schichten 3-7 geeignet. Für diese Protokolle wird die Forderung 2 (Unabhängigkeit vom Protokolltyp) vom KATE erfüllt. Die Art des Protokolls hat lediglich Auswirkungen auf den Inhalt der Testdaten, bedingt durch die unterschiedlichen Dienste, die die einzelnen Schichten erbringen. Da die Testdaten vom KATE als Parameter behandelt werden, die zur Bedienung der Protokollschnittstelle benötigt werden, hat die Semantik der Testdaten für das Testsystem keine Bedeutung.

Durch die spezielle Realisierung des Testagenten bleibt das KATE auch unabhängig von der Realisierungsform der Protokollinstanz. Der Test einer Protokollinstanz kann in der in Kapitel 4.2 beschriebenen Art und Weise durchgeführt werden, sofern sie als Einzelschicht-Implementierung vorliegt oder in einer Mehrschichten-Realisierung dem Protokoll der höchsten Schicht entspricht. Für den Test einer Protokollinstanz, die derart in eine Mehrschichten-Realisierung eingebettet ist, daß keine direkte Zugriffsmöglichkeit auf ihre obere Schnittstelle besteht, kann der Testagent die Beobachtung beider Schnittstellen übernehmen, während die Bedienung der oberen Schnittstelle der zu testenden Protokollinstanz indirekt über die oberste direkt zugreifbare Schnittstelle erfolgt. Diese Situation muß bei der Ermittlung der Testdaten berücksichtigt werden, so daß das Testsystem selbst unabhängig von der Realisierungsform der Protokollinstanz bleibt.

Des weiteren wurde in Kapitel 4.1 die Unabhängigkeit von den Rechnersystemen, auf denen die Protokollinstanzen installiert sind, und von deren Betriebssystemen gefordert (Unabhängigkeit von der Testumgebung, Forderung 3). Bei der Entwicklung von Software werden immer Abhängigkeiten von Betriebsmittelressourcen und Betriebssystemdiensten entstehen, so daß bei der Realisierung des KATE keine vollständige Unabhängigkeit von der Testumgebung erreicht werden konnte. Diese Abhängigkeiten wurden aber durch Berücksichtigung moderner Programmiertechniken minimiert, wie z.B. Verwendung von Programmiersprachenstandards, Vermeidung von Programmkonstrukten, die zu umfangreichen Maschinencode führen, Einführung einer allgemeinen Betriebssystemschnittstelle, die in einfacher Weise an die jeweilige Betriebssystemschnittstelle angepaßt werden kann usw.. Weiterhin werden durch die strenge Gliederung des KATE in separate Komponenten und durch die Nutzung des Testkoordinierungsprotokolls zur Steuerung und zur Kontrolle der Testtreiber und des Testagenten Abhängigkeiten von der Struktur der Testumgebung vermieden. Dies soll im folgenden anhand zweier Beispiele verdeutlicht werden.

Im ersten Beispiel (s. Bild 4.8) sind die zu testende Protokollinstanz und das Antwortprotokoll auf zwei Minirechnersystemen installiert, die ausreichende Betriebsmittelressourcen besitzen, um neben dem Testtreiber auch den Testkoordinator auf einem dieser beiden Rechnersysteme zu installieren. In der dargestellten Konfiguration werden zur Realisierung des Testkoordinierungsprotokolls der vom Betriebssystem angebotene Intertaskkommunikationsdienst und ein paralleles Kommunikationssystem genutzt. Bild 4.11 gibt die Anordnung der Komponenten für das zweite Beispiel wieder. Hier sind die Protokollinstanzen auf Rechnersystemen mit beschränkten Betriebsmittelressourcen installiert. Zur Installation des Testkoordinators muß in dieser Testumgebung ein viertes Rechnersystem in das Testsystem aufgenommen werden. Das Testkoordinierungsprotokoll ist in diesem Beispiel auf der Basis von V.24-Leitungen realisiert. Wird in Bild 4.11 der Begriff 'Rechnernetz' durch den Begriff 'öffentliches Netz' und die V.24-Leitungen durch Verbindungen über das öffentliche Netz ersetzt, ergibt sich eine recht interessante, wenn auch kostspielige Einsatzvariante für das KATE, u.zw. die Durchführung eines Tests über ein öffentliches Netz. Diese Konstellation erlaubt die Einbeziehung von Protokollinstanzen in die Testdurchführung, die auf Rechnersystemen installiert sind, die eine sehr große räumliche Distanz zueinander oder zu dem System aufweisen, auf dem der Testkoordinator installiert ist.

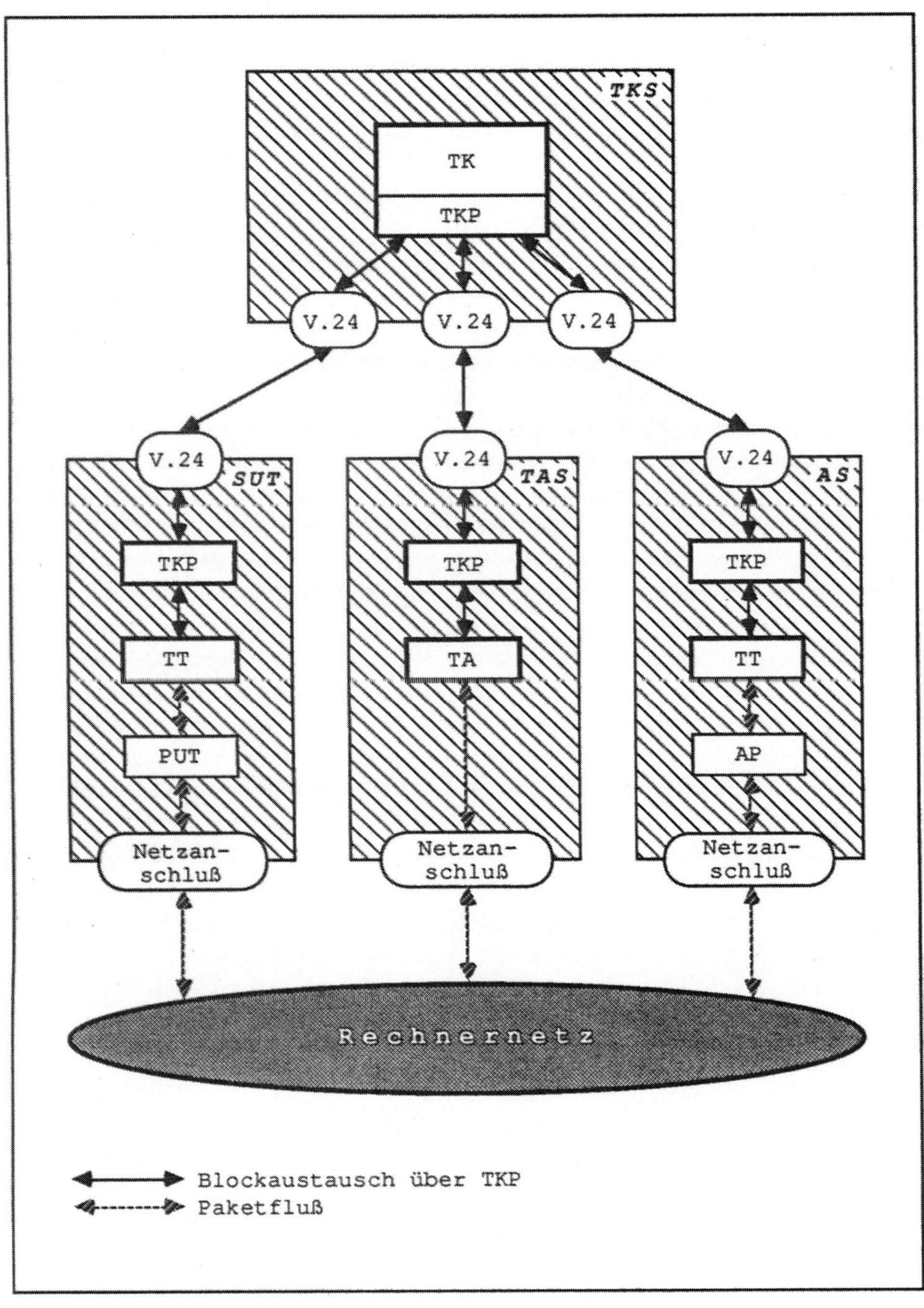
TKS
TK
TKP
V.24
V.24
V.24
V.24
SUT
TKP
TT
PUT
Netzan-
schluß
V.24
TAS
TKP
TA
Netzan-
schluß
V.24
AS
TKP
TT
AP
Netzan-
schluß
Rechnernetz
Blockaustausch über TKP
Paketfluß

In den bisherigen Beispielen wurden aus Gründen der Übersichtlichkeit immer nur ein System unter Test und ein Antwortsystem aufgeführt. Der Testkoordinator bzw. das Testkoordinierungsprotokoll ist jedoch so ausgelegt, daß mehr als zwei Testtreiber gleichzeitig bedient werden können. Dadurch wird die Durchführung eines Mehrobjekt-Tests ermöglicht (s. Kapitel 2.2.2). Voraussetzung hierzu ist allerdings die Einführung einer geeigneten Syntax für die Eingabedaten, so daß der Interpreter des Testkoordinators die den einzelnen Objekten zugeordneten Eingabedaten unterscheiden kann (s. Kapitel 6.2). Bild 4.12 zeigt eine für die Durchführung eines Mehrobjekt-Tests geeignete Konfiguration. In dieser Konfiguration sind jeweils zwei Testtreiber für den Test eines Einzelobjektes zuständig.

Weitere Abhängigkeiten von der Testumgebung ergeben sich durch die Realisierungsform des Testagenten. So muß die Schnittstelle zur Treibersoftware des Netzanschlusses an die speziellen Eigenschaften des in der Testumgebung zur Verfügung stehenden Treibers angepaßt werden. Um die Weiterleitung bearbeiteter Pakete zu ermöglichen, müssen dem Testagenten die logischen und die physikalischen Netzwerkadressen der am Test beteiligten Rechnersysteme bekannt gemacht werden. Dies geschieht über die Initialisierungsdaten-Datei (s. Kapitel 4.2.3), so daß sich die Abhängigkeiten des Testagenten von der Testumgebung auf die Schnittstelle zur Treibersoftware beschränken.

Wie oben aufgezeigt, ist das KATE unabhängig von der Art und der Realisierung der zu testenden Protokollinstanz bzw. des Antwortprotokolls. Hierdurch kann mittels KATE die Kompatibilität verschiedener Implementierungsversionen eines Protokolls überprüft werden. Zur Überprüfung der Konformität wird bei den Testverfahren auf der Basis von Testzentren (s. Kapitel 2.3.1) eine Referenzimplementierung bzw. ein Paketerzeuger/Paketanalysierer eingesetzt. Diese Möglichkeit besteht auch beim KATE, indem eine Referenzimplementierung bzw. ein Paketerzeuger/Paketanalysierer als Antwortprotokoll verwendet wird. Die Erstellung einer Referenzimplementierung bzw. eines Paketerzeugers/Paketanalysierers ist jedoch mit einem sehr großen Aufwand verbunden. Zur Vermeidung dieses Aufwands wurde das KATE derart konzipiert, daß die Durchführung eines Konformitätstests unabhängig von der Verfügbarkeit einer Referenzimplementierung bzw. eines Paketerzeugers/Paketanalysierers vorgenommen werden kann. Auf eine 'Referenz' kann aber nicht verzichtet werden. Daher enthalten die Eingabedaten neben den Kommandos und den Testdaten, die vom KATE zur Durchführung eines Testschrittes benötigt werden, auch Referenzparameter, die das während der Ausführung eines Testschrittes erlaubte Protokollverhalten beschreiben.

Die eigentliche Mächtigkeit des KATE hinsichtlich des Konformitätstests wird durch die vielseitigen Funktionen des Testagenten erreicht. Der Testagent ist es auch, der Leistungstests unter verschiedenen Netzlasten ermöglicht. Eine wesentliche Voraussetzung zur Durchführung eines Leistungstests wurde durch die Aufnahme von Schleifen und Blöcken in die Eingabesyntax geschaffen, die es dem KATE im Blockmodus ermöglichen, eine Folge von Testschritten mehrmals hintereinander ohne weitere Eingaben durchzuführen. Der Testkoordinator ist in der Lage, solche Schleifen bzw. Blöcke über Auftragsblöcke an die Testtreiber bzw. den Testagenten weiterzugeben, so daß die sich auf das Ergebnis eines Leistungstests negativ auswirkenden Zeitverzögerungen vermindert werden, die durch den

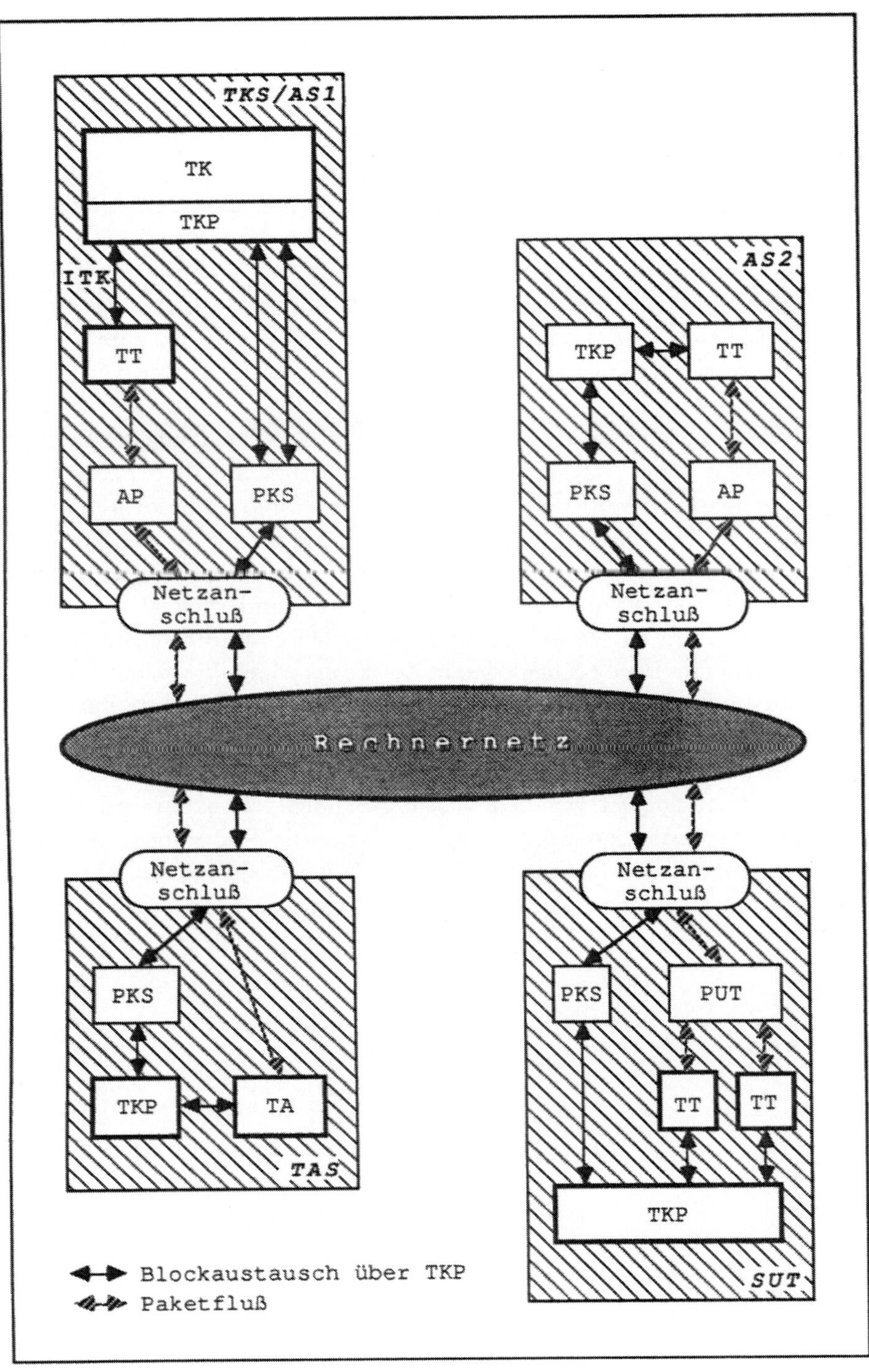
TKS/AS1
TK
TKP
ITK
TT
AP
PKS
Netzan-
schluß
AS2
TKP
TT
PKS
AP
Netzan-
schluß
Rechnernetz
Netzan-
schluß
PKS
TKP
TA
TAS
Netzan-
schluß
PKS
PUT
TT
TT
TKP
SUT
Blockaustausch über TKP
Paketfluß

Einsatz des Testkoordinierungsprotokolls entstehen. Aus den in den Berichtblöcken enthaltenen Zeitstempeln (s. Kapitel 4.2.2) kann eine Aussage über das Leistungsverhalten der getesteten Protokollimplementierung gewonnen werden. Natürlich können mittels KATE keine genauen Leistungsaussagen erzielt werden, hierzu sind zu viele Softwarekomponenten an der Messung beteiligt. Aus den ermittelten Meßergebnissen können aber Trends abgeleitet werden, die den gezielten Einsatz genauerer Meßwerkzeuge ermöglichen.

Die Flexibilität bez. der Anwendung von Teststrategien (Forderung 5) und die einfache Handhabung des Testsystems (Forderung 6) sind durch die verschiedenen Eingabemöglichkeiten gegeben, über die der Testkoordinator verfügt. Die Steuerung und die Kontrolle der Testdurchführung erfolgt beim KATE intern durch den Testkoordinator, so daß sich die Handhabung des KATE auf das Starten des Testsystems und auf die Eingabe der für die Testdurchführung benötigten Kommandos, Testdaten und Referenzparameter beschränkt. Die zur Testdurchführung gewählte Eingabeart wird dem Testkoordinator über eine Initialisierungsdaten-Datei bekannt gemacht. Diese Initialisierungsdaten-Datei enthält auch den Namen der Testszenario-Datei, falls die entsprechende Eingabeart gewählt wurde. Bei Verwendung eines Zufallsgenerators zur Erzeugung der Eingabedaten, wird die Handhabung des Testsystems noch weiter vereinfacht, da der Zufallsgenerator automatisch vom Testkoordinator gestartet wird. Der Testkoordinator nimmt auch (unter Zuhilfenahme des Testkoordinierungsprotokolls) die Aktivierung der Testtreiber und des Testagenten vor, so daß zum Starten des Testsystems lediglich die Eingabe eines Startkommandos zur Aktivierung des Testkoordinators erforderlich ist.

Eine Teststrategie legt die Vorgehensweise bei der Durchführung eines Tests fest. Die Vorgehensweise wird durch die Reihenfolge, in der die einzelnen Protokollfunktionen getestet werden, und durch die Abfolge der einzelnen Testschritte bestimmt (eine ausführliche Diskussion zum Thema Teststrategie erfolgt in Kapitel 7). Die Abfolge der einzelnen Testschritte wird entweder vor der Testdurchführung festgelegt oder während der Testdurchführung in Abhängigkeit von dem sich ergebenden Protokollverhalten bestimmt. Beide Möglichkeiten werden vom KATE unterstützt. Die Reihenfolge, in der die Protokollfunktionen getestet werden, ist für das KATE irrelevant, so daß die Forderung 5 (Flexibilität bez. Teststrategien) vom KATE erfüllt wird.

5 TRANS-CHECK-Verfahren

Testsequenzen können anhand zweier Merkmale charakterisiert werden - durch ihre Länge und durch ihre Fehlererkennungsmächtigkeit (FEM). Ein optimales Verfahren zeichnet sich durch möglichst kurze Testsequenzen und durch eine große FEM der erzeugten Testsequenzen aus. Diese Eigenschaften können keinem der in Kapitel 3.2 beschriebenen Verfahren zugesprochen werden; die Verfahren erzeugen entweder kurze Testsequenzen, die eine geringe FEM aufweisen, oder sie generieren Testsequenzen großer Länge mit großer FEM. Mit dem im folgenden vorgestellten TRANS-CHECK-Verfahren wurde der Versuch unternommen, die Lücke zwischen diesen beiden Extrema zu schließen. So ergab sich als eine Hauptanforderung an das TRANS-CHECK-Verfahren die Erzeugung möglichst kurzer Testsequenzen mit möglichst großer FEM. Weitere Forderungen entstanden aus den in Kapitel 5.1.1 aufgeführten Problemen, die bei der Verwendung von Testsequenzen bekannter Verfahren entstehen. In Kapitel 5.1 wird der Algorithmus, der dem TRANS-CHECK-Verfahren zugrunde liegt, dargestellt. Das anschließende Kapitel enthält eine Bewertung des Verfahrens hinsichtlich der Testsequenzlänge und der FEM der erzeugten Testsequenzen. Im letzten Kapitel wird ein Vergleich des TRANS-CHECK-Verfahrens mit den in Kapitel 3.2 beschriebenen Verfahren vorgenommen.

5.1 Algorithmus

Das TRANS-CHECK-Verfahren stellt eine Kombination aus einem Transition Tour Verfahren und einem Checking Sequence Verfahren dar. Durch das TRANS-CHECK-Verfahren wird eine Transitionen-Tour (Testsequenz) derart festgelegt, daß eine Transition durch die nachfolgenden Transitionen *eindeutig identifiziert* wird. Eine Transition, die ja durch das Quadrupel

$$T_i = \{AZ_i, EE_i, AE_i, EZ_i\}$$

bestimmt ist, gilt dann als eindeutig identifiziert, wenn nachgewiesen werden kann, daß sie die ihr zugeordneten Komponenten AZ_i, AE_i und EZ_i besitzt. Der Nachweis der Komponente AE_i stellt keine allzu großen Probleme dar. Es muß lediglich überprüft werden, ob die Transition beim Auftreten des Eingabeereignisses EE_i das Ausgabeereignis AE_i erzeugt. Da der Anfangszustand einer Transition mit dem Endzustand der Vorgängertransition in der Testsequenz übereinstimmt, wird er schon durch die Überprüfung dieses Endzustandes eindeutig identifiziert (Nachweis der Komponente AZ_i), so daß zur Identifizierung des Anfangszustandes einer Transition kein zusätzlicher Aufwand erforderlich wird. Die Identifizierung des Endzustandes (Nachweis der Komponente EZ_i) stellt allerdings ein nicht einfach zu lösendes Problem dar. Sie kann nur unter Verwendung eines Teilpfades erreicht werden, der im betreffenden Endzustand beginnt und mit keinem anderen Teilpfad des Automaten identisch ist. Sei

$$\mathcal{TP}^i = \{TP_i = T_1^i \oplus T_2^i \oplus T_3^i \oplus \ldots | az(T_1^i) = Z_i\}$$

die Menge aller Teilpfade, die zu Identifizierung des Zustandes Z_i geeignet sind, und $\mathcal{TP}$ die Menge aller Teilpfade des Automaten, dann gilt

$$\nexists TP_j \in \mathcal{TP} \setminus \mathcal{TP}^i : \quad TP_j \cong TP_i \qquad \forall TP_i \in \mathcal{TP}^i.$$

5.1.1 Minimierung der Testsequenzlänge

In Hinblick auf die Identifizierung der Zustände stellt das TRANS-CHECK-Verfahren eine Weiterentwicklung der Richtung dar, die mit dem Checking Sequence Verfahren und dem UIO-Verfahren eingeschlagen wurde. Das Checking Sequence Verfahren basiert auf der Verwendung einer Distinguishing Sequence (DS) zur Identifizierung aller Zustände des Automaten. Die DS liefert für jeden Zustand eine eindeutige Ausgabesequenz, so daß gilt (n: Anzahl der Zustände des Automaten)

$$DS \in \mathcal{TP}^x$$

mit

$$\mathcal{TP}^x = \bigcap_{l=1}^{n} \mathcal{TP}^l$$

$$l(DS) \leq l(TP_k) \qquad \forall TP_k \in \mathcal{TP}^x$$

Demnach muß ein Automat, auf den das Checking Sequence Verfahren angewandt werden soll, eine nichtleere Menge $\mathcal{TP}^x$ besitzen, aus der die DS bestimmt werden kann. Die Verwendung der DS zur Identifizierung der Zustände wirkt sich nachteilig auf die Länge der zu erzeugenden Testsequenz aus, da die DS in den meisten Fällen bedingt durch die Forderung, daß sie alle Zustände voneinander unterscheiden muß, eine relativ große Anzahl von Transitionen beinhaltet.

Bei der Konzipierung des UIO-Verfahrens wurden diese Nachteile umgangen, indem zur Identifizierung der Zustände Teilpfade verwendet werden, die den Startzustand des Teilpfades von allen anderen Zuständen des Automaten unterscheidet, aber die nicht notwendigerweise alle Zustände voneinander unterscheiden müssen. Vor der eigentlichen Erstellung der Testsequenz wird die Menge

$$\mathcal{TP}^{\text{`}} = \{TP_1, \ldots, TP_n\}$$

gebildet, für die gilt

$$TP_i \in \mathcal{TP}^i \qquad 1 \leq i \leq n$$

$$l(TP_i) \leq l(TP_l) \qquad \forall TP_l \in \mathcal{TP}^i.$$

Automaten, für die mittels des UIO-Verfahrens Testsequenzen erzeugt werden sollen, müssen nur die Voraussetzung erfüllen, daß für jeden Zustand eine Menge $\mathcal{TP}^i$ gebildet werden kann - eine Forderung, die leichter zu erfüllen ist als die oben für die Anwendung des Checking Sequence Verfahrens erhobene Forderung. Die Teilpfade der Menge $\mathcal{TP}^{\text{`}}$ sind in der Regel um einiges kürzer als eine DS - ein positiver Aspekt in Hinblick auf die Länge der zu erzeugenden Testsequenz. Ein Nachteil des UIO-Verfahrens ist darin zu sehen, daß für die Identifizierung eines Zustandes Z_i immer derselbe Teilpfad $TP_i \in \mathcal{TP}^i$ benutzt wird, obwohl $\mathcal{TP}^i$ noch weitere Teilpfade beinhaltet, die zu diesem Zweck geeignet sind. Durch die Verwendung unterschiedlicher $TP_i \in \mathcal{TP}^i$ zur Identifizierung des Zustandes Z_i (Z_i muß für jede Transition, die ihn als Endzustand beinhaltet, erneut identifiziert werden) kann eine wesentliche Reduzierung der Testsequenzlänge erreicht werden.

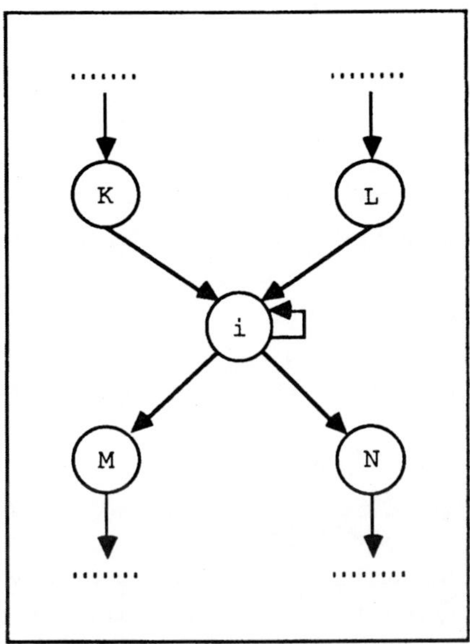

Bild 5.1. Teilautomat A1

Dies soll an einem Beispiel verdeutlicht werden. Der Teilautomat A1 (s. Bild 5.1) enthält einen Zustand Z_i, der durch drei unterschiedliche Transitionen identifiziert werden kann, d.h. für $\mathcal{TP}^i$ gilt

$$\mathcal{TP}^i = \{T_{i,M}, T_{i,N}, T_{i,i}\}$$

wobei mit $T_{x,y}$ diejenige Transition bezeichnet wird, die den Zustand Z_x in den Zustand Z_y überführt. Sei $T_{i,M}$ die Transition, die bei Verwendung des UIO-Verfahrens zur Überprüfung des Zustandes Z_i benutzt wird, dann ergibt sich durch Anwendung des UIO-Verfahrens die folgende Testsequenz.

$$\begin{aligned} TS^{UIO} = \; & \ldots T_{K,i} \oplus T_{i,M} \oplus \ldots \\ & \ldots T_{L,i} \oplus T_{i,M} \oplus \ldots \\ & \ldots T_{K,i} \oplus T_{i,i} \oplus T_{i,M} \oplus \ldots \\ & \ldots T_{L,i} \oplus T_{i,N} \oplus \ldots \end{aligned}$$

Bei Nutzung aller Transitionen der Menge $\mathcal{TP}^i$ zur Identifizierung von Z_i würde sich die folgende Testsequenz ergeben

$$\begin{aligned} TS' = \; & \ldots T_{K,i} \oplus T_{i,M} \oplus \ldots \\ & \ldots T_{K,i} \oplus T_{i,i} \oplus T_{i,M} \oplus \ldots \\ & \ldots T_{L,i} \oplus T_{i,N} \oplus \ldots \end{aligned}$$

die die (überflüssige) zweite Verwendung der Transition $T_{i,M}$ zur Überprüfung des Endzustandes der Transititon $T_{L,i}$ vermeiden würde. Eine weitere Reduzierung der Testsequenzlänge kann erreicht werden, wenn bei der Überprüfung des Endzustandes der Transition $T_{K,i}$ anstatt der Transition $T_{i,M}$ die Transition $T_{i,i}$ verwendet wird. Dies führt zu der folgenden Testsequenz.

$$\begin{aligned} TS" = & \ldots T_{K,i} \oplus T_{i,i} \oplus T_{i,M} \oplus \ldots \\ & \ldots T_{L,i} \oplus T_{i,N} \oplus \ldots \end{aligned}$$

Die oben angestellte Überlegung bildete den Ausgangspunkt bei der Konzipierung des TRANS-CHECK-Verfahrens. Bildet ein Zustand Z_i den Endzustand von N Transitionen, so muß dieser Zustand N-mal identifiziert werden. Das TRANS-CHECK-Verfahren wählt für jede Identifizierung einen anderen Teilpfad aus $\mathcal{TP}^i$ aus. Als Auswahlkriterium dient hierbei die Länge der Teilpfade. Sei $TP_1, TP_2, \ldots, TP_m$ die Reihenfolge, in der die Teilpfade vom TRANS-CHECK-Verfahren zur Identifizierung des Zustandes Z_i verwendet werden, dann gilt

$$l(TP_1) \leq l(TP_2) \leq \ldots \leq l(TP_m).$$

Bei Teilpfaden derselben Länge ist die Reihenfolge beliebig. Eine Ausnahme bilden allerdings Teilpfade der Länge 1. Wie aus $TS"$ zu ersehen ist, kann durch die Identifizierung eines Zustandes mittels einer Transition, die den Zustand in sich selbst überführt, die Testsequenzlänge reduziert werden. Dies macht sich das TRANS-CHECK-Verfahren zunutze, indem es derartige Transitionen zur Identifizierung eines Zustandes bevorzugt. Gilt N > m (m: Anzahl der Teilpfade in $\mathcal{TP}^i$), dann wird zur Identifizierung der restlichen N-m Transitionen der kürzeste Teilpfad aus $\mathcal{TP}^i$ verwendet.

Beim Entwurf des TRANS-CHECK-Verfahrens wurde auf eine spezielle Zustandserkennungssequenz, wie sie beim Checking Sequence Verfahren und beim UIO-Verfahren zu finden ist, verzichtet. Wie eine Analyse von Testsequenzen, die von diesen beiden Verfahren erzeugt wurden, ergeben hat, wiederholen sich die in der Zustandserkennungssequenz enthaltenen Teilsequenzen in der Transitionenüberprüfungssequenz, so daß die Zustandserkennungssequenz zu einer nicht vertretbaren Verlängerung der Testsequenz führt. Dies wird besonders durch die Tatsache deutlich, daß bei der in Schritt 3 des UIO-Verfahrens vorgenommenen Optimierung alle Teilsequenzen der Zustandserkennungssequenz aus der Testsequenz gestrichen werden.

Die Betrachtung der Festlegung der Transitionenüberprüfungssequenz (TÜS) durch die bekannten Verfahren ergab einige weitere Aspekte in Hinblick auf die Minimierung der Testsequenzlänge. Das UIO-Verfahren weist hierbei ein sehr starres Schema auf, indem zur Überprüfung einer jeden Transition ein eigener Teilpfad verwendet wird, der im Initialzustand (IZ) beginnt. Dies führt letztendlich zu der Forderung (s. Kapitel 3.2.5), daß von jedem Zustand des Automaten eine Transition ausgehen muß, die ihn direkt in den IZ überführt. Die Benutzung eines Teilpfades zur Überprüfung einer einzelnen Transition hat den Nachteil, daß sich eine sehr lange TÜS ergibt. Dieser Nachteil kann durch die nachfolgende Optimierung nur zum Teil ausgeglichen werden. Das Checking Sequence Verfahren legt die TÜS nach der folgenden Methode fest. Ausgehend vom IZ wird eine Transition ausgewählt, für die der IZ den Anfangszustand bildet. An diese Transition wird die DS angehängt. Die so gewonnene Sequenz wird um den Teilpfad verlängert, der vom Endzustand der letzten Transition der DS zur nächstgelegenen, noch nicht identifizierten Transition führt (der Teilpfad kann entfallen, falls die Transition vom erreichten Endzustand ausgeht). Die noch nicht identifizierte Transition wird in die Sequenz aufgenommen und durch Anfügen der DS identifiziert. Dies wiederholt sich so lange, bis alle Transitionen des Automaten identifiziert sind. Eine Analyse dieser Vorgehensweise zeigt zwei Nachteile in Hinblick auf die Länge der so ermittelten Testsequenz. Am Beispiel des in Bild 5.2 dargestellten Teilautomaten A2 sollen diese Nachteile erläutert werden. Es gelte

$$\begin{aligned}
\mathcal{TP}^1 &= \{T_{1,1}, T_{1,2} \oplus T_{2,3}\} \\
\mathcal{TP}^2 &= \{T_{2,3} \oplus T_{3,4}\} \\
\mathcal{TP}^3 &= \{T_{3,4}, \ldots\}
\end{aligned}$$

$$DS = T_{1,2} \oplus T_{2,3} = T_{2,3} \oplus T_{3,4} = T_{3,4} \oplus T_{4,5} = \ldots$$

Bei Anwendung des Checking Sequence Verfahrens auf einen Automaten, der den Teilautomaten A2 enthält, wird die folgende Testsequenz erzeugt

$$\begin{aligned}
TS^{CHE} = \; & \ldots T_{5,1} \oplus \underbrace{T_{1,2} \oplus T_{2,3}}_{DS} \oplus T_{3,4} \oplus \ldots && (1) \\
& \ldots T_{5,1} \oplus T_{1,1} \oplus \underbrace{T_{1,2} \oplus T_{2,3}}_{DS} \oplus T_{3,4} \oplus \ldots && (2) \\
& \ldots T_{5,1} \oplus T_{1,2} \oplus \underbrace{T_{2,3} \oplus T_{3,4}}_{DS} \oplus \ldots && (3) \\
& \ldots T_{5,1} \oplus T_{1,2} \oplus T_{2,3} \oplus \underbrace{T_{3,4} \oplus T_{4,5}}_{DS} \oplus \ldots && (4)
\end{aligned}$$

Durch die in Zeile (1) angedeutete Teilsequenz, die zur Identifizierung der Transition $T_{5,1}$ dient, wird auch gleichzeitig die Transition $T_{1,2}$ überprüft ($T_{2,3} \oplus T_{3,4} \in \mathcal{TP}^2$). Des weiteren wird durch $T_{3,4}$ in Zeile 1 die Transition $T_{2,3}$ identifiziert, so daß die in den Zeilen 3 und 4 aufgeführten Teilsequenzen entfallen können. Durch die starre Bindung an eine einzelne Sequenz zur Unterscheidung aller Zustände und durch die Betrachtung der DS als eine 'geschlossene Einheit' können beide Optimierungsmöglichkeiten vom Checking Sequence Verfahren nicht genutzt werden. Durch Nutzung der Transition $T_{1,1}$ zur Identifizierung der Transition $T_{5,1}$ bietet sich eine weitere Optimierungsmöglichkeit, so daß sich die folgende optimale Testsequenz für den Teilautomaten A2 ergibt

$$TS^{opt} = \ldots T_{5,1} \oplus T_{1,1} \oplus T_{1,2} \oplus T_{2,3} \oplus T_{3,4} \oplus \ldots.$$

Wie eingangs erwähnt, war eine der Hauptanforderungen an das TRANS-CHECK-Verfahren die Minimierung der Testsequenzlänge. Eine Analyse der Testsequenzen, die durch das Checking Sequence Verfahren und das UIO-Verfahren erzeugt werden, erbrachte wertvolle Erkenntnisse darüber, wie eine solche Minimierung zu erreichen ist. Diese Erkenntnisse wurden bei der Konzipierung des TRANS-CHECK-Verfahrens berücksichtigt. Das Konzept weist die folgenden Hauptmerkmale auf

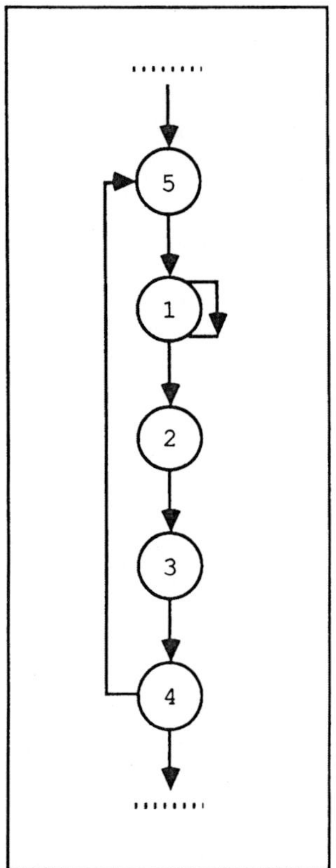

Bild 5.2. Teilautomat A2

- das TRANS-CHECK-Verfahren erzeugt keine spezielle Zustandserkennungssequenz,
- zur Identifizierung unterschiedlicher Transitionen, die denselben Endzustand Z_i besitzen, werden (sofern vorhanden) verschiedene Teilpfade aus $\mathcal{TP}^i$ benutzt,
- nach der Identifizierung einer Transition wird überprüft, ob bereits in der Testsequenz enthaltene, aber noch nicht identifizierte Transitionen zusätzlich identifiziert werden, so daß eine separate Identifizierung entfallen kann,
- bei der Auswahl einer noch nicht identifizierten Transition werden die Transitionen, die einen Zustand in sich selbst überführen, bevorzugt behandelt und
- sind alle von einem Zustand ausgehenden Transitionen identifiziert, wird beim erneuten Erreichen dieses Zustandes der kürzeste Teilpfad zwischen diesem Zustand und dem Startzustand einer noch nicht identifizierten Transition in die Testsequenz aufgenommen und anschließend die Transition überprüft.

Das TRANS-CHECK-Verfahren selbst gliedert sich in zwei Phasen, auf die im folgenden näher eingegangen wird.

5.1.2 Definitionen

Zum besseren Verständnis der nachfolgenden Beschreibungen sollen hier zunächst einige Definitionen gegeben werden.

In Phase 1 des Algorithmus wird ein Testbaum erstellt, der als eine Menge von Teilbäumen definiert ist

$$\mathcal{TB} = \{TTB_1, \ldots, TTB_y\}.$$

Ein Teilbaum ergibt sich durch eine Folge aufeinanderfolgender Kanten

$$TTB_i = KA_1^i \oplus \ldots \oplus KA_{x_i}^i,$$

die durch das folgende Quadrupel definiert sind

$$KA_i = (AKN_i, EE_i, AE_i, EKN_i)$$

mit

AKN_i : Anfangsknoten der Kante KA_i
EE_i : Eingabeereignis der Kante KA_i
AE_i : Ausgabeereignis der Kante KA_i
EKN_i : Endknoten der Kante KA_i

Auf KA_i sind die folgenden Operationen definiert

$$\begin{aligned} akn(KA_i) &= AKN_i \\ ee(KA_i) &= EE_i \\ ae(KA_i) &= AE_i \\ ekn(KA_i) &= EKN_i. \end{aligned}$$

Jeder Knoten des Testbaumes (mit Ausnahme der Terminalknoten) wird durch einen Zustandsidentifikator (ZI), der einen Querbezug zu einem entsprechenden Zustand des Automaten herstellt, und durch eine Menge von Kanten ($\mathcal{KA}$), die von diesem Knoten ausgehen, identifiziert. Ein Knoten kann demnach durch

$$KN_i = (ZI_i, \mathcal{KA}^i)$$

mit

$$\mathcal{KA}^i = \{KA_1, KA_2, \ldots, KA_{r_i}\}$$

beschrieben werden, wobei

$$\forall KA_j \in \mathcal{KA}^i : \qquad akn(KA_j) = KN_i.$$

Jeder Teilbaum wird durch einen Terminalknoten terminiert (d.h. von diesem Knoten gehen keine weiteren Kanten aus). Ein Terminalknoten ist durch das Tupel

$$TKN_i = (ZI_i, TI_i)$$

definiert mit

ZI_i: Zustandsidentifikator

TI_i: Identifikator des Teilbaumes, der durch den Terminalknoten TKN_i terminiert wird.

Alle Teilbäume besitzen einen gemeinsamen Wurzelknoten

$$WKN = \{ZI_{WKN}, \mathcal{KA}^{WKN}\}$$

mit (IZ = Initialzustand)

$$ZI_{WKN} = IZ$$
$$\mathcal{KA}^{WKN} = \{KA_1^1, \ldots, KA_y^1\}$$

und terminieren genau dann, wenn während der Abarbeitung des Algorithmus der Initialzustand des Automaten erreicht wird bzw. wenn alle Transitionen des Automaten identifiziert sind. D.h.

$$akn(KA_1^1) = akn(KA_2^1) = \ldots = akn(KA_y^1) = WKN$$

und

$$ekn(KA_{x_i}^i) = TKN_i = \{ZI_i, TI_i\} \qquad 1 \le i \le y$$

mit

$$ZI_i \equiv IZ \qquad 1 \le i < y$$
$$ZI_y \equiv Z \qquad Z \in \mathcal{Z}$$
$$TI_i = i \qquad 1 \le i \le y.$$

($\equiv$: äquivalent). Die Menge

$$\mathcal{NID} = \{T_1, \ldots, T_p\}$$

ist als die Menge aller noch nicht identifizierten Transitionen des Automaten definiert, während die Menge (n: Anzahl der Automatenzustände)

$$\mathcal{ITP}^i = \{ITP_1^i, ITP_2^i, \ldots\} \qquad 1 \le i \le n$$

alle Teilpfade des Automaten enthält, die zur Identifizierung des Zustandes Z_i geeignet sind. Für $\mathcal{ITP}^i$ gilt (s. hierzu auch Kapitel 3.2.1)

$$ITP_j^i = T_1^{i,j} \oplus T_2^{i,j} \oplus \ldots \qquad 1 \le i \le n,\ 1 \le j$$
$$az(T_1^{i,j}) = Z_i \qquad 1 \le i \le n,\ 1 \le j.$$

Ferner gilt zu Beginn der Phase 1

$$l(ITP_1^i) \le l(ITP_2^i) \le \ldots \qquad 1 \le i \le n,$$

wobei die Teilpfade der Länge 1 so geordnet sind, daß in der gegebenen Reihenfolge die Transitionen, die den Zustand Z_i in sich selbst überführen, allen anderen Transitionen vorausgehen.

Im folgenden werden einige Operationen definiert, die bei der Beschreibung des Algorithmus Verwendung finden, wobei gilt

$$KAF = KA_1 \oplus \ldots \oplus KA_i \oplus KA_{i+1} \oplus \ldots \oplus KA_r \qquad \text{(Kantenfolge)}$$

$$TF = T_1 \oplus \ldots \oplus T_r \qquad \text{(Transitionenfolge)}.$$

- *LAST(Kantenfolge)*
  LAST liefert die letzte Kante einer Kantenfolge, d.h.

  $$LAST(KAF) = KA_r$$

- *FIRST(Kantenfolge)*
  FIRST liefert die erste Kante einer Kantenfolge, d.h.

  $$FIRST(KAF) = KA_1$$

- *NEXT(Kante, Kantenfolge)*
  NEXT liefert die Kante, die in der Kantenfolge auf die angegebene Kante folgt, d.h.

  $$NEXT(KA_i, KAF) = KA_{i+1} \qquad 1 \leq i < r$$

- *REST(Kante, Kantenfolge)*
  REST liefert die Kantenfolge, die in der gegebenen Kantenfolge auf die angegebene Kante folgt, d.h.

  $$REST(KA_i, KAF) = KA_{i+1} \oplus \ldots \oplus KA_r \qquad 1 \leq i < r$$

- *KSEQ(Transitionenfolge)*
  KSEQ bildet eine gegebene Transitionenfolge auf eine Kantenfolge ab. Falls

  $$KSEQ(TF) = KAF$$

  dann gilt

  $$\begin{aligned} az(T_i) &\equiv akn(KA_i) \\ ez(T_i) &\equiv ekn(KA_i) \\ ee(T_i) &\equiv ee(KA_i) \\ ae(T_i) &\equiv ae(KA_i) \qquad 1 \leq i \leq r \end{aligned}$$

- *TSEQ(Kantenfolge)*
  TSEQ bildet eine gegebene Kantenfolge auf eine Transitionenfolge ab. Falls

  $$TSEQ(KAF) = TF$$

  dann gilt

  $$\begin{aligned} az(T_i) &\equiv akn(KA_i) \\ ez(T_i) &\equiv ekn(KA_i) \\ ee(T_i) &\equiv ee(KA_i) \\ ae(T_i) &\equiv ae(KA_i) \qquad 1 \leq i \leq r \end{aligned}$$

- *l(Transitionenfolge)*
  l liefert die Anzahl der Transitionen, die in einem gegebenen Teilpfad enthalten sind. Falls
  $$TP = T_1 \oplus \ldots \oplus T_k$$
  dann gilt
  $$l(TP) = k.$$

- *ROT(Menge)*
  ROT verändert die Reihenfolge der Elemente einer gegebenen Menge. Falls
  $$\mathcal{ITP}^{i\text{`}} := ROT(\mathcal{ITP}^i)$$
  und
  $$\mathcal{ITP}^{i\text{`}} = \{ITP_1^{i\text{`}}, \ldots, ITP_m^{i\text{`}}\}$$
  dann gilt
  $$\begin{array}{ll} ITP_j^{i\text{`}} = ITP_{j+1}^i & 1 \leq j < m \\ ITP_m^{i\text{`}} = ITP_1^i & \end{array}$$

- *SHORTEST(Zustand)*
  SHORTEST liefert den kürzesten Teilpfad, der ausgehend von einem gegebenen Zustand zu einer nicht identifizierten Transition führt und diesen als letzte Transition enthält. Sei
  $$\mathcal{TP}^i = \{TP_k^i = T_1^{i,k} \oplus \ldots \oplus T_{m_k}^{i,k} | az(T_1^{i,k}) = Z_i,\ T_{m_k}^{i,k} \in \mathcal{NID}\}$$
  die Menge aller Teilpfade, die vom Zustand Z_i zu einer nicht identifizierten Transition führen. Für
  $$TP := SHORTEST(Z_i)$$
  gilt dann
  $$l(TP) \leq l(TP_k^i) \qquad \forall TP_k^i \in \mathcal{TP}^i.$$

5.1.3 Phase 1

In der Phase 1 des TRANS-CHECK-Verfahrens wird entsprechend den in Kapitel 5.1.1 aufgelisteten Hauptmerkmalen eine Transitionen-Tour durch einen gegebenen Automaten in Form eines terminierenden Testbaumes festgelegt. Aus diesem Testbaum wird in der Phase 2 die eigentliche Testsequenz abgeleitet. Nachfolgend ist der Algorithmus, der der Phase 1 zugrunde liegt, aufgeführt.

Algorithmus 1

Schritt 1
Initialisierung

$\mathcal{NID} := \{T_1, \ldots, T_q\};$ (*Menge aller Transitionen des Automaten*, $\mathcal{T}$)
$ZI := IZ;$
$TI := 1;$
$TTB_1 := KSEQ(ITP_1^1);$
$\mathcal{ITP}^1 := ROT(\mathcal{ITP}^1);$

Schritt 2
Identifizierung des Endzustandes der Transition, die der letzten Kante des Teilbaumes TTB_{TI} entspricht.

$KA := LAST(TTB_{TK});$
$T := TSEQ(KA);$
$ZI := \text{ez}(T);$
$IF\ (\mathcal{NID} = \emptyset)\ THEN\ GOTO\ Schritt\ 6;$

$IF\ (T \notin \mathcal{NID})\ THEN$
$BEGIN$
$TP := SHORTEST(ZI);$
$KAF := KSEQ(TP);$
$TTB_{TI} := TTB_{TI} \oplus KAF;$
$KA := LAST(TTB_{TI});$
$T := TSEQ(KA);$
$ZI := \text{ez}(T);$
$END;$

$\mathcal{NID} := \mathcal{NID} \setminus \{T\};$
$IF\ (\mathcal{NID} = \emptyset)\ THEN\ GOTO\ Schritt\ 5;$
$KAF := KSEQ(ITP_1^{ZI});$
$\mathcal{ITP}^{ZI} := ROT(\mathcal{ITP}^{ZI});$
$KA := LAST(KAF);$
$T := TSEQ(KA);$

$WHILE\ (T \notin \mathcal{NID})\ DO$
$BEGIN$
$KAF := KSEQ(ITP_1^{ZI});$
$\mathcal{ITP}^{ZI} := ROT(\mathcal{ITP}^{ZI});$
$KA := LAST(KAF);$
$T := TSEQ(KA);$
$END;$

$TTB_{TI} := TTB_{TI} \oplus KAF;$

Schritt 3
Falls TTB_{TI} terminiert, erzeuge neuen Teilbaum.

$KA := FIRST(TTB_{TI})$:
$T := TSEQ(KA)$;

$WHILE\ ((KA \neq LAST(TTB_{TI}))\ AND\ (\text{ez}(T) \neq IZ))\ DO$
$BEGIN$
$KA := NEXT(KA, TTB_{TI})$;
$T := TSEQ(KA)$;
END;

$IF\ (KA \neq LAST(TTB_{TI}))\ THEN$
$BEGIN$
$TTB_{TI+1} := REST(KA, TTB_{TI})$
$TKN_{TI} := \{IZ, TI\}$;
$\text{ekn}(KA) := TKN_{TI}$;
$TI := TI + 1$;
END;

$IF\ (\mathcal{NID} = \emptyset)\ THEN\ GOTO\ Schritt$ 6;

Schritt 4
Überprüfe, ob der Testbaum Kanten enthält, die noch nicht identifiziert sind und deren Endzustände durch die mittlerweile vorgenommene Erweiterung des Testbaumes identifiziert werden. Falls dies der Fall ist, entferne die entsprechenden Transitionen aus der Menge der noch nicht identifizierten Transitionen.

$KAF := TTB_1 \oplus \ldots \oplus TTB_{TI}$;
$KA := FIRST(KAF)$;

$WHILE\ (KA \neq LAST(KAF))\ DO$
$BEGIN$
$T := TSEQ(KA)$;
$TP := TSEQ(REST(KA, KAF))$;
$ZI := \text{ez}(T)$;
$IF\ ((T \in \mathcal{NID})\ AND\ (TP \in \mathcal{ITP}^{ZI}))\ THEN\ \mathcal{NID} := \mathcal{NID} \setminus \{T\}$;
$KA := NEXT(KA, KAF)$;
END;

Goto Schritt 2

Schritt 5
Abschlußbehandlung.

Wähle

$$ITP_i^{ZI} \in \mathcal{ITP}^{ZI}$$

mit

$$\mathrm{l}(ITP_i^{ZI}) \leq \mathrm{l}(ITP_j^{ZI}) \qquad \forall ITP_j^{ZI} \in \mathcal{ITP}^{ZI}$$

Dann

$KAF := KSEQ(ITP_i^{ZI});$
$TTB_{TI} := TTB_{TI} \oplus KAF;$

Goto Schritt 3.

Schritt 6
Ende des Algorithmus.

$KA := LAST(TTB_{TI});$
$T := TSEQ(KA);$
$ZI := \mathrm{ez}(T);$
$TKN_{TI} := \{ZI, TI\};$
$\mathrm{ekn}(KA) := TKN_{TI};$
$MAXTI := TI;$

Schritt 7
Ende

Am Beispiel des in Bild 5.3 dargestellten Automaten B soll die Erstellung eines Testbaumes durch den oben beschriebenen Algorithmus verdeutlicht werden. Der Automat B gibt die Spezifikation für das ISO-Transportprotokoll der Klasse 0 wieder. Es handelt sich hierbei um eine Vorgängerversion zu der in [OSITRA 84] festgelegten Spezifikation, die in [SaBo 82] zur Darstellung des Transition Tour Verfahrens, der W-Methode und des Checking Sequence Verfahrens verwendet wird, so daß anhand dieses Beispiels ein Vergleich (s. Kapitel 5.3) mit diesen Verfahren vorgenommen werden kann. Tabelle 5.1 enthält die Zustandsübergangstabelle für den Automaten B. Aus der Zustandsübergangstabelle ergeben sich die im folgenden aufgelisteten Mengen von Teilpfaden zur Identifizierung der vier Automatenzustände (die Mengen sind nicht vollständig angegeben; sie enthalten nur die Teilpfade, die bei der Erstellung des Testbaumes verwendet wurden). Die Teilpfade sind als Folge von Eingabeereignissen dargestellt, wobei gilt

$$\{E_1 \ominus (E_2, E_3, \ldots)\} = \{E_1 \ominus E_2, E_1 \ominus E_3, \ldots\}.$$

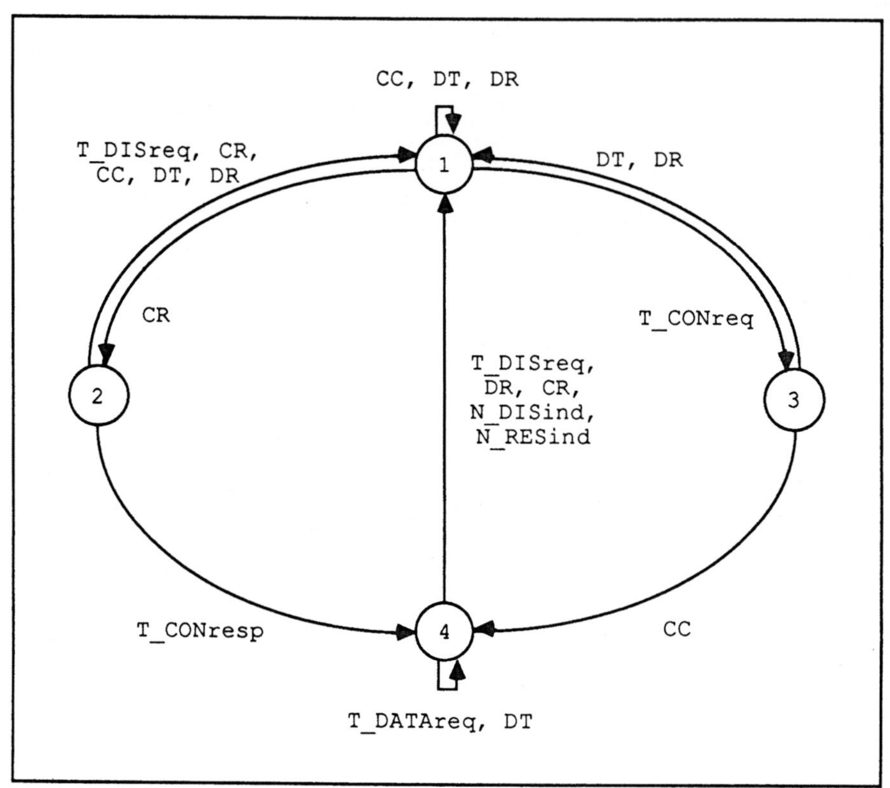

Bild 5.3. Automat B

	1 CLOSED	2 WFTRESP	3 WFCC	4 OPEN
T_CONreq	3/CR	–	–	–
T_DISreq	–	1/DR	–	1/N_DISreq
T_CONresp	–	4/CC	–	–
T_DATAreq	–	–	–	4/DT
CR	2/T_CONind	1/ERR	–	1/ERR
CC	1/–	1/ERR	4/T_CONconf	–
DT	1/–	1/ERR	1/–	4/T_DATAind
DR	1/–	1/ERR	1/T_DISind	1/N_DISreq
N_DISind	–	–	–	1/T_DISind
N_RESind	–	–	–	1/T_DISind

Tabelle 5.1. Zustandsübergangstabelle für den Automaten B

$$\mathcal{ITP}^1 = \{ CC, DR, T\_CONreq, CR, DR \ominus DT,$$
$$T\_CONreq \ominus (DT, CC),$$
$$CR \ominus (T\_DISreq, DR, T\_CONresp, CC, CR),$$
$$T\_CONreq \ominus CC \ominus (N\_RESind, CR, N\_DISind),$$
$$\ldots\}$$
$$\mathcal{ITP}^2 = \{DT, \ldots\}$$
$$\mathcal{ITP}^3 = \{DR, \ldots\}$$
$$\mathcal{ITP}^4 = \{T\_DATAreq, DT, T\_DISreq, DR, \ldots\}$$

Ausgehend von den Mengen $\mathcal{ITP}^1$,$\mathcal{ITP}^2$,$\mathcal{ITP}^3$ und $\mathcal{ITP}^4$ ergibt sich durch Anwendung des Algorithmus 1 der Testbaum in Bild 5.4. Die Reihenfolge, in der die einzelnen Teilbäume erstellt werden, ergibt sich aus den am rechten Bildrand angezeigten Teilbaumidentifikatoren.

5.1.4 Phase 2

Die Phase 2 dient zur eigentlichen Erstellung der Testsequenz. Die Testsequenz

$$TS = EA_1 \ominus EA_2 \ominus \ldots \ominus EA_m$$

stellt eine Folge von Ein- und Ausgabeereignissen

$$EA_i = \{EE_i, AE_i\} \qquad 1 \leq i \leq m$$

dar.

Zu Beginn der Phase 2 wird die kürzeste Initialsequenz (IS) für den Automaten ermittelt und die zugehörigen Ein-/Ausgabeereignisse in die TS aufgenommen. Anschließend werden die Ein-/Ausgabeereignisse, die den Kanten der verschiedenen Teilbäume des in der Phase 1 erstellten Testbaumes zugeordnet sind, in die TS eingebracht. Die Teilbäume werden beginnend mit dem Teilbaum, dem der Teilbaumidentifikator 1 zugewiesen wurde, entsprechend der durch die Teilbaumidentifikatoren festgelegten Reihenfolge bearbeitet. Die Reihenfolge, in der die Ein-/Ausgabeereignisse in die TS aufgenommen werden, entspricht der Reihenfolge der zugehörigen Kanten innerhalb des Teilbaumes.

Für die Phase 2 ergeben sich die folgenden Schritte.

Algorithmus 2

Schritt 1
Ermittlung der IS.

Sei $\mathcal{IS} = \bigcup_{m=1}^{o} \mathcal{IS}^m$ *die Menge aller Initialsequenzen für*

$$\mathcal{IS}^m = \{TP_i^m = T_1^{m,i} \oplus \ldots \oplus T_{k_m}^{m,i} \mid \mathrm{az}(T_1^{m,i}) = Z_i, \; \mathrm{ez}(T_k^{m,i}) = IZ, \; \mathrm{ee}(T_l^{m,i}) = EE_l, \; \mathrm{l}(TP_i^m) = k_m, \; 1 \leq i \leq n, \; 1 \leq l \leq k\}.$$

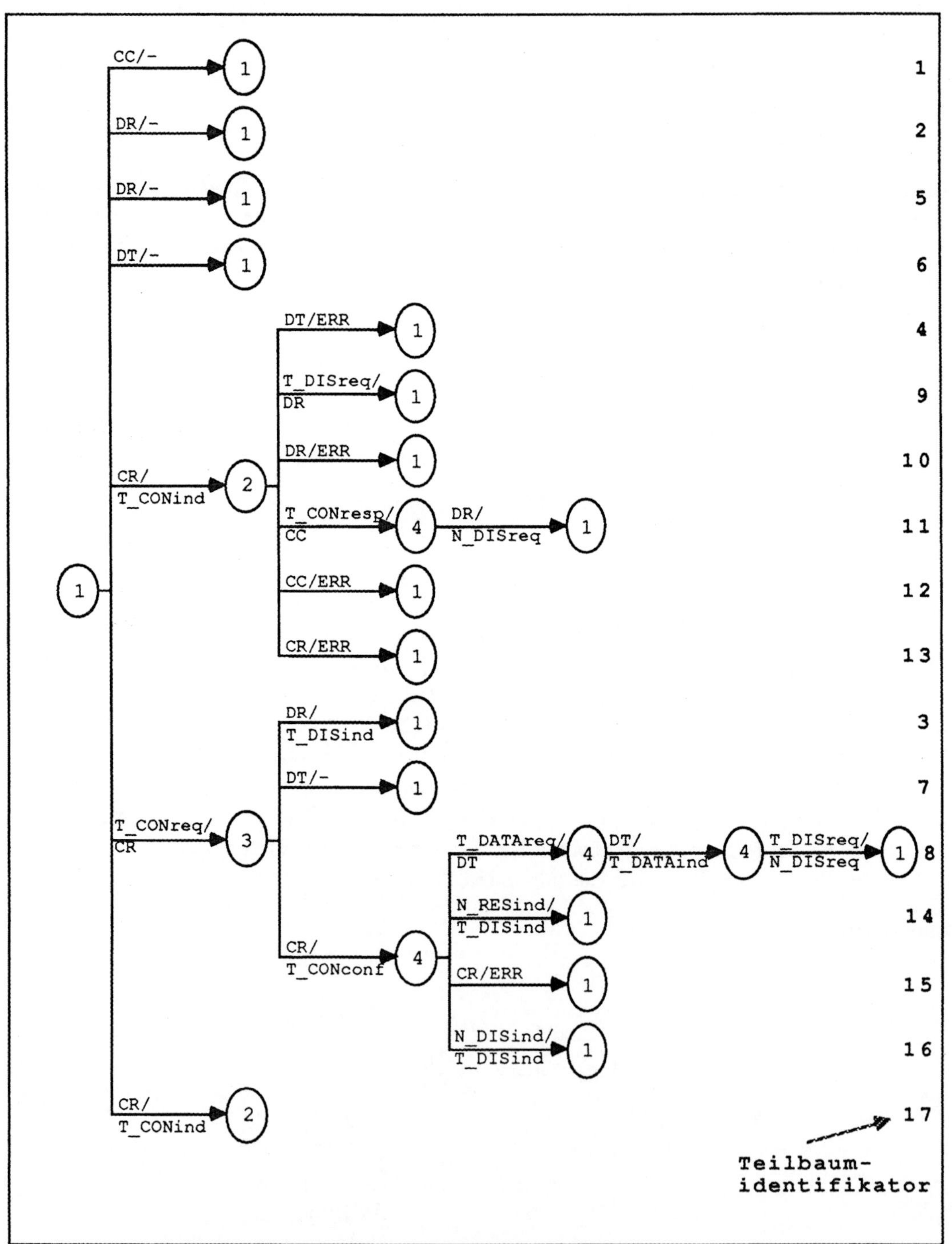

Bild 5.4. Testbaum für den Automaten B

(n: Anzahl der Automatenzustände). Dann gilt

$$IS = TP_i^p \qquad\qquad TP_i^p \in \mathcal{IS}$$

mit

$$\mathrm{l}(TP_i^p) \leq \mathrm{l}(TP_i^m) \qquad TP_i^m \in \mathcal{IS}^m,\ 1 \leq m \leq o.$$

Schritt 2
Einbringung der IS in die TS.

$$TS = EA_1 \ominus EA_2 \ominus \ldots \ominus EA_k$$

mit

$$EA_l = \{\mathrm{ee}(T_l^{p,i}), (\mathrm{ae}(T_l^{p,1}), \ldots, \mathrm{ae}(T_l^{p,n})) \qquad 1 \leq l \leq k_p$$

Schritt 3
Einbringung der Ein-/Ausgabeereignisse aus dem Testbaum in die TS.

```
TI := 1;

WHILE (TI ≤ MAXTI) DO
BEGIN
 KA := FIRST(TTB_TI);

 WHILE (KA ≠ LAST(TTB_TI)) DO
 BEGIN
    EA := {ee(KA), ae(KA)};
    TS := TS ⊖ EA;
    KA := NEXT(KA, TTB_TI);
 END;

 EA := {ee(KA), ae(KA)};
 TS := TS ⊖ EA;
 TI := TI + 1;
END;
```

Schritt 4
Ende

Bild 5.5 enthält die auf diese Weise ermittelte Testsequenz für den in Bild 5.3 dargestellten Automaten B, wobei die *IS* aus dem Ein-/Ausgabeereignispaar

$$EA = \{DR, (-, ERR, T\_DISind, N\_DISreq)\}$$

besteht (die rechte Spalte in Bild 5.5 zeigt für jedes Ein-/Ausgabeereignispaar den Identifikator des Teilbaumes an, der die zugehörige Kante enthält). Da über den Zustand,

Eingabeereignis	*Ausgabeereignis*	*Endzustand*	*Teilbaumidentifikator*
DR	(–,ERR, T_DISind, N_DISreq)	1	–
CC	–	1	1
DR	–	1	2
T_CONreq	CR	3	3
DR	T_DISind	1	3
CR	T_CONind	2	4
DT	ERR	1	4
DR	–	1	5
DT	–	1	6
T_CONreq	CR	3	7
DT	–	1	7
T_CONreq	CR	3	8
CC	T_CONconf	4	8
T_DATAreq	DT	4	8
DT	T_DATAind	4	8
T_DISreq	N_DISreq	1	8
CR	T_CONind	2	9
T_DISreq	DR	1	9
CR	T_CONind	2	10
DR	ERR	1	10
CR	T_CONind	2	11
T_CONresp	CC	4	11
DR	N_DISreq	1	11
CR	T_CONind	2	12
CC	ERR	1	12
CR	T_CONind	2	13
CR	ERR	1	13
T_CONreq	CR	3	14
CC	T_CONconf	4	14
N_RESind	T_DISind	1	14
T_CONreq	CR	3	15
CC	T_CONconf	4	15
CR	ERR	1	15
T_CONreq	CR	3	16
CC	T_CONconf	4	16
N_DISind	T_DISind	1	16
CR	T_CONind	2	17

Bild 5.5. Testsequenz für den Automaten B

in dem sich der Automat zu Beginn der Testausführung befindet, keine Aussage getroffen werden kann, soll durch die Darstellung des Ausgabeereignisses in der Form $(-, ERR, T\_DISind, N\_DISreq)$ zum Ausdruck gebracht werden, daß eines der in der Klammer aufgeführten Ausgabeereignisse auftreten kann.

5.2 Bewertung des TRANS-CHECK-Verfahrens

Im folgenden erfolgt eine Bewertung des TRANS-CHECK-Verfahrens. Die Bewertung wird anhand der Kriterien 'maximale Länge' und 'Fehlererkennungsmächtigkeit' der erzeugten Testsequenzen vorgenommen.

5.2.1 Maximale Länge der erzeugten Testsequenz

Die Länge der Testsequenz ergibt sich aus zwei Teilen (T_1, T_2). T_1 ist der Längenanteil, der sich durch die Identifizierung aller Transitionen ergibt, und T_2 der Längenanteil, der aus der Länge der Teilpfade resultiert, die zum Auffinden noch nicht identifizierter Transitionen benötigt werden. Zur Ermittlung des Längenanteils T_1 muß die maximale Länge der Teilpfade bekannt sein, die vom TRANS-CHECK-Verfahren zur Identifizierung der Automatenzustände verwendet werden. Im Anhang A wird eine diesbezügliche Abschätzung vorgenommen. Sei ITP ein entsprechender Teilpfad, dann gilt nach Theorem 3 (s. Anhang A)

$$l(ITP) \leq (n-1)^2,$$

so daß sich

$$T_1 \leq q(n-1)^2$$

ergibt (q: Anzahl der Transitionen im Automaten; n: Anzahl der Automatenzustände).

Nach der Identifizierung einer Transition wird zum Erreichen einer noch nicht identifizierten Transition entweder ein Teilpfad der Länge 0 (dies ist der Fall, wenn die letzte Transition des Teilpfades, der zur Identifizierung einer Transition verwendet wurde, einer nicht identifizierten Transition entspricht) oder ein Teilpfad, der maximal $n-1$ Transitionen umfaßt (nach n Schritten würde der Zustand, von dem die Suche ausging, wieder erreicht werden), benötigt, so daß im Mittel nach $[\frac{n-1}{2}]$ Transitionen eine nicht identifizierte Transition erreicht wird. Für T_2 gilt dann

$$T_2 \leq q[\frac{n-1}{2}].$$

Aus T_1 und T_2 ergibt sich für die maximale Länge der Testsequenz (ohne Berücksichtigung der Länge der IS)

$$l(TS) = T_1 + T_2 \leq q(n-1)^2 + q[\frac{n-1}{2}].$$

5.2.2 Fehlererkennungsmächtigkeit

Zur Ermittlung der Fehlererkennungsmächtigkeit (FEM) der durch das TRANS-CHECK-Verfahren erzeugten Testsequenzen wurden umfangreiche Experimente durchgeführt. Die

Fehlerart	*Fehleranzahl*	*Anzahl nicht erkannter Fehler*
Ausgabefehler	1	0
Transferfehler	1	0
Zustandserweite-	1	58 (46)
rungsfehler	2	8 (3)
Zustandsverminderungsfehler	1	0 (397)

Tabelle 5.2. Experimente für das TRANS-CHECK-Verfahren

Experimente unterscheiden sich in der Art und der Anzahl der Fehler, die zufallsmäßig in den Automaten eingebracht wurden. Die Tabelle 5.2 enthält die Ergebnisse der Experimente, die zur Ermittlung der FEM der in Bild 5.5 dargestellten Testsequenz dienten. Für jede Fehlerklasse wurden 10000 Experimente durchgeführt und die Anzahl der Fehler, die durch diese Testsequenz nicht erkannt werden, ermittelt. Im einzelnen wurden Experimente für Fehler der Art Ausgabefehler, Transferfehler, Zustandserweiterungsfehler und Zustandsverminderungsfehler durchgeführt. Wie die Tabelle 5.2 zeigt, ist die Testsequenz in der Lage, alle Ausgabefehler und alle Transferfehler zu erkennen, während bei Fehlern der Art Zustandserweiterungsfehler ca. 0.58% der Fehler nicht erkannt werden. Die Ergebnisse dieser Experimente konnten durch Experimente mit Testsequenzen, die zur Überprüfung anderer Automaten erzeugt wurden, bestätigt werden (in der Tabelle sind die Ergebnisse entsprechender Experimente für das *Alternating Bit Protocol* in Klammern angeführt).

Eine Analyse der nicht erkannten Fehler hat gezeigt, daß alle zusätzlich in den Automaten aufgenommenen Zustände, die nicht erkannt wurden, ein gemeinsames Charakteristikum aufweisen - sie bilden den Startzustand von Transitionen, die von der Testsequenz nicht durchlaufen werden, da diese Transitionen innerhalb der durch die Testsequenz gebildeten Transitionen-Tour Nachfolgetransitionen von Transitionen bilden, die nicht in dem zusätzlichen Zustand enden. Zur Verdeutlichung soll der in Bild 5.6 dargestellte Automat C dienen, der gegenüber dem Automaten B einen zusätzlichen Zustand besitzt, von dem die zwei Transitionen

$$T_1 = \{5, CR, T\_CONind, 2\}$$

$$T_2 = \{5, DT, DR, 1\}$$

ausgehen. T_1 liegt auf der Transitionen-Tour, die durch die Testsequenz in Bild 5.5 bestimmt ist, eignet sich aber nicht zur Aufdeckung des zusätzlichen Zustandes, da die durch Anwendung der Testsequenz erzeugte Ausgabesequenz mit der erwarteten Ausgabesequenz übereinstimmt, wie sich leicht nachvollziehen läßt. Die Transition T_2 wäre zur Aufdeckung des Fehlers geeignet, da der Automat keine andere Transition mit dem Ein-/Ausgabeereignispaar DT/DR enthält, liegt aber nicht auf der Transitionen-Tour.

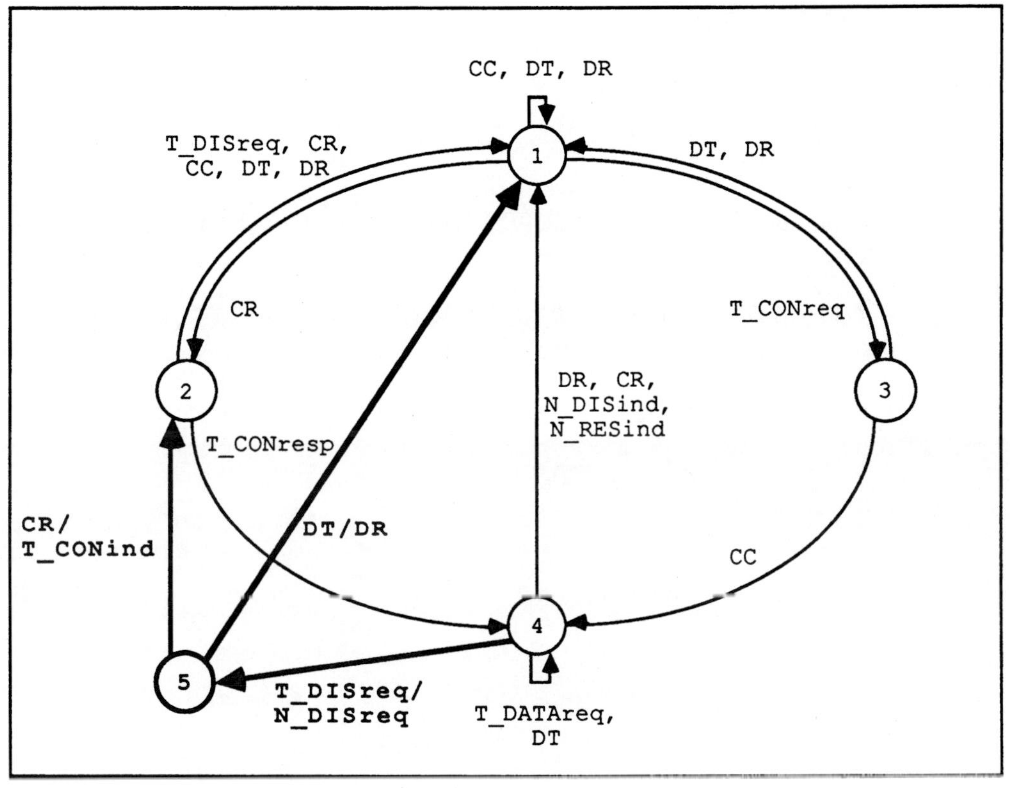

Bild 5.6. Automat C

Würde die Testsequenz allerdings eine Teilsequenz der Form

T_DISreq	N_DISreq	1
DT	–	1

enthalten, würde der Fehler erkannt werden.

Zur Aufdeckungen aller Abweichungen, die auf einen zusätzlichen Zustand zurückzuführen sind, muß die Testsequenz erweitert werden. Dies geschieht, indem für jedes Transitionenpaar des Automaten ein Teilpfad in die durch die Testsequenz festgelegte Transitionen-Tour aufgenommen wird, der den kürzesten Weg zwischen dem Anfangszustand der einen Transition und dem Endzustand der anderen Transition des Transitionenpaares bildet und beide Transitionen enthält. An diesen Teilpfad wird ein zweiter Teilpfad zur Identifizierung des erreichten Endzustandes angehängt. Sei

$$\mathcal{T}' = \{(T_i,\ T_j) | 1 \leq i \leq q,\ 1 \leq j \leq q\}$$

die Menge der möglichen Transitionenpaare des Automaten (q: Anzahl der Transitionen des Automaten) und

$$\mathcal{TP}` = \{TTP^i_j = T^{i,j}_1 \oplus \ldots \oplus T^{i,j}_{p_i} | \; T^{i,j}_1 = T_i,\ T^{i,j}_{p_i} = T_j,\ T^{i,j}_l \neq T_i,\ T^{i,j}_l \neq T_j,\ 1 < l < p_i,\ 1 \le i \le q,\ 1 \le j \le q\}$$

die Menge aller minimalen Teilpfade für alle $(T_i,\ T_j) \in \mathcal{T}`$. Dann ergibt sich die erweiterte Transitionen-Tour zu

$$TS_{erw} = TTP_1 \oplus ITP_1 \oplus TP_1 \oplus TTP_2 \oplus ITP_2 \oplus TP_2 \oplus \ldots \oplus TTP_x \oplus ITP_x$$

mit

$$x = q^2$$

$$\bigcup_{k=1}^{x} \{TTP_k\} = \mathcal{TP}`.$$

Sei

$$\begin{aligned} TTP_t &= T^t_1 \oplus T^t_2 \oplus \ldots \oplus T^t_{v_t} && 1 \le t \le x \\ ITP_t &= T^{t}_1` \oplus T^{t}_2` \oplus \ldots \oplus T^t_{w_t}` && 1 \le t \le x \\ TP_t &= T^{t}_1`` \oplus T^t_2 tt \oplus \ldots \oplus T^t_{y_t}`` && 1 \le t < x \end{aligned}$$

dann gilt

$$\begin{aligned} ez(T^t_{v_t}) &= az(T^{t}_1`) && 1 \le t \le x \\ ez(T^t_{w_t}`) &= az(T^{t}_1``) && 1 \le t < x \\ ez(T^t_{y_t}``) &= az(T^{t+1}_1) && 1 \le t < x \\ ITP_t &\in \mathcal{ITP}^Z && Z = ez(T^t_{v_t}),\ 1 \le t \le x \\ l(ITP_t) &\le l(ITP_r) && \forall ITP_r \in \mathcal{ITP}^Z,\ Z = ez(T^t_{v_t}). \end{aligned}$$

Die TP_t führen den durch einen Identifizierungsteilpfad erreichten Zustand in den Zustand über, von dem TTP_{t+1} ausgeht. Gilt allerdings

$$ez(T^t_{w_t}`) = az(T^{t+1}_1) \qquad 1 \le t < x,$$

dann entfällt der entsprechende TP_t.

Durch das *erweiterte* TRANS-CHECK-Verfahren werden Testsequenzen der oben beschriebenen Form generiert. Für den Automaten B ergibt sich bei Anwendung des erweiterten TRANS-CHECK-Verfahrens eine Testsequenz, die 1866 Eingabeereignisse enthält (auf eine Darstellung der Testsequenz wird hier aus Platzgründen verzichtet). Experimente mit dieser Testsequenz haben gezeigt, daß alle Zustandserweiterungsfehler mit einem oder zwei zusätzlichen Zuständen entdeckt werden. Es stellt sich hier jedoch die Frage, ob die recht geringe Wahrscheinlichkeit von 0.0058 für das Nichtentdecken eines derartigen Zustandserweiterungsfehlers den doch sehr hohen Zusatzaufwand von ca. 5000% rechtfertigt. Die Beantwortung dieser Frage hängt letztendlich von der geforderten Güte des Konformitätstests ab.

Bei den Experimenten, die sich auf Zustandsverminderungsfehler beziehen, werden alle in den Automaten eingebrachten Fehler erkannt. Dies ist allerdings auf die Struktur des Automaten B zurückzuführen, die bez. Zustandsverminderungsfehler nur die Erzeugung von Fehlerkombinationen bestehend aus Zustandsverminderungsfehler und Ausgabefehler erlaubt. Daher ist es nicht verwunderlich, daß die TS^{TC} für Zustandsverminderungsfehler und Ausgabefehler dieselbe FEM besitzt. Im Gegensatz hierzu erlaubt der Automat für das Alternating Bit Protocol die Erzeugung 'reiner' Zustandsverminderungsfehler. Experimente mit einer durch das TRANS-CHECK-Verfahren für dieses Protokoll erzeugten Testsequenz haben gezeigt, daß die Testsequenz für Zustandsverminderungsfehler die geringste FEM besitzt (s. Tabelle 5.2). Sei

$$\mathcal{T}^1 = \{T_i^1 | az(T_i^1) = Z_1\}$$

die Menge der Transitionen, die von Z_1 ausgehen, und

$$\mathcal{T}^2 = \{T_i^2 | az(T_i^2) = Z_2\}$$

die Menge der Transitionen, die von Z_2 ausgehen, dann kann der Zustandsverminderungsfehler, der durch die Vereinigung der beiden Zustände Z_1 und Z_2 entsteht, nur dann entdeckt werden, wenn folgende Bedingung erfüllt ist

$$\exists T_i^1 \in \mathcal{T}^1, \exists T_j^2 \in \mathcal{T}^2 : \qquad ee(T_i^1) = ee(T_i^2) \wedge ae(T_i^1) \neq ae(T_i^2).$$

Wird diese Bedingung nicht erfüllt, kann der Fehler auch durch die Erweiterung der Testsequenz nicht entdeckt werden, da durch die Vereinigung zusätzliche Transitionenkombinationen entstehen, die bei der Erstellung der erweiterten Testsequenz nicht berücksichtigt werden.

Um die Aufdeckung aller Zustandsverminderungsfehler zu garantieren, muß an den Automaten die Forderung gestellt werden, daß jeder Zustand des Automaten die oben angeführte Bedingung erfüllt. Dies läßt sich durch eine Erweiterung des Automaten erreichen, indem für jeden Zustand zusätzliche Transitionen eingeführt werden, denen die Eingabeereignisse zugeordnet werden, für die noch keine vom betreffenden Zustand ausgehende Transition existiert, und die im IZ des Automaten enden (die Ausgabeereignisse sollten so gewählt werden, daß sie mit keinem im Originalautomaten verwendeten Ausgabeereignis übereinstimmen). Eine entsprechende Erweiterung des Automaten B führt zu dem in Bild 5.7 dargestellten Automaten D (die zusätzlichen Transitionen sind in der Darstellung durch gestrichelte Pfeile wiedergegeben). Die Testsequenz, die aus dem Automaten D mittels des erweiterten TRANS-CHECK-Verfahrens abgeleitet wurde, umfaßt 4601 Eingabeereignisse. Experimente mit dieser Testsequenz haben gezeigt, daß alle in den Automaten eingebrachten Fehler (insbesondere auch die Fehler der Arten Zustandserweiterungsfehler und Zustandsverminderungsfehler) entdeckt werden.

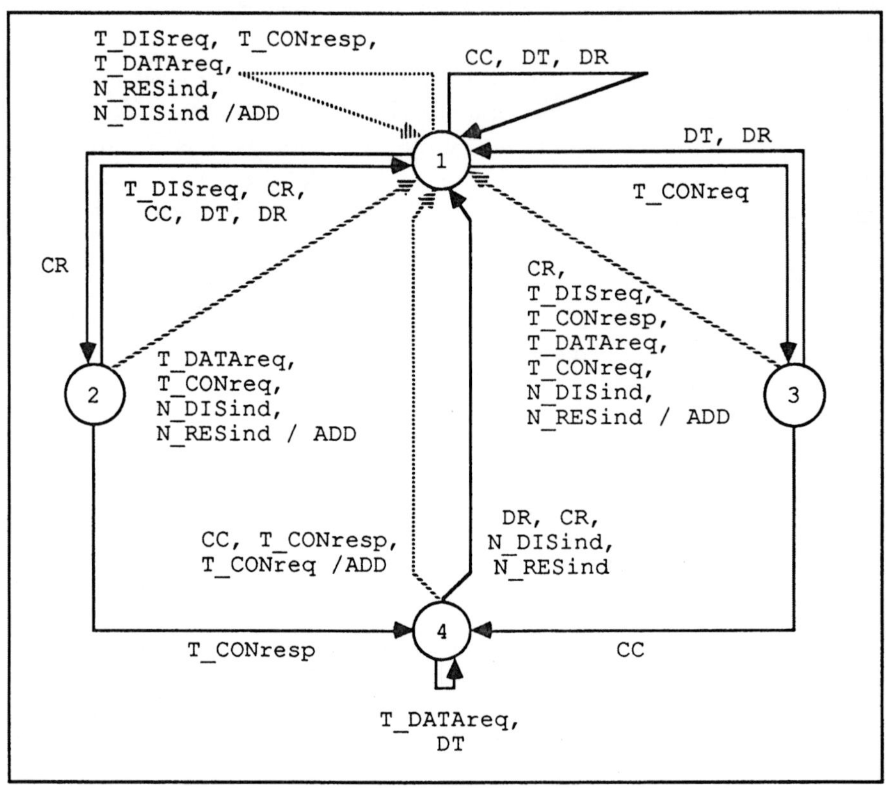

Bild 5.7. Automat D

Auf Experimente zur Ermittlung der FEM für Zustandserweiterungsfehler, die auf mehr als zwei zusätzliche Zustände zurückzuführen sind, wurde hier verzichtet. Bedingt durch die Transitionen, die den Zustand 4 des Automaten B in sich selbst überführen, kann eine unendliche Anzahl derartiger Fehler (s. Bild 5.8) erzeugt werden, die von keiner Testsequenz erkannt werden können. Die hier getroffene Aussage über die FEM von TS^{TC} für Zustandserweiterungsfehler ist daher auch nur für eine Zustandserweiterung gültig, die nicht mehr als zwei zusätzliche Zustände umfaßt.

5.3 Vergleich mit anderen Verfahren

In diesem Kapitel wird ein Vergleich zwischen dem TRANS-CHECK-Verfahren und den in Kapitel 3.2 vorgestellten Verfahren vorgenommen. Als Vergleichskriterien dienen die tatsächliche Länge, die maximale Länge und die Fehlererkennungsmächtigkeit der von den verschiedenen Verfahren für den Automaten B erstellten Testsequenzen. Die Testsequenzen sind im Anhang B aufgelistet und werden im folgenden mit

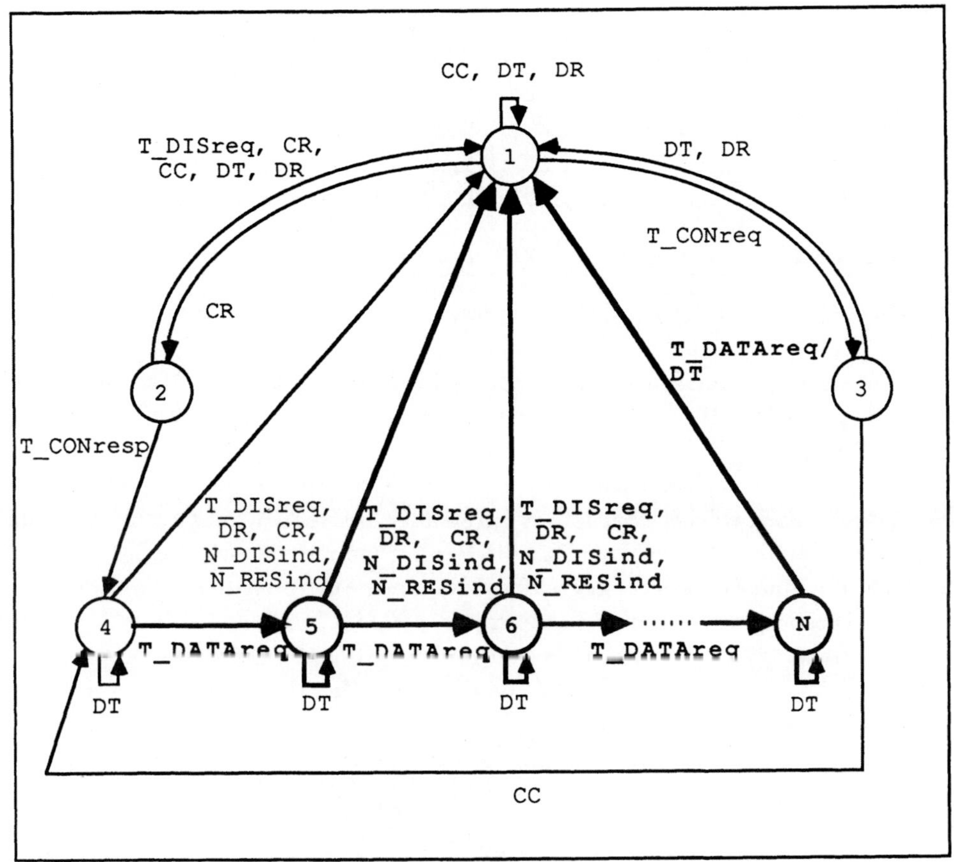

Bild 5.8. Beispiel für nicht zu entdeckende Zustandserweiterungsfehler

TS^{TC} (durch das TRANS-CHECK-Verfahren erzeugte Testsequenz)
TS^{TT} (durch das Transition Tour Verfahren erzeugte Testsequenz)
TS^{WM} (durch die W-Methode erzeugte Testsequenz)
TS^{CHE} (durch das Checking Sequence Verfahren erzeugte Testsequenz)
TS^{UIO} (durch das UIO-Verfahren erzeugte Testsequenz)

bezeichnet.

Zur Ermittlung der FEM wurden für jede Testsequenz die in Kapitel 5.2.2 beschriebenen Experimente durchgeführt. Die Ergebnisse dieser Experimente sind in der Tabelle 5.3 zusammengefaßt. In der Spalte für das TRANS-CHECK-Verfahren sind die Ergebnisse, die für die erweiterte Testsequenz erzielt wurden, in Klammern angegeben. Die Experimente für die Fehlerklassen Ausgabefehler, Transferfehler und Zustandsverminderungsfehler zeigen, daß die TS^{TC} bez. dieser Fehlerklassen dieselbe FEM wie die anderen Testsequenzen aufweist. Eine Ausnahme bildet hier allerdings die TS^{TT} - sie besitzt, wie nicht anders zu erwarten war, eine im Vergleich zu den anderen Testse-

Fehlerart	*Fehleranzahl*	*Anzahl nicht erkannter Fehler*				
		TS^{TC}	TS^{TT}	TS^{WM}	TS^{CHE}	TS^{UIO}
Ausgabefehler	1	0(0)	0	0	0	0
Transferfehler	1	0(0)	873	0	0	0
Zustandser-	1	58(0)	86	31	30	44
weiterungsfehler	2	8(0)	9	1	1	3
Zustandsver- minderungsfehler	1	0(0)	0	0	0	0

Tabelle 5.3. FEM der für den Automaten B generierten Testsequenzen

quenzen geringere FEM. Im Widerspruch zu der in [SaBo 82] aufgestellten Behauptung ergaben die Experimente für die Zustandserweiterungsfehler, daß die TS^{WM} nicht alle Fehler aufdecken kann. Wie aus Tabelle 5.3 zu ersehen ist, bereitet die Aufdeckung von Zustandserweiterungsfehlern auch den anderen Testsequenzen einige Probleme. Die FEM der Testsequenzen wächst aber mit zunehmender Testsequenzlänge (eine Ausnahme bildet hier allerdings die TS^{UIO}). Dies legt die Vermutung nahe, daß die FEM einer Testsequenz nicht nur vom Generierungsverfahren sondern auch von der Testsequenzlänge abhängig ist. Diesbezügliche Experimente mit der TS^{TT} bestätigten diese Vermutung (siehe hierzu Anhang C.1), so daß die gegenüber der FEM der TS^{TC} größere FEM der TS^{WM}, der TS^{CHE} und der TS^{UIO} nicht allein auf das Verfahren, sondern auch auf die Testsequenzlänge zurückzuführen ist.

Fehleranzahl	*Anzahl nicht erkannter Fehler*							
	TS^{TC}	TS^{TT}	TS^{TC}_{WM}	TS^{WM}	TS^{TC}_{CHE}	TS^{CHE}	TS^{TC}_{UIO}	TS^{UIO}
1	58	86	18	31	19	30	11	44
2	8	9	1	1	1	1	1	1

Tabelle 5.4. FEM bez. Zustandserweiterungsfehler (einschließlich TS^{TC}_X)

In Tabelle 5.4 sind die Ergebnisse eines Experimentes wiedergegeben, bei dem die Länge der TS^{TC} an die Länge der anderen Testsequenzen angepaßt wurde. Die Anpassung wurde wie folgt vorgenommen

$$TS^{TC}_X = TS^{TC} \ominus IS \ominus TS^{TRA} \ominus TS^{TRA'}$$

mit

$$\begin{array}{ll} IS \in \mathcal{IS} & \text{(Initialsequenz)} \\ TS^{TRA} = EE^{TRA}_1 \ominus \ldots \ominus EE^{TRA}_t & \\ TS^{TRA'} = EE^{TRA}_1 \ominus \ldots \ominus EE^{TRA}_u & 1 \leq u < t \\ l(TS^{TC}_X) = l(TS^{TC}) + l(IS) + l(TS^{TRA}) + l(TS^{TRA'}) = l(TS^X). & \end{array}$$

Wie die Ergebnisse zeigen, besitzen die TS^{TC}_X im Vergleich zu den TS^X eine größere FEM für Zustandserweiterungsfehler (X steht für WM, CHE bzw. UIO).

Ein Vergleich der Verfahren bez. der Längen der generierten Testsequenzen zeigt, daß die TS^{TC} nur zwei Eingabeereignisse mehr enthält als TS^{TT}, aber wesentlich kürzer als

	TS^{TC}	TS^{TT}	TS^{WM}	TS^{CHE}	TS^{UIO}
tatsächliche Länge	36	34	66	64	73
maximale Länge	231	81	92	122	336

Tabelle 5.5. Längenangaben zu den für den Automaten B generierten Testsequenzen

TS^{WM}, TS^{CHE} und TS^{UIO} ist (s. Tabelle 5.5). In der Tabelle sind auch die Werte wiedergegeben, die sich für die maximale Länge der Testsequenz ergeben, die von den einzelnen Verfahren für Automaten mit den Eigenschaften des Automaten B generiert werden. Diese Werte wurden mittels der in Kapitel 3.2.7 und Kapitel 5.2 angeführten Formeln ermittelt. Aus diesen Werten ist zu ersehen, daß die maximale Länge für die TS^{TC} unter dem für die TS^{UIO} ermittelten Wert liegt, im Vergleich zu den anderen Verfahren aber sehr viel größer ist. Bei der Erstellung der Formel für das TRANS-CHECK-Verfahren wurde allerdings von variablen Werten für die Länge der Identifizierungsteilpfade ausgegangen, während die entsprechenden Längenangaben als Konstante in die Formeln für das Checking Sequence Verfahren und für die W-Methode eingingen. Setzt man für das TRANS-CHECK-Verfahren die obere Grenze für die Länge der Identifizierungsteilpfade gleich den für die Ermittlung der maximalen Länge von TS^{WM} bzw. TS^{CHE} verwendeten Konstanten, so ergibt sich für die maximale Länge von TS^{TC} der Wert 63, der unter dem für das Checking Sequence Verfahren bzw. für die W-Methode ermittelten Wert liegt.

Die obigen Ausführungen stellen eine Zusammenfassung der im Anhang C.2 angeführten Vergleiche zwischen dem TRANS-CHECK-Verfahren und den einzelnen Verfahren dar.

6 Generierung von Testszenarien

Im vorausgegangenen Kapitel wurde das TRANS-CHECK-Verfahren vorgestellt, das die automatische Generierung von Testsequenzen ermöglicht. Eine Testsequenz stellt eine Folge von Eingabe- und Ausgabeereignissen dar, die aus einem Automaten abgeleitet werden kann. Im Gegensatz hierzu müssen Testszenarien neben den Eingabe- und Ausgabeereignissen auch die für die Testdurchführung benötigten Steuer- und Kontrollinformationen enthalten.

Dieses Kapitel befaßt sich mit der automatischen Erstellung von Testszenarien, die sich zur Interpretation durch den Testkoordinator des KATE eignen. Im ersten Unterkapitel werden die Anforderungen diskutiert, die an ein solches Testszenario gestellt werden müssen. In den beiden nachfolgenden Unterkapiteln werden die Voraussetzungen für die automatische Erstellung eines Testszenarios geschaffen. Das anschließende Unterkapitel enthält eine Beschreibung der eigentlichen Erstellung eines Testszenarios, während im letzten Unterkapitel die Interpretation eines Testszenarios durch den Testkoordinator des KATE und die daraus resultierende Testausführung anhand eines Beispielszenarios beschrieben wird.

T_CONreq	CR
CC	T_CONconf
N_DISind	T_DISind

Bild 6.1. Teilsequenz T1

6.1 Anforderungen

Die in Bild 6.1 dargestellte Teilsequenz T1 kann nicht als Testszenario für das in Kapitel 4 vorgestellte Testsystem KATE verwendet werden, da wesentliche Elemente wie Informationen, die zur Synchronisierung des Systems unter Test (SUT), des Antwortsystems (AS) und des Testagentensystems (TAS) benötigt werden, und Informationen über Aktionen, die im AS und im TAS während der Testausführung stattfinden, fehlen. So muß die Teilsequenz T1 der Testsequenz TS^{TC} um die aus dem Zeitdiagramm in Bild 6.2 ersichtlichen Aktionen des AS ergänzt werden (*einfache Erweiterung*). Bei Berücksichtigung der Aktionen des AS ergibt sich die erweiterte Teilsequenz T1 von Bild 6.3. Durch '(SUT)' bzw. '(AS)' werden in der Darstellung die Systeme unterschieden, auf die sich die Inhalte der betreffenden Zeilen beziehen.

Zur Ausführung einiger Teilsequenzen von TS^{TC}, die sich auf Protokollsonderfunktionen (s. u.) beziehen, wird der Einsatz des TAS erforderlich, so z.B. bei der nachfolgend dargestellten Teilsequenz (T2).

CR	T_CONind
CR	ERR

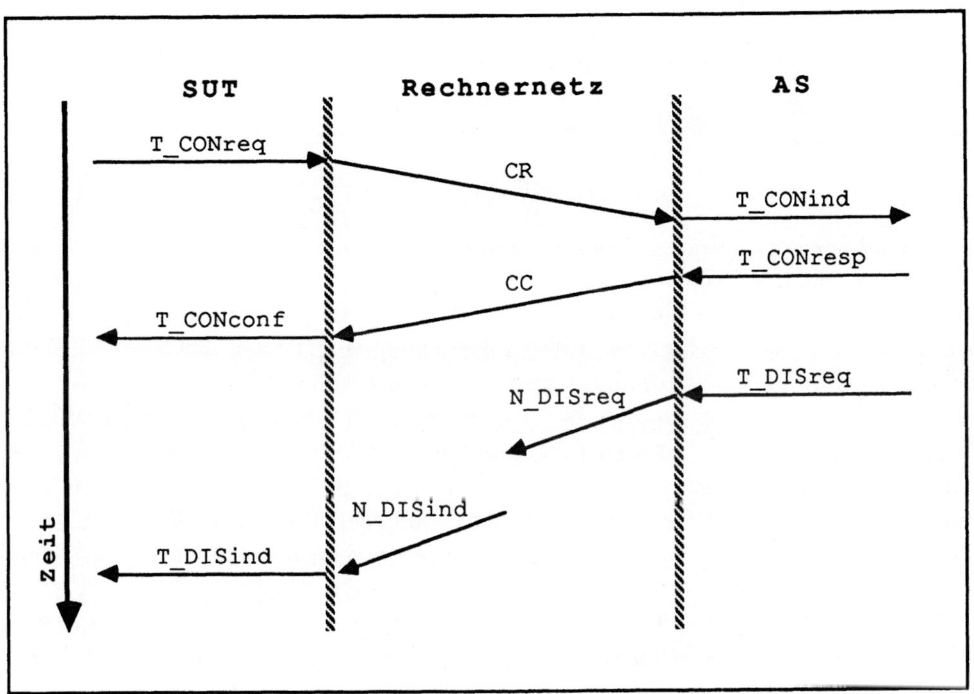

Bild 6.2. Zeitdiagramm für die Teilsequenz T1

1	T_CONreq	CR	(SUT)
1	CR	T_CONind	(AS)
2	T_CONresp	CC	(AS)
2	CC	T_CONconf	(SUT)
3	T_DISreq	N_DISreq	(AS)
3	N_DISind	T_DISind	(SUT)

Bild 6.3. Erweiterte Teilsequenz T1

1	T_CONreq	CR	(AS)
1	Dupliziere CR-Paket		(TAS)
1	CR	T_CONind	(SUT)
1	CR	ERR	(SUT)
2	Sende DR-Paket zu AS		(TAS)
2	DR	T_DISind	(AS)

Bild 6.4. Erweiterte Teilsequenz T2

Das für die erste Zeile von T2 benötigte CR-Paket kann zwar durch die Aktion

T_CONreq CR

im AS erzeugt werden. Danach befindet sich das Antwortprotokoll aber im Zustand 3 des Protokollautomaten, von dem keine Transition ausgeht, die zur Erzeugung des für die Ausführung der zweiten Zeile von T2 erforderlichen CR-Paketes herangezogen werden kann. Das Problem kann durch die Einbeziehung des TAS gelöst werden, dem in diesem Fall zwei Aufgaben zukommen - zum einen muß es durch Duplizierung des ersten CR-Paketes die zur Ausführung der zweiten Zeile von T2 benötigten Voraussetzungen schaffen, zum anderen muß es durch Erzeugung eines DR-Paketes, das an das AS gesendet wird, dafür Sorge tragen, daß das Antwortprotokoll zur ordentlichen Durchführung der nachfolgenden Testschritte in den Initialzustand überführt wird. Dies führt zu der erweiterten Teilsequenz T2, die in Bild 6.4 wiedergegeben ist (*Erweiterung zum Test von Protokollsonderfunktionen*).

Ein weiteres, nicht unerhebliches Problem, das mittels der Testsequenz in der vorliegenden Form nicht gelöst werden kann, ergibt sich aus der Synchronisierung der an der Testausführung beteiligten Systeme. Dieses Problems wurde durch die Einführung einer Kennzeichnung des für die Ausführung einer Aktion verantwortlichen Systems zum Teil gelöst. Durch diese Kennzeichnung kann der Interpreter des Testkoordinators (s. Kapitel 4.2.1) die Informationen unterscheiden, die den einzelnen Auftragsblöcken zuzuordnen sind, die zur Durchführung eines Testschritts erforderlich sind. Zur Trennung der einzelnen Testschritte muß jedoch noch eine zweite Kennzeichnung eingeführt werden, die dem Interpreter die Unterscheidung der für die Ausführung der einzelnen Testschritte benötigten Informationen ermöglicht. In Bild 6.3 und Bild 6.4 wird die Unterscheidung der einzelnen Testschritte durch die in der linken Spalte einer jeden Zeile aufgeführten Ziffer vorgenommen, wobei Zeilen, die in der linken Spalte dieselbe Ziffer beinhalten, einen Testschritt bilden (Bild 6.3 enthält drei Testschritte).

Neben der Unterscheidung der einzelnen Systeme und den einzelnen Testschritte muß das Testszenario, wie aus Bild 6.4 zu ersehen ist, auch Befehle enthalten, die zur Steuerung der Testausführung benötigt werden (*Erweiterung um Steuer- und Kontrollkommandos*).

Die Erweiterung der Testsequenz durch die oben beschriebenen Maßnahmen führt zu Testszenarien, die vom KATE bearbeitet werden können. Um die Interpretation eines Testszenarios durch den Interpreter des Testkoordinators zu ermöglichen, wurde zur Festlegung der Testszenarioinhalte eine spezielle Sprache, die *Test Control Language*, entwickelt.

6.2 Test Control Language

Die Syntax, die der Test Control Language zugrunde liegt, wurde so gewählt, daß sie den Erfordernissen des KATE gerecht wird. Nachfolgend ist die Syntax in der Backus-Naur Notation wiedergegeben. Ein Bezug zu den von OSI getroffenen Vorschlägen zum Thema Testnotation wird in Kapitel 7.1 vorgenommen.

<Testszenario> ::= <Startkommando> <Szenario> <Endekommando>

<Startkommando> ::= 1 TK BEGINNSZENARIO

<Endekommando> ::= <Nummer> TK ENDESZENARIO

<Szenario> ::= {<Kommentar>} <Testschritt> {<Testschritt>}

<Kommentar> ::= KOMMENTAR [<Text>]

<Testschritt> ::= <TK-Kommando> | <TT-Kommando> | <TA-Kommando>

<TK-Kommando> ::= <TK-Schleife> | <TK-Block> | <TK-Steuerkommando>

<TT-Kommando> ::= <SUT-Kommando> | <AS-Kommando>

<TA-Kommando> ::= <TA-Block> | <TA-Auftrag>

<TA-Block> ::= <TA-Beginnblock> <TA-Auftrag> {<TA-Auftrag>} <TA-Endeblock>

<TA-Beginnblock> ::= <Nummer> TAS BEGINNBLOCK

<TA-Endeblock> ::= <Nummer> TAS ENDEBLOCK

<TA-Auftrag> ::= <Nummer> TAS <Auftragsart2>

<TK-Schleife> ::= <TK-Beginnschleife> <TK-Inhalt> <TK-Endeschleife>

<TK-Beginnschleife> ::= <Nummer> TK BEGINNSCHLEIFE <Zähler>

<TK-Endeschleife> ::= <Nummer> TK ENDESCHLEIFE

<TK-Block> ::= <TK-Beginnblock> <TK-Inhalt> <TK-Endeblock>

<TK-Beginnblock> ::= <Nummer> TK BEGINNBLOCK

<TK-Endeblock> ::= <Nummer> TK ENDEBLOCK

<TK-Inhalt> ::= <TT-Kommando> | <TA-Kommando> { <TT-Kommando> | <TA-Kommando>}

<TK-Steuerkommando> ::= <Nummer> TK <Auftragsart1>

<Auftragsart1> ::= WARTE <Zeiteinheit> | AUFSETZPUNKT

<SUT-Kommando> ::= <SUT-Schleife> | <SUT-Schnittstellenauftrag>

<SUT-Schleife> ::= <SUT-Beginnschleife> <SUT-Schnittstellenauftrag> {<SUT-Schnittstellenauftrag>} <SUT-Endeschleife>

<SUT-Beginnschleife> ::= <Nummer> SUT BEGINNSCHLEIFE <Zähler>

<SUT-Endeschleife> ::= <Nummer> SUT ENDESCHLEIFE

<SUT-Schnittstellenauftrag> ::= <Nummer> SUT <Schnittstellenauftrag>

<AS-Kommando> ::= <AS-Schleife> | <AS-Schnittstellenauftrag>

<AS-Schleife> ::= <AS-Beginnschleife> <AS-Schnittstellenauftrag> {<AS-Schnittstellenauftrag>} <AS-Endeschleife>

```
<AS-Beginnschleife>            ::= <Nummer> AS BEGINNSCHLEIFE <Zähler>
<AS-Endeschleife>              ::= <Nummer> AS ENDESCHLEIFE
<AS-Schnittstellenauftrag>     ::= <Nummer> AS <Schnittstellenauftrag>
<Schnittstellenauftrag>        ::= SCHNITTSTELLE <Eingabeereignisse>
                                   <Ausgabeereignisse>
<Auftragsart2>                 ::= MODIFIZIERE IN PAKET <Pakettyp> VON
                                   <Testkomponente> DIE <Paketkomponente> |
                                   MODIFIZIERE IN PAKET <Pakettyp> VON
                                   <Testkomponente> DIE <Paketkomponente> IN
                                   <Neuer-Wert> |
                                   ZERSTÖRE PAKET <Pakettyp> VON
                                   <Testkomponente> |
                                   BEOBACHTE PAKET <Pakettyp> VON
                                   <Testkomponente> |
                                   VERZÖGERE PAKET <Pakettyp> VON
                                   <Testkomponente> |
                                   VERZÖGERE PAKET <Pakettyp> VON
                                   <Testkomponente> UM <Zeiteinheit> |
                                   VERVIELFÄLTIGE PAKET <Pakettyp> VON
                                   <Testkomponente> |
                                   VERVIELFÄLTIGE PAKET <Pakettyp> VON
                                   <Testkomponente> UM <Anzahl> |
                                   VERTAUSCHE PAKET <Nummer> MIT
                                   <Nummer> VON <Testkomponente> |
                                   LIES <Paketkomponente> VOM PAKET
                                   <Pakettyp> VON <Testkomponente> |
                                   ERZEUGE PAKET <Pakettyp> UND SENDE ES
                                   ZU <Testkomponente>
<Eingabeereignisse>            ::= <Eingabeereignis> |
                                   (<Eingabeereignis>, <Eingabeereignis>
                                   {,<Eingabeereignis>})
<Ausgabeereignisse>            ::= <Ausgabeereignis> |
                                   (<Ausgabereignis>, <Ausgabeereignis>
                                   {,<Ausgabeereignis>})
<Eingabeereignis>              ::= !<Dienstelementaufruf> |
                                   !<Dienstelementaufruf> (<Parameter>
                                   {, <Parameter>}) |
                                   ?<(N-1)-Dienstelementanzeige> | *<Pakettyp>
<Ausgabeereignis>              ::= ?<Dienstelementanzeige> |
                                   !<(N-1)-Dienstelementaufruf> | *<Pakettyp>
<Testkomponente>               ::= SUT | AS
<Zeiteinheit>                  ::= <Zähler>:<Zähler>:<Zähler>
```

<Zähler> ::= INTEGER
<Nummer> ::= INTEGER
<Anzahl> ::= INTEGER
<Neuer-Wert> ::= INTEGER
<Text> ::= CHARACTER
<Dienstelementaufruf> ::= abhängig von der zu testenden Protokollinstanz
<(N-1)-Dienstelementaufruf> ::= abhängig vom (N-1)-Diensterbringer
<Dienstelementanzeige> ::= abhängig von der zu testenden Protokollinstanz
<(N-1)-Dienstelementanzeige> ::= abhängig vom (N-1)-Diensterbringer
<Pakettyp> ::= abhängig von der zu testenden Protokollinstanz
<Paketkomponente> ::= abhängig von der zu testenden Protokollinstanz
<Parameter> ::= abhängig von der zu testenden Protokollinstanz

6.3 Erweiterung des Protokollautomaten

In bezug auf das in Kapitel 5.1 vorgestellte TRANS-CHECK-Verfahren ergibt sich nun die Aufgabe, das Verfahren so zu modifizieren, daß es in der Lage ist, ein Testszenario in der oben beschriebenen Syntax zu erzeugen. Als Hauptproblem bei der Lösung dieser Aufgabe erwies sich die Einbeziehung der Aktionen des AS und des TAS in das Testszenario, da das Verfahren zur Erstellung der Testsequenz auf der Interpretation eines endlichen Automaten beruht, der nur die Aktionen des zu testenden Protokolls im SUT wiedergibt. Durch die Bildung eines kartesischen Produkts des Automaten mit sich selbst

$$B' = B \times B$$

mit

$$\mathcal{T}' = \mathcal{T} \times \mathcal{T}$$

$$\mathcal{Z}' = \mathcal{Z} \times \mathcal{Z}$$

kann ein Automat erstellt werden, der alle möglichen Reaktionen des AS und des SUT auf jede beliebige Aktion des SUT wiedergibt, so daß aus ihm die für das Testszenario erforderlichen Aktionen des AS ableitbar wären. Allerdings weist ein solcher Automat hinsichtlich der Anwendung des TRANS-CHECK-Verfahrens zwei schwerwiegende Nachteile auf

- er ist bedingt durch seine Größe sehr schwer handhabbar und
- er enthält alle möglichen Folgeaktionen des AS auf eine Aktion des SUT, wohingegen für die Erstellung des Testszenarios eine genau definierte Folgeaktion des AS auf eine Aktion des SUT ausreichend ist.

Als Alternative zu B‘ bietet sich eine sukzessive Erweiterung des Automaten B um die tatsächlich benötigten Folgeaktionen des AS an. Zur Verdeutlichung diene das folgende Beispiel. In Bild 6.5 ist der Teilautomat B1 dargestellt, der der Teilsequenz aus Bild 6.1 entspricht. Der Teilautomat B1 muß um die in der erweiterten Teilsequenz T1 aus Bild 6.3 enthaltenen Aktionen des AS erweitert werden. Dies erfolgt durch die Einbeziehung

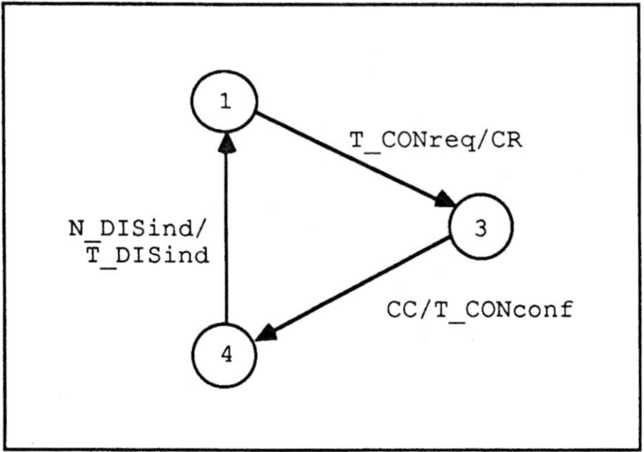

Bild 6.5. Teilautomat B1

zusätzlicher Transitionen und Zustände in den Teilautomaten B1 wie in Bild 6.6 dargestellt.

Bei einer Erweiterung des Automaten in der beschriebenen Form entfallen die oben angeführten Nachteile, die sich bei der Bildung des kartesischen Produkts des Automaten mit sich selbst ergeben. Die Erweiterung erfolgt nach fest vorgeschriebenen Regeln, auf die im folgenden näher eingegangen wird. Diesen Regeln folgend wird schrittweise der in Anhang E.1 dargestellte Algorithmus (*Erweiterungsalgorithmus*) entwickelt. Aus dem Algorithmus 3, der eine einfache Erweiterung des Automaten vornimmt, wird der Algorithmus 4 abgeleitet, der den Automaten zusätzlich durch die Einbringung von sogenannten Kommandotransitionen erweitert. Der Erweiterungsalgorithmus ergibt sich letztendlich durch die Vereinigung des Algorithmus 4 und des Algorithmus 5, der Teilpfade in den Automaten einfügt, die zur Erstellung von Teilsequenzen für den Test von Protokollsonderfunktionen benötigt werden. Diese Vorgehensweise ist in Bild 6.7 dargestellt.

Sei $\mathcal{EE}^D$ die Menge aller Eingabeereignisse, die Dienstelementaufrufen entsprechen, und $\mathcal{EE}^I$ die Menge aller Eingabeereignisse, die Dienstelementanzeigen bzw. Pakettypen entsprechen, dann können die folgenden Transitionenmengen gebildet werden

$$\mathcal{T}^D = \{T_i^D | ee(T_i^D) \in \mathcal{EE}^D\}$$

$$\mathcal{T}^I = \{T_i^I | ee(T_i^I) \in \mathcal{EE}^I\}.$$

Für den Automaten B aus Bild 5.3 ergeben sich beispielsweise die beiden folgenden Eingabeereignismengen

$$\mathcal{EE}^D = \{T\_CONreq, T\_DISreq, T\_DATAreq, T\_CONresp\}$$

$$\mathcal{EE}^I = \{CC, CR, DT, DR, N\_DISind, N\_RESind\}.$$

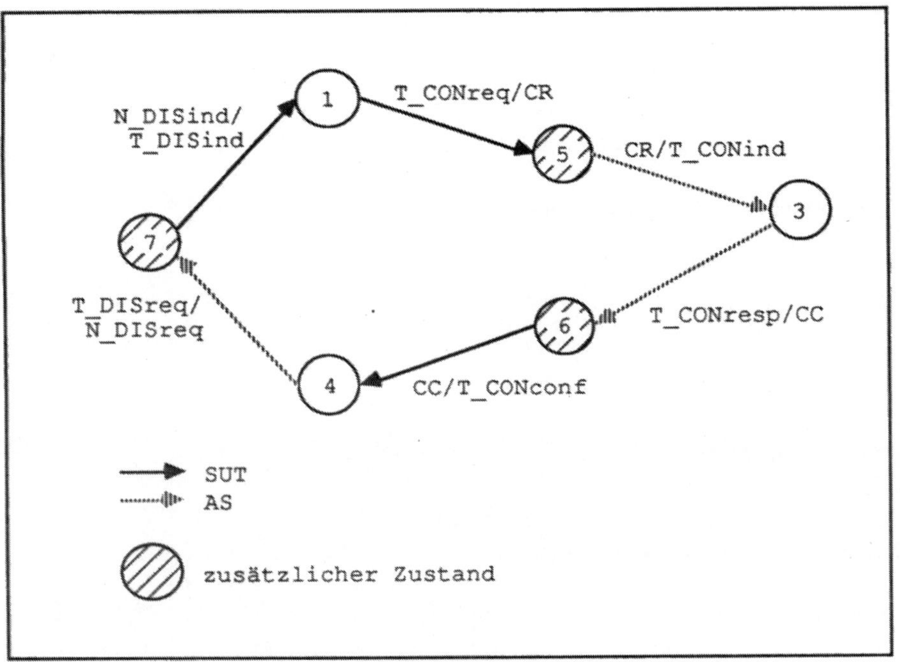

Bild 6.6. Erweiterter Teilautomat B1

Ein wichtiger Gesichtspunkt, der bei der Erweiterung des Automaten zu beachten ist, ergibt sich durch die Relation der Zustände, in denen sich die beiden Automaten, die den beiden Protokollen im SUT und im AS zugrunde liegen, während der Protokollausführung befinden. So ergeben sich für den Automaten B die folgenden Zustandsrelationen.

$$1 \longleftrightarrow 1'$$

$$2 \longleftrightarrow 3'$$

$$3 \longleftrightarrow 2'$$

$$4 \longleftrightarrow 4'$$

(1', 2', 3' bzw. 4' bezeichnen die Zustände des Automaten für die Protokollinstanz im AS, während 1, 2, 3 bzw. 4 die Zustände des Automaten für die Protokollinstanz im SUT bezeichnen). Zur Bestimmung der zueinander in Relation stehenden Zustände sei die Operation

$$Z' := RELAT(Z)$$

definiert, für die gilt

$$Z' \longleftrightarrow Z.$$

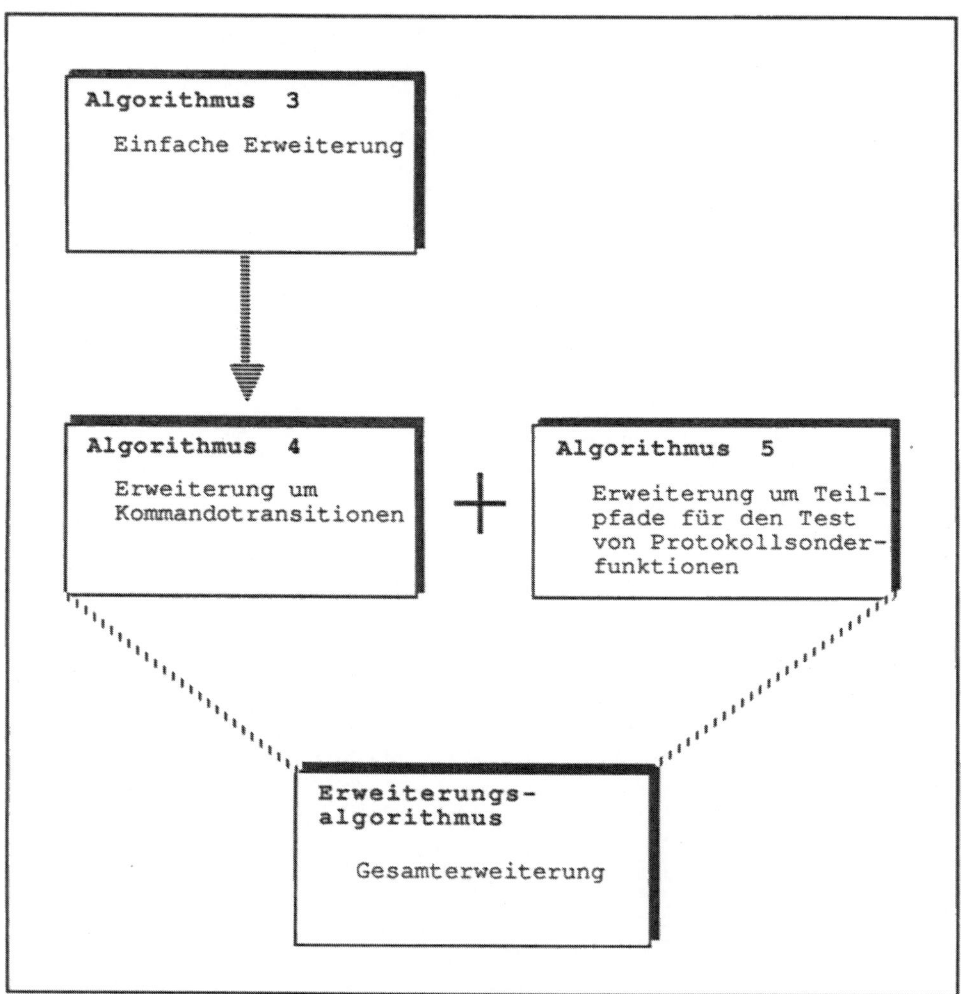

Bild 6.7. Schrittweise Entwicklung des Erweiterungsalgorithmus

Ferner seien die Menge

$$\mathcal{T} = \{T_1, \ldots, T_q\},$$

die alle Transitionen des zugrunde liegenden Automaten enthält, und die Mengen

$$\mathcal{T}^{Z_l} = \{T_i^l \mid az(T_i^l) = Z_l\} \qquad 1 \leq l \leq n$$

definiert, wobei n der Anzahl der Automatenzustände entspricht.

Die Erweiterung des Automaten erfolgt nach dem im folgenden dargestellten Algorithmus.

Algorithmus 3

BEGIN
$\mathcal{T}^{D'} := \mathcal{T}^{D}$; $\mathcal{T}^{I'} := \mathcal{T}^{I}$; $NZ := n$; $NT := m$;

 WHILE $(\mathcal{T}^{D'} \neq \emptyset)$ *DO*
 BEGIN
    Waehle beliebiges $T \in \mathcal{T}^{D'}$
    $\mathcal{T}^{D'} := \mathcal{T}^{D'} \setminus \{T\}$;
    $Z := RELAT(\mathrm{az}(T))$;
    Bestimme $T' \in \mathcal{T}^{Z}$, *so dass gilt* $\mathrm{ee}(T') = \mathrm{ae}(T)$
    $NZ := NZ + 1$;
    $NT := NT + 1$;
    $<$ *Bilde neue Transition* T_{NT} $>$
    $\mathrm{az}(T_{NT}) := NZ$;
    $\mathrm{ez}(T_{NT}) := \mathrm{ez}(T)$;
    $\mathrm{ee}(T_{NT}) := \mathrm{ee}(T')$;
    $\mathrm{ae}(T_{NT}) := \mathrm{ae}(T')$;
    $\mathrm{ez}(T) := NZ$;
 END;

 WHILE $(\mathcal{T}^{I'} \neq \emptyset)$ *DO*
 BEGIN
    Waehle beliebiges $T \in \mathcal{T}^{I'}$
    $\mathcal{T}^{I'} := \mathcal{T}^{I'} \setminus \{T\}$;
    $Z := RELAT(\mathrm{az}(T))$;
    Bestimme $T' \in \mathcal{T}^{Z}$, *so dass gilt* $\mathrm{ae}(T') = \mathrm{ee}(T)$
    $NZ := NZ + 1$;
    $NT := NT + 1$;
    $<$ *Bilde neue Transition* T_{NT} $>$
    $\mathrm{az}(T_{NT}) := \mathrm{az}(T)$;
    $\mathrm{ez}(T_{NT}) := NZ$;
    $\mathrm{ee}(T_{NT}) := \mathrm{ee}(T')$;
    $\mathrm{ae}(T_{NT}) := \mathrm{ae}(T')$;
    $\mathrm{az}(T) := NZ$;
 END;

END;

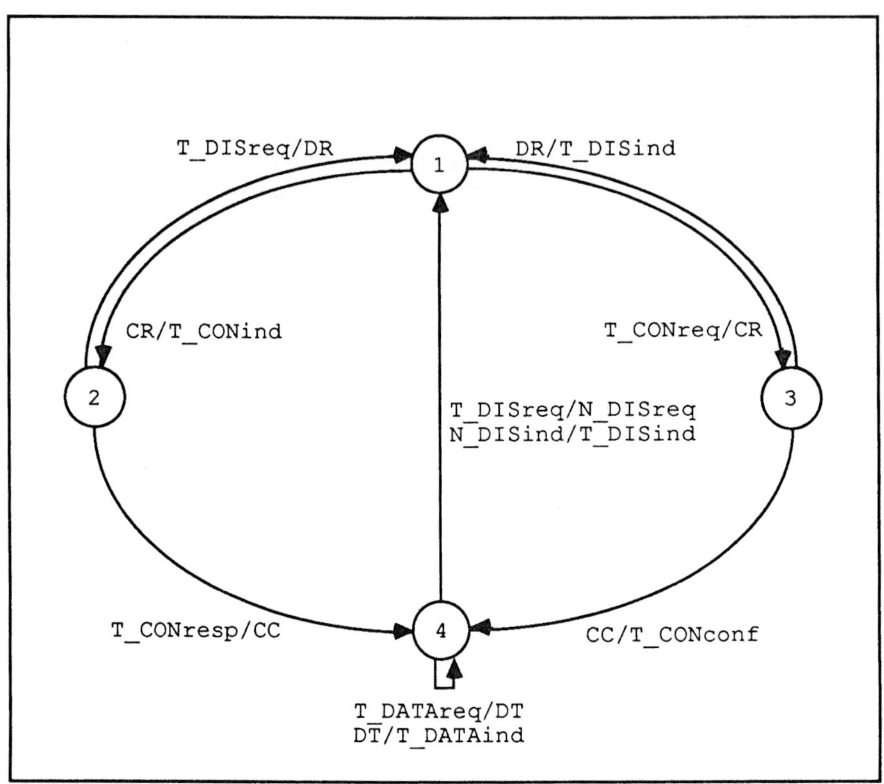

Bild 6.8. Teilautomat B2

Ein derart erweiterter Automat enthält nun zwar alle Aktionen, die vom AS auszuführen sind, bietet aber keine Möglichkeit zwischen den Aktionen des SUT und des AS zu unterscheiden (Bild 6.9 zeigt den nach dem obigen Algorithmus erzeugten erweiterten Teilautomaten B2' für den in Bild 6.8 dargestellten Teilautomaten B2). Hierzu wird eine zusätzliche Erweiterung des Automaten notwendig. Die Erweiterung wird mittels Transitionen vorgenommen, die anzeigen, auf welches System sich die Aktionen beziehen, die durch die nachfolgenden Transitionen zum Ausdruck gebracht werden. Diese Transitionen (im folgenden *Kommandotransitionen* genannt) dienen nicht nur zur Kennzeichnung des Systems, auf das sich die nachfolgenden Transitionen bzw. Aktionen beziehen, sondern sie zeigen auch die für die Testausführung benötigten Kommandos an, die in der in Kapitel 6.2 aufgelisteten Syntax enthalten sind. Die Eingabeereignisse der Kommandotransitionen entsprechen den Systemen, auf die sich die nachfolgenden Aktionen bzw. Kommandos beziehen, während die Ausgabeereignisse den Kommandos entsprechen. Es seien

$$\mathcal{KEE} = \{SUT, AS, TAS\}$$

und

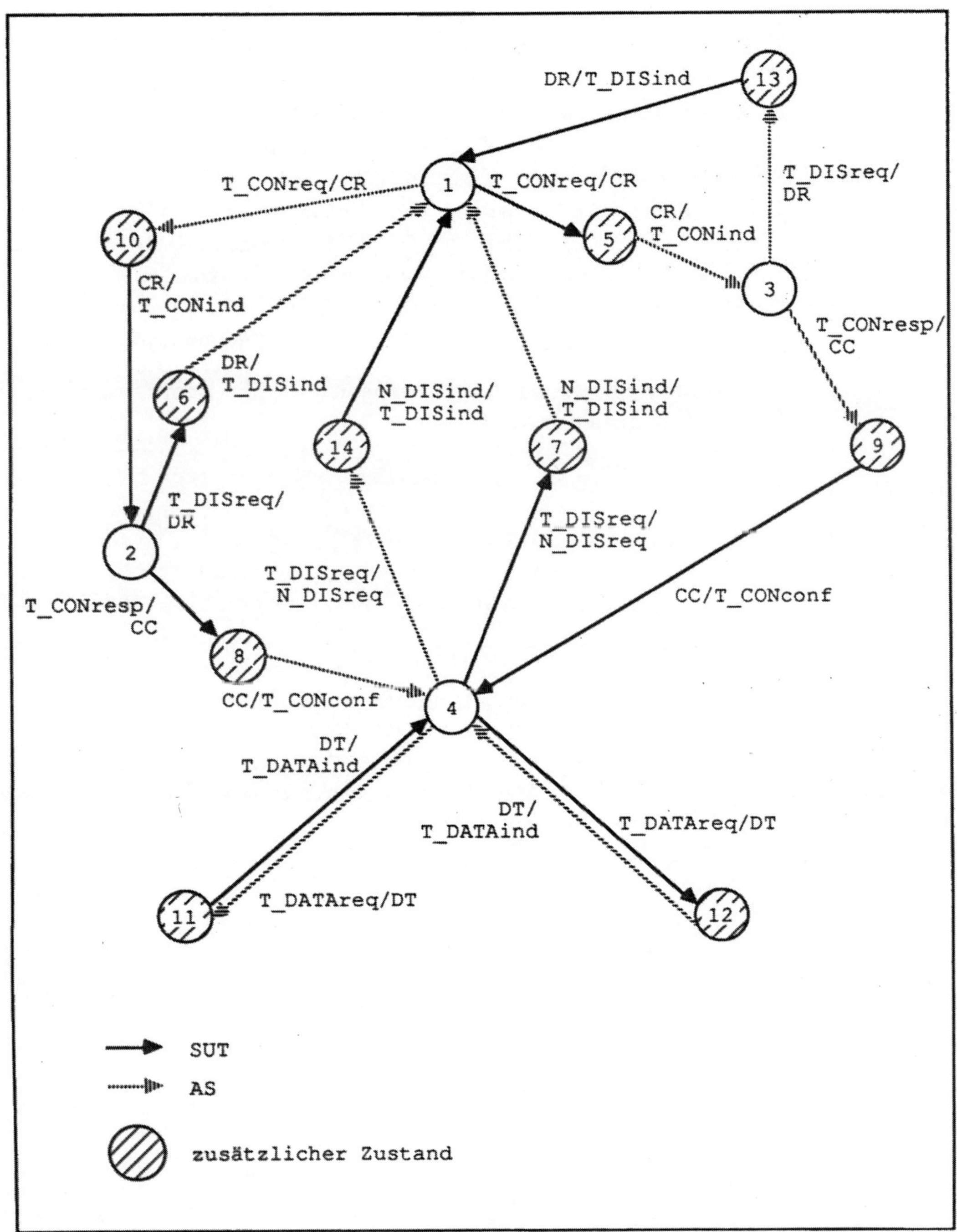

Bild 6.9. Erweiterter Teilautomat B2'

$\mathcal{KAE}$ = { BEGINNSCHLEIFE, ENDESCHLEIFE, BEGINNBLOCK, ENDEBLOCK
WARTE Zeiteinheit,
MODIFIZIERE IN PAKET Pakettyp VON Testkomponente DIE Paketkomponente,
MODIFIZIERE IN PAKET Pakettyp VON Testkomponente DIE Paketkomponente IN Neuer-Wert,
ZERSTÖRE PAKET Pakettyp VON Testkomponente,
VERZÖGERE PAKET Pakettyp VON Testkomponente,
VERZÖGERE PAKET Pakettyp VON Testkomponente UM Zeiteinheit,
VERVIELFÄLTIGE PAKET Pakettyp VON Testkomponente,
VERVIELFÄLTIGE PAKET Pakettyp VON Testkomponente UM Anzahl,
VERTAUSCHE PAKET Nummer MIT Nummer VON Testkomponente,
LIES Paketkomponente VOM PAKET Pakettyp VON Testkomponente,
ERZEUGE PAKET Pakettyp UND SENDE ES ZU Testkomponente }

die Menge der Eingabeereignisse bzw. der Ausgabeereignisse für die Kommandotransitionen. Dann gilt für eine Kommandotransition

$$KT = (AZ, EE, AE, EZ)$$

mit

$$EE \in \mathcal{KEE}$$

$$AE \in \mathcal{KAE}$$

$$AZ, EZ \in \mathcal{Z} \cup \mathcal{NZ},$$

wobei $\mathcal{NZ}$ der Menge der Zustände entspricht, um die der Automat erweitert werden muß.

Zur Kennzeichnung der Systeme, die von den einzelnen Aktionen betroffen sind, muß eine Erweiterung des oben aufgeführten Algorithmus vorgenommen werden. Der daraus resultierende Algorithmus ist im folgenden wiedergegeben.

Algorithmus 4

$BEGIN$
$\mathcal{T}^{D`} := \mathcal{T}^{D};$
$\mathcal{T}^{I`} := \mathcal{T}^{I};$
$NZ := n;$
$NT := m;$
$NKT := 0;$

$WHILE\ (\mathcal{T}^{D`} \neq \emptyset)\ DO$
$BEGIN$
 $Waehle\ beliebiges\ T \in \mathcal{T}^{D`}$
 $\mathcal{T}^{D`} := \mathcal{T}^{D`} \setminus \{T\};$
 $NKT := NKT + 1;$
 $NZ := NZ + 1;$
 $<\ Bilde\ Kommandotransition\ KT_{NKT}\ >$
 $\mathrm{az}(KT_{NKT}) := NZ;$
 $NZ := NZ + 1;$
 $\mathrm{ez}(KT_{NKT}) := NZ;$
 $\mathrm{ee}(KT_{NKT}) := \ 'AS';$
 $\mathrm{ae}(KT_{NKT}) := \ 'SCHNITTSTELLE';$
 $NT := NT + 1;$
 $<\ Bilde\ neue\ Transition\ T_{NT}\ >$
 $Z := RELAT(\mathrm{az}(T));$
 $Bestimme\ T` \in \mathcal{T}^{Z},\ so\ dass\ gilt\ \mathrm{ee}(T`) = \mathrm{ae}(T)$
 $Z := \mathrm{ez}(T);$
 $\mathrm{az}(T_{NT}) := NZ;$
 $\mathrm{ez}(T_{NT}) := \mathrm{ez}(T);$
 $\mathrm{ee}(T_{NT}) := \mathrm{ee}(T`);$
 $\mathrm{ae}(T_{NT}) := \mathrm{ae}(T`);$
 $\mathrm{ez}(T) := NZ - 1;$

 $IF\ (\mathcal{T}^{Z} \cap \mathcal{T}^{D} \neq \emptyset)\ THEN$
 $BEGIN$
  $NZ := NZ + 1;$
  $NKT := NKT + 1;$
  $<\ Bilde\ Kommandotransition\ KT_{NKT}\ >$
  $\mathrm{az}(KT_{NKT}) := NZ;$
  $\mathrm{ez}(KT_{NKT}) := Z;$
  $\mathrm{ee}(KT_{NKT}) := \ 'SUT';$
  $\mathrm{ae}(KT_{NKT}) := \ 'SCHNITTSTELLE';$
  $\mathrm{ez}(T_{NT}) := NZ;$
 $END;$

$END;$

```
WHILE (𝒯^{I'} ≠ ∅) DO
BEGIN
    Waehle beliebiges T ∈ 𝒯^{I'}
    𝒯^{I'} := 𝒯^{I'} \ {T};
    Z := RELAT(az(T));

    IF (∃T' ∈ 𝒯^Z : ae(T') = ee(T) ∧ T' ∈ 𝒯^D) THEN
    <**************************************************>
    BEGIN
        Z := az(T);

        IF ((𝒯^Z ∩ 𝒯^D) ≠ ∅) THEN
        BEGIN
            NZ := NZ + 1;
            NKT := NKT + 1;
            < Bilde Kommandotransition KT_NKT >
            az(KT_NKT) := az(T);
            ez(KT_NKT) := NZ;
            ee(KT_NKT) := 'AS';
            ae(KT_NKT) := 'SCHNITTSTELLE';
            az(T) := NZ;
        END;

        NT := NT + 1;
        < Bilde neue Transition T_NT >
        Z := RELAT(Z);
        az(T_NT) := az(T);
        ez(T_NT) := NZ;
        ee(T_NT) := ee(T');
        ae(T_NT) := ae(T');
        NZ := NZ + 1;
        NKT := NKT + 1;
        < Bilde Kommandotransition KT_NKT >
        az(KT_NKT) := NZ;
        NZ := NZ + 1;
        ez(KT_NKT) := NZ;
        ee(KT_NKT) := 'SUT';
        ae(KT_NKT) := 'SCHNITTSTELLE';
        az(T) := NZ;
    END;

  END;

  (**)

END;
```

Durch Anwendung des Algorithmus 4 auf den Teilautomaten B2 ergibt sich der in den Bildern F.1- F.5 (s. Anhang F.1) dargestellte Teilautomat B2". Der Teilautomat B2 zeigt die *Basisfunktionen* von TP-0 auf. Unter Basisfunktionen sind die Funktionen zu verstehen, die ein Protokoll unbedingt erfüllen muß, um den Austausch von Daten zwischen zwei Rechnern zu ermöglichen.

Neben den Basisfunktionen enthält das durch den Automaten B dargestellte TP-0 Funktionen (im folgenden *Sonderfunktionen* genannt), die zur Behandlung von Fehler- oder Sondersituationen dienen (Empfang eines Paketes, das im aktuellen Zustand des Protokollautomaten nicht auftreten darf; Rücksetzen des Netzwerkes; usw.). Die Erzeugung solcher Fehler- bzw. Sondersituationen wird im KATE durch das TAS vorgenommen, da diese Situationen nicht direkt, unter Zuhilfenahme des AS erzeugt werden können. So sind auch im Algorithmus 4 für die Transitionen, die den Sonderfunktionen entsprechen, in der mit $< ********* >$ gekennzeichneten IF-Anweisung keine $T' \in \mathcal{T}^Z$ bestimmbar, die der in der Anweisung enthaltenen Bedingung genügen. Diese Transitionen müssen eine Sonderbehandlung erfahren, indem anstatt der innerhalb des THEN-Zweiges gebildeten T_{NT} Kommandotransitionen erzeugt werden, die die vom TAS durchzuführende Aktionen zur Auslösung der Sonderfunktion wiedergeben. Zusätzlich werden Transitionen notwendig, die dafür Sorge tragen, daß der Protokollautomat für das AP in den Zustand Z' überführt wird, für den gilt

$$Z' = RELAT(Z),$$

wobei Z dem Zustand entspricht, in dem sich der Protokollautomat für die PUT nach Ausführung der Sonderfunktion befindet. Die Sonderfunktionen des durch den Automaten B wiedergegebenen TP-0 (mit Ausnahme der Sonderfunktion, die die Anzeige N_RESind behandelt) dienen zur Behandlung von Paketen, die im aktuellen Zustand des Automaten nicht auftreten dürfen. Diese Art von Sonderfunktionen sind bei der Erweiterung des Automaten leicht zu berücksichtigen, so daß auch für sie ein Algorithmus aufgestellt werden kann (im Unterschied zu Sonderfunktionen, auf die im Kapitel 7.2 näher eingegangen wird), der an der im Algorithmus 4 mit (⋆⋆) gekennzeichneten Stelle einzufügen ist.

Sei $\mathcal{EE}^{PT}$ die Menge aller Eingabeereignisse, die die Ankunft eines Paketes kennzeichnen, und

$$\mathcal{T}^{PT} = \{T_i | ee(T_i) \in \mathcal{EE}^{PT}\}$$

die Menge aller Transitionen des 'Originalautomaten' mit entsprechenden Eingabeereignissen und

$$\mathcal{T}^{PT'} = \{T_i^* | (T_i^* \equiv T_i, \ T_i \in \mathcal{T}^{PT}\}$$

die Menge der äquivalenten Transitionen des erweiterten Automaten, dann läßt sich der Algorithmus wie folgt darstellen.

Algorithmus 5
$WHILE\ (\mathcal{T}^{PT} \neq \emptyset)\ DO$
$BEGIN$
$Waehle\ beliebiges\ T \in \mathcal{T}^{PT};$
$\mathcal{T}^{PT} := \mathcal{T}^{PT} \setminus \{T\};$
$Z := RELAT(\mathrm{az}(T));$

$IF\ (\nexists T' \in \mathcal{T}^{Z} :\ \mathrm{ae}(T') = \mathrm{ee}(T))\ THEN$
$BEGIN$
$Bestimme\ T^{*} \in \mathcal{T}^{PT'},\ so\ dass\ T^{*} \equiv T$
$NZ := NZ + 1;$
$NKT := NKT + 1;$
$< Bilde\ Kommandotransitionen\ KT_{NKT} >$
$\mathrm{az}(KT_{NKT}) := \mathrm{az}(T^{*});$
$\mathrm{ee}(KT_{NKT}) := 'TAS';$
$\mathrm{ae}(KT_{NKT}) := 'ERZEUGE\ PAKET\ \mathrm{ee}(T)\ UND\ SENDE\ ES\ ZU\ SUT';$
$\mathrm{ez}(KT_{NKT}) := NZ;$
$NKT := NKT + 1;$
$\mathrm{az}(KT_{NKT}) := NZ;$
$NZ := NZ + 1;$
$\mathrm{ee}(KT_{NKT}) := 'SUT';$
$\mathrm{ae}(KT_{NKT}) := 'SCHNITTSTELLE';$
$\mathrm{ez}(KT_{NKT}) := NZ;$
$\mathrm{az}(T^{*}) := NZ;$
$SONDERFUNKT\_AS(Z, T);$
$END;$

$END;$

Im Algorithmus 5 wird die Routine $SONDERFUNKT\_AS$ aufgerufen. Diese Routine ist für die Einbringung der Transitionen zuständig, die die Überführung des Protokollautomaten für das AP in den Zustand

$$Z' = RELAT(ez(T))$$

gewährleisten, sofern dies nicht schon durch die auf die Sonderfunktion folgenden Aktionen des SUT geschieht. Der Inhalt von $SONDERFUNKT\_AS$ ist demnach in hohem Maße von der jeweiligen Protokollspezifikation abhängig, so daß für die Routine keine allgemeingültige Lösung angegeben werden kann. Für das hier als Beispiel verwendete TP-0 hat diese Routine z.B. das folgende Aussehen.

```
SONDERFUNKT_AS(Z, T);
BEGIN
 NZ = NZ + 1 ez(T) := NZ; NKT := NKT + 1;
 IF (ae(T) ≠ 'N_DISreq') THEN
 BEGIN
    < Bilde Kommandotransitionen KT_NKT >
    az(KT_NKT) := NZ;
    NZ := NZ + 1;
    ee(KT_NKT) := 'TAS';
    IF (Z = 4) THEN
       ae(KT_NKT) := 'ERZEUGE PAKET ‘CR‘ UND SENDE ES ZU AS'
    ELSE
       ae(KT_NKT) := 'ERZEUGE PAKET ‘DR‘ UND SENDE ES ZU AS';
    ez(KT_NKT) := NZ;
    NKT := NKT + 1;
 END;
 < Bilde Kommandotransition KT_NKT >
 az(KT_NKT) := NZ;
 ee(KT_NKT) := 'AS';
 ae(KT_NKT) := 'SCHNITTSTELLE';
 NZ := NZ + 1;
 ez(KT_NKT) := NZ;
 NT := NT + 1;
 < Bilde neue Transition T_NT >
 IF (ae(T) = 'N_DISreq') THEN ermittle T‘ ∈ T^Z mit ee(T‘) = 'N_DISind'
 ELSE
    IF (Z = 4) THEN ermittle T‘ ∈ T^Z mit ee(T‘) = 'CR'
    ELSE ermittle T‘ ∈ T^Z mit ee(T‘) = 'DR';
 az(T_NT) := NZ;
 ee(T_NT) := ee(T‘);
 ae(T_NT) := ae(T‘);
 NZ := NZ + 1;
 ez(T_NT) := NZ;
 NKT := NKT + 1;
 < Bilde Kommandotransition KT_NKT >
 az(KT_NKT) := NZ;
 ee(KT_NKT) := 'SUT';
 ae(KT_NKT) := 'SCHNITTSTELLE';
 ez(KT_NKT) := IZ;
 RETURN;
END;
```

Die Erstellung der Routine *SONDERFUNKT_AS* für TP-0 wurde dadurch erleichtert, daß alle $T \in \mathcal{T}^{PT}$, die die IF-Bedingung in Algorithmus 5 erfüllen, den Endzustand $ez(T) = IZ$ besitzen, so daß gilt

$$\begin{aligned} Z' &= RELAT(ez(T)) \\ &= RELAT(IZ) \\ &= IZ. \end{aligned}$$

Zur Überführung des Protokollautomaten für das AS in den IZ wurde die folgende Eigenschaft des Automaten B genutzt

$$\exists T \in \mathcal{T}^{Z_i}: \qquad ee(T) = 'DR' \wedge ez(T) = IZ \qquad 1 \leq i \leq n$$

(n: Anzahl der Zustände des Originalautomaten). Eine Ausnahme bildet die Transition

$$T = \{4, DR, N\_DISreq, 1\}.$$

Sie kann nicht in allen Fällen zur Überführung des Protokollautomaten für das AS in den *IZ* verwendet werden, da das Ausgabeereignis *N_DISreq* das Eingabeereignis *N_DISind* beim SUT impliziert (wurde das SUT vor dem AS in den *IZ* überführt, so wäre das nachfolgende *N_DISind* als Eingabeereignis für den Protokollautomaten des SUT nicht zulässig). Daher wurde zur Überführung des AS vom Zustand 4 in den *IZ* die Transition

$$T = \{4, CR, ERR, 1\}$$

gewählt. Die *IF*-Anweisungen innerhalb der Routine *SONDERFUNKT_AS* resultieren aus den oben beschriebenen Eigenschaften des Ausgabeereignisses *N_DISreq*.

Die Bilder F.6- F.10 (s. Anhang F.2) zeigen den erweiterten Teilautomaten B3‘, der sich durch die Anwendung des Algorithmus 4 und des Algorithmus 5 auf den Teilautomaten B3 in Bild 6.10 ergibt. Der Teilautomat B3 enthält (aus Gründen der Übersichtlichkeit) nur die Transitionen des Automaten B, die den oben beschriebenen Sonderfunktionen von TP-0 entsprechen, sowie die Transitionen, die zur Überführung des Automaten in seine verschiedenen Zustände benötigt werden. Die Numerierung der zusätzlichen Zustände wurde analog zu der Zustandsnumerierung des Automaten B2“ vorgenommen.

Der erweiterte Teilautomat B3‘ enthält den Teilpfad,

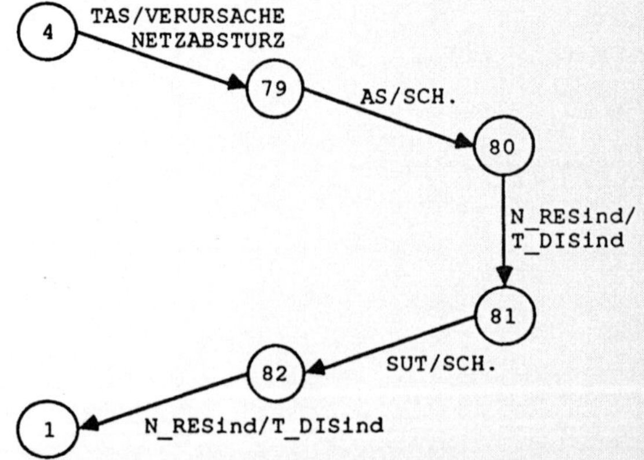

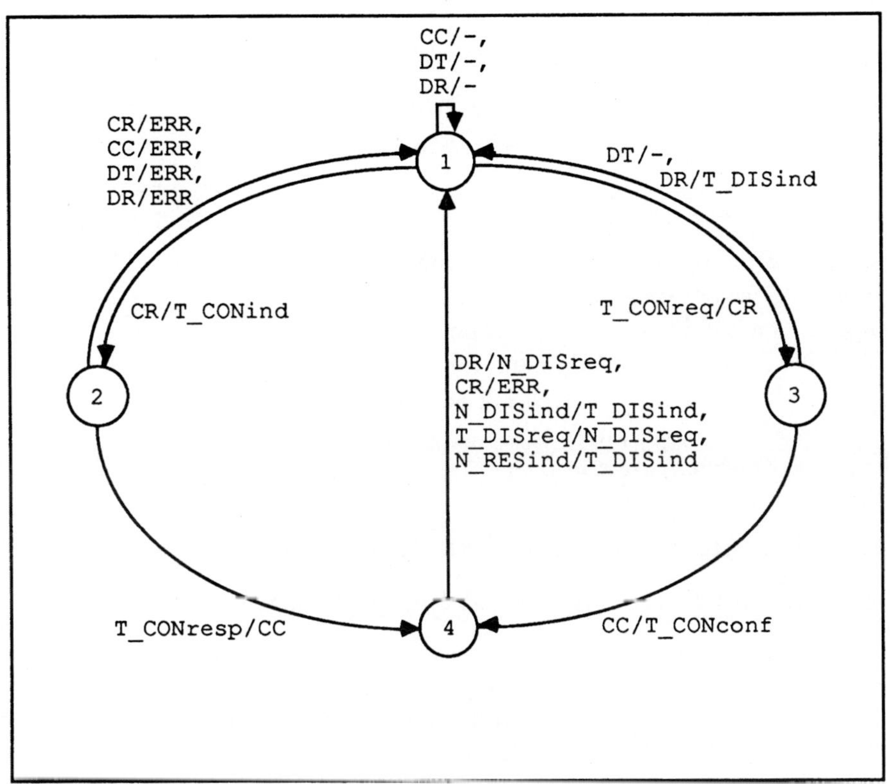

Bild 6.10. Teilautomat B3

der sich nicht durch den (erweiterten) Algorithmus 4 erzeugen läßt. Dieser Teilpfad wird zum Test der Funktion des TP-0 benötigt, die aktiviert wird, sobald der in der OSI-Protokollhierarchie unterhalb des Transportprotokolls angeordnete Netzwerkdienst zurückgesetzt wird. Es handelt sich hierbei also um eine spezielle Sonderfunktion des TP-0, die im Unterschied zu den Sonderfunktionen, die durch den Empfang von Paketen eines unkorrekten Pakettyps ausgelöst werden, nicht allen OSI-Protokollen eigen ist, so daß kein allgemeingültiger Algorithmus für eine entsprechende Erweiterung des Automaten angegeben werden kann - derartige Erweiterungen werden *manuell* vorgenommen. Weitere Beispiele für solch spezielle Protokollsonderfunktionen sind in Kapitel 7.2 zu finden.

Der erweiterte Automat kann durch das Quintupel

$$A^E = \{\mathcal{Z}^E, \mathcal{E}\mathcal{E}^E, \mathcal{A}\mathcal{E}^E, \mathcal{T}^E, IZ\}$$

dargestellt werden, wobei im einzelnen gilt

$$\mathcal{Z}^E = \mathcal{Z} \cup \mathcal{Z}' \qquad \mathcal{Z}' = \{Z_i | i > n\}$$

$$\mathcal{EE}^E = \mathcal{EE} \cup \mathcal{KEE}$$

$$\mathcal{AE}^E = \mathcal{AE} \cup \mathcal{KAE}$$

$$\mathcal{T}^E = \mathcal{T}^{SUT} \cup \mathcal{T}^{AS} \cup \mathcal{KT}$$

mit

$\mathcal{EE}$: Menge der Eingabeereignisse des Originalautomaten,
$\mathcal{AE}$: Menge der Ausgabeereignisse des Originalautomaten,
$\mathcal{Z}$: Menge der Zustände des Originalautomaten,
n: Anzahl der Zustände des Originalautomaten,
$\mathcal{T}^{SUT}$: Menge der Transitionen, die sich auf das SUT beziehen,
$\mathcal{T}^{AS}$: Menge der Transitionen, die sich auf das AS beziehen und
$\mathcal{KT}$: Menge der Kommandotransitionen.

6.4 Verfahren zur automatischen Erstellung

Bei der Erstellung eines Testszenarios gilt es, zwei Forderungen zu erfüllen.

1. Das Testszenario muß der in Kapitel 6.2 beschriebenen Syntax genügen.

2. Die Transitionen des nicht erweiterten Protokollautomaten (d.h. alle $T \in \mathcal{T}$) müssen durch das Testszenario eindeutig identifiziert werden.

Die zweite Forderung ergibt sich aus dem Testziel - der Überprüfung der Konformität der PUT. In Hinblick auf die im vorausgegangenen Kapitel beschriebene Automatenerweiterung bedeutet dies, daß nur $T_i \in \mathcal{T}^{SUT}$ identifiziert werden müssen und daß zu deren Identifizierung wiederum nur $T_j \in \mathcal{T}^{SUT}$ verwendet werden dürfen. Des weiteren darf bei der Identifizierung nur von den Zuständen des erweiterten Automaten ausgegangen werden, die den Zuständen des nicht erweiterten Automaten entsprechen. Dies sind die Zustände

$$Z_i \in \mathcal{Z}^E \cap \mathcal{Z}.$$

Das in Kapitel 5.1 vorgestellte TRANS-CHECK-Verfahren überprüft alle Transitionen bzw. Zustände des vorliegenden Automaten, so daß das Verfahren nicht direkt auf den erweiterten Automaten angewandt werden kann, vielmehr muß eine Anpassung des Verfahrens vorgenommen werden. Der Algorithmus 1, der die Funktionsweise des TRANS-CHECK-Verfahrens wiedergibt, besitzt als wesentliche Eingangsparameter die Menge der $\mathcal{NID}$ und der $\mathcal{ITP}^i$. Durch eine Umdefinierung dieser Mengen werden die nötigen Voraussetzungen zur Anwendung des TRANS-CHECK-Verfahrens auf den erweiterten Automaten geschaffen.

$\mathcal{NID}$ war als die Menge aller nichtidentifizierten Transitionen eines Automaten definiert. Diese Definition kann hinsichtlich des erweiterten Automaten nicht beibehalten werden, da nur die $T_i \in \mathcal{T}^{SUT}$ identifiziert werden müssen. Die Identifizierung einer Transition ist im Algorithmus 1 gleichbedeutend mit der Identifizierung des Endzustandes der betreffenden Transition. Für die $T_i \in \mathcal{T}^{SUT}$ kann diese Vorgehensweise nicht beibehalten werden, da nur $Z_i \in \mathcal{Z}^E \cap \mathcal{Z}$ identifiziert werden dürfen und für die $T_i \in \mathcal{T}^{SUT}$ gilt

$$\exists T_i \in \mathcal{T}^{SUT} : \qquad ez(T_i) \in \mathcal{Z}'.$$

Zur Lösung dieses Problems wird

$$\mathcal{NID} = \{TP_1, \ldots, TP_q\}$$

(q: Anzahl der Transitionen des Originalautomaten) als die Menge der Teilpfade des erweiterten Automaten definiert, für die gilt

$$\begin{aligned} TP_i = T_1^i \oplus \ldots \oplus T_{r_i}^i & \qquad 1 \leq i \leq q \\ T_1^i \in \mathcal{T}^{SUT} & \\ ez(T_{r_i}^i) \in \mathcal{Z} & \end{aligned}$$

und für $r_i \geq 2$

$$\begin{aligned} T_k^i \notin \mathcal{T}^{SUT} & \qquad 2 \leq k \leq r_i \\ ez(T_l^i) \notin \mathcal{Z} & \qquad 1 \leq l < r_i. \end{aligned}$$

Die Menge $\mathcal{ITP}^{Z_i}$ enthält alle Teilpfade, die zur Identifizierung des Zustandes Z_i verwendet werden können. Wie oben erwähnt, dürfen bei der Identifizierung eines Zustandes nur die $T_i \in \mathcal{T}^{SUT}$ berücksichtigt werden. Hier stellt sich nun das Problem, daß die meisten Teilpfade des erweiterten Automaten eine Kombination aus Transitionen der Mengen $\mathcal{T}^{SUT}, \mathcal{T}^{AS}$ und $\mathcal{KT}$ darstellen, von denen nur die $T_i \in \mathcal{T}^{SUT}$ für die Identifizierung relevant sind.

Ein Teilpfad des erweiterten Automaten läßt sich folgendermaßen darstellen

$$ETP_i = TP_1^i \oplus T_1^i \oplus TP_2^i \oplus T_2^i \oplus TP_3^i \oplus \ldots \oplus T_{m-1}^i \oplus TP_m^i$$

(i, m beliebig) mit

$$\begin{aligned} T_k^i \in \mathcal{T}^{SUT} & \qquad 1 \leq k \leq m-1 \\ TP_l^i = TT_1^{l,i} \oplus \ldots \oplus TT_{t_l}^{l,i} & \qquad TT_j^{l,i} \in \mathcal{T}^{AS} \cup \mathcal{KT},\ 1 \leq l \leq m,\ 1 \leq j \leq t_l \end{aligned}$$

wobei TP_1^i bzw. TP_m^i entfallen kann. Zur Identifizierung eines Zustandes muß ein Teilpfad ETP_i folgende Bedingung erfüllen

$$\nexists ETP_j = TP_1^j \oplus T_1^j \oplus TP_2^j \oplus T_2^j \oplus TP_3^j \oplus \ldots \oplus T_{m-1}^j \oplus TP_m^j$$

mit

$$ee(T_s^j) = ee(T_s^i) \wedge ae(T_s^j) = ae(T_s^i) \qquad \forall s,\ 1 \leq s < m$$
$$az(TT_1^{1,j}) \in \mathcal{Z} \vee az(T_1^j) \in \mathcal{Z}$$
$$az(TT_1^{1,i}) = Z_i \vee az(T_1^i) = Z_i$$
$$ez(TT_{t_m}^{m,i}) \in \mathcal{Z}.$$

Für jeden Zustand $Z_i \in Z$ wird eine Menge $\mathcal{EITP}^{Z_i}$ definiert, die sich aus allen ETP_i zusammensetzt, die der oben angeführten Bedingung genügen. Die Anordnung der ETP_i innerhalb der Menge $\mathcal{EITP}^{Z_i}$ wird in der in Kapitel 5.1.2 beschriebenen Art vorgenommen.

Nachfolgend ist der Algorithmus 6 aufgeführt, der die oben geforderte Anpassung des TRANS-CHECK-Verfahrens wiedergibt. Die Funktionen, die im Algorithmus 6 Verwendung finden, entsprechen den Funktionen, die in Kapitel 5.1.2 beschrieben worden sind. Zusätzlich wurde die Funktion LASTKF in den Algorithmus aufgenommen. Die Funktion LASTKF ermittelt die letzte Kante der eingegebenen Kantenfolge, die einer Transition $T_i \in \mathcal{T}^{SUT}$ entspricht, und liefert den Teil der Kantenfolge zurück, der mit dieser Kante beginnt. Sei

$$KF = KA_1 \oplus KA_2 \oplus \ldots \oplus KA_{t-2} \oplus KA_{t-1} \oplus KA_t$$

die eingegebene Kantenfolge mit

$$T_1,\ T_{t-2} \in \mathcal{T}^{SUT}$$

$$T_u \in \mathcal{T}^{AS} \cup \mathcal{KT} \qquad 2 \leq u \leq t,\ u \neq t-2$$

für

$$T_v := KFOLGE(KA_v) \qquad 1 \leq v \leq t,$$

dann wird die Kantenfolge

$$KF' = KA_{t-2} \oplus KA_{t-1} \oplus KA_t$$

zurückgegeben. Eine weitere Änderung gegenüber den Funktionen in Kapitel 5.1.2 ergibt sich durch die Umbenennung der Funktion LAST in LASTKA.

Gegenüber dem Algorithmus 1 haben sich bedingt durch die Erweiterung des Automaten Änderungen in Schritt 2 und Schritt 4 ergeben, da bei der Identifizierung nicht mehr einzelne Kanten sondern Kantenfolgen zu berücksichtigen sind.

Algorithmus 6

Schritt 1
Initialisierung

$ZI := IZ;$
$TI := 1;$
$TTB_1 := KSEQ(ITP_1^1);$
$\mathcal{ITP}_1 := ROT(\mathcal{ITP}_1);$

Schritt 2

Identifizierung der Transition $T_i \in \mathcal{T}^{SUT}$, die zuletzt in Form einer Kante in den Teilbaum TTB_{TI} aufgenommen wurde.

```
TKAF := LASTKF(TTB_TI);
TF := TSEQ(TKAF);
NID := NID \ {TF};
KA := LASTKA(TKAF);
T := TSEQ(KA);
ZI := ez(T)
IF (𝒩ℐ𝒟 = ∅) THEN GOTO Schritt 5;
KAF := KSEQ(ITP_1^ZI);
ℐ𝒯𝒫_ZI := ROT(ℐ𝒯𝒫_ZI);
TKAF := LASTKF(KAF);
TF := TSEQ(TKAF);

WHILE (TF ∉ 𝒩ℐ𝒟) DO
BEGIN
 KAF := KSEQ(ITP_1^ZI);
 ℐ𝒯𝒫_ZI := ROT(ℐ𝒯𝒫_ZI);
 TKAF := LASTKF(KAF);
 TF := TSEQ(TKAF);
END;

KA := FIRST(TTB_TI);
T := TSEQ(KA);
TTB_TI := TTB_TI ⊕ KAF;
```

Schritt 3

Falls TTB_{TI} terminiert, erzeuge neuen Teilbaum.

```
WHILE ((KA ≠ LASTKA(TTB_TI)) AND (ez(T) ≠ IZ)) DO
BEGIN
 KA := NEXT(KA,TTB_TI);
 T := TSEQ(KA);
END;

IF (KA ≠ LASTKA(TTB_TI)) THEN
BEGIN
 TKN_TI := {IZ,TI};
 ekn(KA) := TKN_TI;
 TB := TB ⊕ TTB_TI;
 TI := TI + 1;
 TTB_TI := REST(KA,TTB_TI-1);
END;

IF (𝒩ℐ𝒟 = ∅) THEN GOTO Schritt 6;
```

Schritt 4

Überprüfe, ob der Testbaum Kanten enthält, die noch nicht identifizierten Transitionen $T_i \in \mathcal{T}^{SUT}$ entsprechen, die durch die Nachfolgetransitionen identifiziert werden.

$KAF := TTB_1 \oplus \ldots \oplus TTB_{TI};$
$KA := FIRST(KAF);$

$WHILE\ (KA \neq LASTKA(KAF))\ DO$
$BEGIN$
$\ T := TSEQ(KA);$

$\ WHILE\ ((T \notin \mathcal{T}^{SUT})\ AND\ (KA \neq LASTKA(KAF))\ DO$
$\ BEGIN$
$\quad KA := NEXT(KA, KAF);$
$\quad T := TSEQ(KA);$
$\ END;$

$\ TF := T;$

$\ WHILE\ ((KA \neq LASTKA(KAF))\ AND\ (\mathrm{ez}(T) \notin \mathcal{Z}))\ DO$
$\ BEGIN$
$\quad KA := NEXT(KA, KAF);$
$\quad T := TSEQ(KA);$
$\quad TF := TF \oplus T;$
$\ END;$

$\ IF\ (KA = LASTKA(KAF))\ THEN\ GOTO\ Schritt\ 2;$
$\ TP := TSEQ(REST(KA, KAF));$
$\ ZI := \mathrm{ez}(T);$
$\ IF\ ((TF \in \mathcal{NID})\ AND\ (TP \in \mathcal{ITP}_{ZI}))\ THEN\ \mathcal{NID} := \mathcal{NID} \setminus \{TF\};$
$\ KA := NEXT(KA, KAF);$
$END;$

Goto Schritt 2

Schritt 5

Abschlußbehandlung

Wähle

$$ITP_i^{ZI} \in \mathcal{ITP}_{ZI};$$

so daß

$$\mathrm{l}(ITP_i^{ZI}) \leq \mathrm{l}(ITP_j^{ZI}) \qquad \forall ITP_j^{ZI} \in \mathcal{ITP}_{ZI}.$$

Weiter mit

$KAF := KSEQ(ITP_i^{ZI});$
$TTB_{TI} := TTB_{TI} \oplus KAF;$

Goto Schritt 3

Schritt 6
Ende des Algorithmus.

Wähle kürzeste TF ($TF = T_1 \oplus \ldots \oplus T_m$) mit

$$\text{az}(T_1) = ZI$$

$$\text{ez}(T_m) = IZ.$$

Weiter mit

$KAF := KSEQ(TF);$
$TTB_{TI} := TTB_{TI} \oplus KAF;$
$TKN_{TI} := \{ZI, TI\};$
$KA := LASTKA(TTB_{TI}):$
$\text{ekn}(KA) := TKN_{TI};$
$TB := TB \oplus TB_{TI};$
$MAXTI := TI;$

Schritt 7
Ende

In Bild 6.11 ist der Testbaum dargestellt, der sich durch Anwendung des Algorithmus 6 auf den erweiterten Teilautomaten B2" ergibt.

Die Phase 2 des TRANS-CHECK-Verfahrens hat die Aufgabe, die Ein- und Ausgabeereignisse der Kanten des Testbaumes in entsprechender Reihenfolge einzusammeln und in einer eigens hierfür vorgesehenen Datei (dem Testszenario) abzulegen. Im Unterschied zu der in Kapitel 5.1.4 beschriebenen Phase 2 muß hier die Ablage entsprechend einer festgelegten Syntax (s. Kapitel 6.2) erfolgen, die dem Testkoordinator die Interpretation des Testszenarios ermöglicht. Erleichtert wird diese Aufgabe durch die Einbeziehung von Kommandotransitionen in den erweiterten Automaten bzw. durch die Aufnahme korrespondierenter Kanten in den Testbaum.

Im folgenden ist der Algorithmus 7 aufgeführt, der die Erstellung eines Testszenarios gemäß der vorgegebenen Syntax erlaubt.

Algorithmus 7
BEGIN
TI := 1;
Komponente := *'SUT'*;
Testschritt := 1;
Testagent := *FALSE*;
WRITE (*TESTSZENARIO*, *Testschritt*, *'TK BEGINNSZENARIO'*);

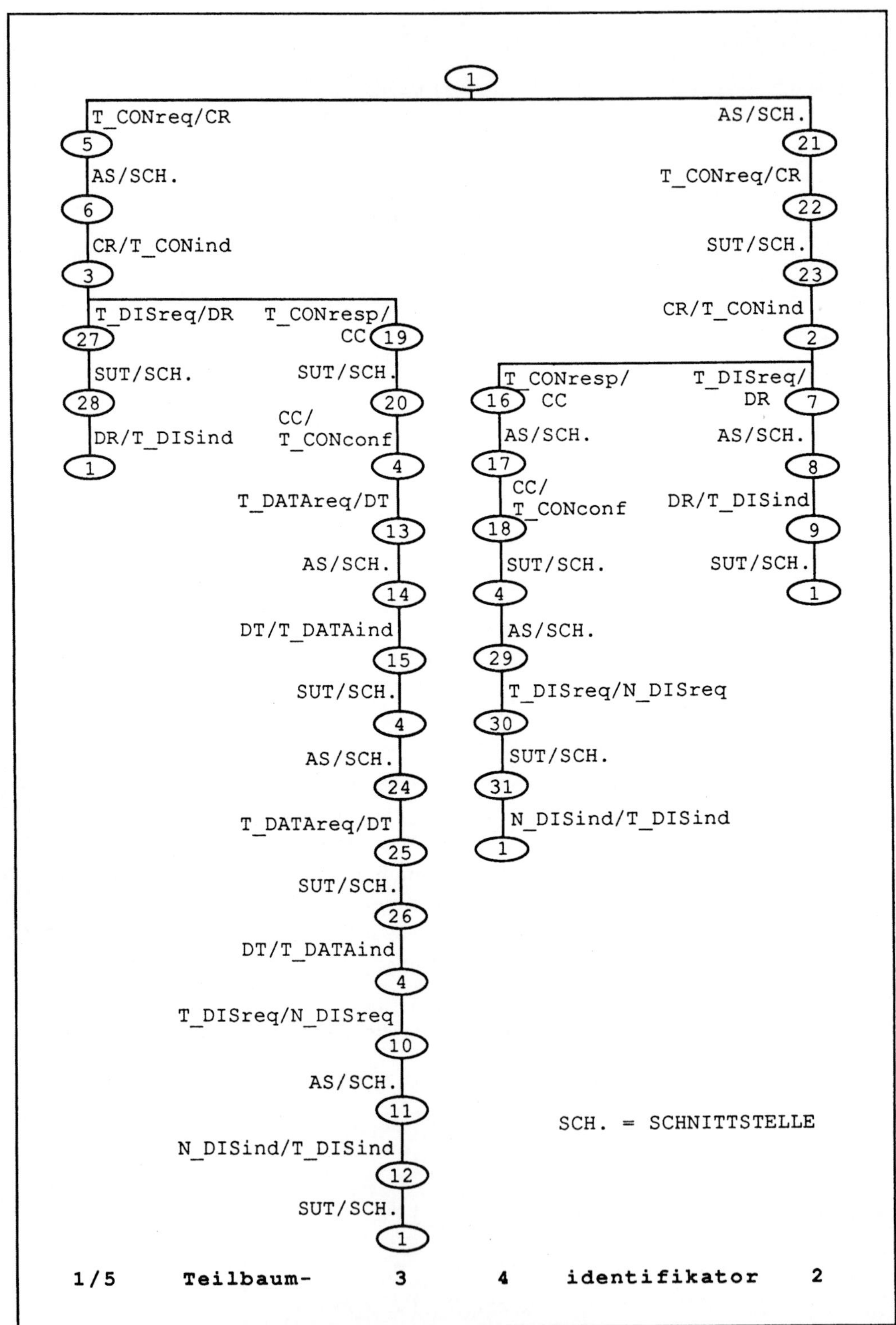

Bild 6.11. Testbaum 2

```
WHILE (TI ≤ MAXTI) DO
BEGIN
   < Bearbeiten eines Teilbaumes >
   KA := FIRST(TTB_TI);
   Bedingung := TRUE;

   WHILE (Bedingung) DO
   BEGIN
      T := TSEQ(KA);

      IF (T ∈ KT) THEN
      BEGIN
        CASE ee(KA) OF
           'TK' : WRITE (TESTSZENARIO, Testschritt, ee(KA),
                            ae(KA));
           'TAS' :  BEGIN
                       WRITE (TESTSZENARIO, Testschritt, ee(KA),
                                  ae(KA));
                       Testagent := TRUE;
                    END;
           'AS' :  BEGIN
                      Quelle :=' SUT';
                      Komponente := ee(KA);
                      Kommando := ae(KA);
                   END;
           'SUT' :  BEGIN
                       Quelle :=' AS';
                       Komponente := ee(KA);
                       Kommando := ae(KA);
                    END;
        END;
      END
      ELSE
      BEGIN
        IF (T ∈ T^PT') THEN Pakettyp := ee(KA);
        WRITE (TESTSZENARIO, Testschritt, Komponente, Kommando,
                  ee(KA), ae(KA));
      END;
```

```
        IF (ez(T) ∈ Z) THEN
        BEGIN
          IF (NOT(Testagent)) THEN
            WRITE (TESTSZENARIO, Testschritt, 'TAS BEOBACHTE PAKET',
                        Pakettyp, 'VON', Quelle)
          ELSE
            Testagent := FALSE;

          Testschritt := Testschritt + 1;
        END;

        IF (KA = LASTKA(TTB_TI)) THEN
        BEGIN
            WRITE (TESTSZENARIO, Testschritt, 'TK AUFSETZPUNKT');
            Bedingung := FALSE;
        END
        ELSE
            KA := NEXT(KA, TTB_TI);

        T := TSEQ(KA);
      END;

      TI := TI + 1;
    END;

  WRITE (TESTSZENARIO, Testschritt, 'TK ENDESZENARIO');
END
```

Bild 6.12 zeigt das Testszenario, das sich durch Anwendung des Algorithmus 7 auf den Testbaum 2 ergibt.

6.5 Abarbeitung eines Testszenarios

In diesem Kapitel soll anhand des in Bild 6.12 dargestellten Testszenarios die Abarbeitung eines Testszenarios und der daraus resultierende Testablauf beschrieben werden. Der im Anhang E.2 aufgelistete Algorithmus soll zur Verdeutlichung der Abläufe innerhalb des Testkoordinators (TK) dienen. Die zur Darstellung des Algorithmus verwendeten Sprachelemente orientieren sich bis auf wenige Ausnahmen an der Programmiersprache *PASCAL*.

Auf zwei Ausnahmen sei hier gesondert hingewiesen - die Behandlung der Dateioperationen und die Verwendung eines Prozedurnamens als aktuellen Parameter beim Aufruf der Prozedur *STARTE_TIMEOUT*. Letzteres wurde gewählt, um die programmiertechnische Verknüpfung eines Ereignisses mit einer zugeordneten Unterbrechungsroutine zu vereinfachen (im Algorithmus wird auf diese Art das Ereignis 'Zeitintervall abgelaufen' und die zugeordnete Unterbrechungsroutine *BEARBEITE_AUFTRAG_TIMEOUT* bzw. *BEARBEITE_BERICHT_TIMEOUT* verknüpft). Das Programm selbst

1	TK	BEGINNSZENARIO		
1	SUT	SCHNITTSTELLE	!T_CONreq	*CR
1	AS	SCHNITTSTELLE	*CR	?T_CONind
1	TAS	BEOBACHTE PAKET CR VON SUT		
2	AS	SCHNITTSTELLE	!T_DISreq	*DR
2	SUT	SCHNITTSTELLE	*DR	?T_DISind
2	TAS	BEOBACHTE PAKET DR VON AS		
3	TK	AUFSETZPUNKT		
3	AS	SCHNITTSTELLE	!T_CONreq	*CR
3	SUT	SCHNITTSTELLE	*CR	?T_CONind
3	TAS	BEOBACHTE PAKET CR VON AS		
4	SUT	SCHNITTSTELLE	!T_DISreq	*DR
4	AS	SCHNITTSTELLE	*DR	?T_DISind
4	TAS	BEOBACHTE PAKET DR VON SUT		
5	TK	AUFSETZPUNKT		
5	SUT	SCHNITTSTELLE	!T_CONreq	*CR
5	AS	SCHNITTSTELLE	*CR	?T_CONind
5	TAS	BEOBACHTE PAKET CR VON SUT		
6	AS	SCHNITTSTELLE	!T_CONresp	*CC
6	SUT	SCHNITTSTELLE	*CC	?T_CONconf
6	TAS	BEOBACHTE PAKET CC VON AS		
7	SUT	SCHNITTSTELLE	!T_DATAreq	*DT
7	AS	SCHNITTSTELLE	*DT	?T_DATAind
7	TAS	BEOBACHTE PAKET DT VON SUT		
8	AS	SCHNITTSTELLE	!T_DATAreq	*DT
8	SUT	SCHNITTSTELLE	*DT	?T_DATAind
8	TAS	BEOBACHTE PAKET DT VON AS		
9	SUT	SCHNITTSTELLE	!T_DISreq	!N_DISreq
9	AS	SCHNITTSTELLE	?N_DISind	?T_DISind
10	TK	AUFSETZPUNKT		
10	AS	SCHNITTSTELLE	!T_CONreq	*CR
10	SUT	SCHNITTSTELLE	*CR	?T_CONind
10	TAS	BEOBACHTE PAKET CR VON AS		
11	SUT	SCHNITTSTELLE	!T_CONresp	*CC
11	AS	SCHNITTSTELLE	*CC	?T_CONconf
11	TAS	BEOBACHTE PAKET CC VON SUT		
12	AS	SCHNITTSTELLE	!T_DISreq	!N_DISreq
12	SUT	SCHNITTSTELLE	?N_DISind	?T_DISind
13	TK	AUFSETZPUNKT		
13	SUT	SCHNITTSTELLE	!T_CONreq	*CR
13	AS	SCHNITTSTELLE	*CR	?T_CONind
13	TAS	BEOBACHTE PAKET CR VON SUT		
14	AS	SCHNITTSTELLE	!T_DISreq	*DR
14	SUT	SCHNITTSTELLE	*DR	?T_DISind
14	TAS	BEOBACHTE PAKET DR VON AS		
15	TK	AUFSETZPUNKT		
15	TK	ENDESZENARIO		

Bild 6.12. Testszenario für den Test des Teilautomaten B2

erhebt keinen Anspruch auf Vollständigkeit, vielmehr wurde der Algorithmus nur soweit ausprogrammiert, wie es für das Verständnis des TK als notwendig erschien.

Auffallend ist die besondere Bedeutung der Syntaxkomponente 'AUFSETZPUNKT', auf die hier näher eingegangen werden soll. Wird während des Testablaufs eine Unstimmigkeit zwischen dem erwarteten Verhalten und dem beobachteten Verhalten der zu testenden Protokollimplementierung festgestellt, so kann dies nur bedeuten, daß eine Abweichung von der Spezifikation vorliegt, d.h. es liegt ein Protokollfehler vor. Nach dem Auftreten eines Protokollfehlers kann keine sicherer Aussage über den aktuellen Zustand der zu testenden Protokollimplementierung (insbesondere über den korrespondierenden Automatenzustand) getroffen werden, der ja eine wesentliche Voraussetzung für die Ausführung des nächsten Testschrittes ist, so daß eine Weiterführung des Tests als sinnlos erscheint. Als Konsequenz müßte der Test an dieser Stelle abgebrochen, der Fehler im Protokoll behoben und anschließend der Test neu gestartet werden. Es wäre allerdings wesentlich effizienter, wenn durch den Test möglichst viele Protokollfehler (falls vorhanden) aufgezeigt werden, da zum einen in einer Protokollkorrekturphase mehrere Fehler behoben werden können und sich zum anderen durch die Art der aufgetretenen Fehler für den für die Protokollkorrektur Verantwortlichen wertvolle Hinweise über die Ursache der einzelnen Fehler ergeben können. Diese Möglichkeit wird durch das KATE unterstützt. Hierzu muß garantiert sein, daß beide am Test beteiligten Protokollinstanzen nach dem Auftreten eines Fehlers in *stabile* Zustände überführt werden, die zueinander in Relation stehen (s. S. 99). Beim KATE wird hierfür der Initialzustand (IZ) des zu testenden Protokolls gewählt. Diese Wahl bietet zwei Vorteile:

- für die meisten Protokollspezifikationen kann eine Heimsequenz (s. S. 24) gefunden werden, die den Automaten unabhängig vom Zustand des Automaten in den IZ überführt und

- für beide am Test beteiligten Protokolle kann dieselbe Teilsequenz zur Überführung in den geforderten stabilen Zustand verwendet werden.

Es stellt sich nun die Aufgabe, eine entsprechende Heimsequenz zu finden und aus dieser ein Teilszenario (RESETSZENARIO) abzuleiten.

In Bild 6.13 ist das RESETSZENARIO, das zu diesem Zweck für das als Beispiel dienende TP-0 Protokoll erstellt wurde, aufgelistet (die Darstellung

$$(EE_1, EE_2, \ldots, EE_n) \text{ bzw. } (AE_1, AE_2, \ldots, AE_m)$$

wurde gewählt, da an den betreffenden Stellen keine Aussage über die Art des Eingabe- bzw. Ausgabeereignisses gemacht werden kann).

Weiterhin sind im Testszenario alle Stellen, an denen die beiden Protokolle während der Abarbeitung des Testszenarios den IZ erreichen, durch das Syntaxelement 'AUFSETZPUNKT' gekennzeichnet. Tritt nun während der Testausführung ein Protokollfehler auf, so werden durch den Aufruf der Funktion $RESET\_PROTOKOLLE$ die Maßnahmen eingeleitet, die zur sicheren Weiterführung des Tests notwendig sind. Es sind dies

1	TK	BEGINNSZENARIO		
1	TAS	ERZEUGE PAKET VOM TYP 'DR' UND SENDE ES ZU 'SUT'		
1	SUT	SCHNITTSTELLE	DR	(–,ERR,T_DISind,N_DISreq)
1	AS	SCHNITTSTELLE	(–,N_DISind)	(–,T_DISind)
2	TAS	ERZEUGE PAKET VOM TYP 'DR' UND SENDE ES ZU 'AS'		
2	AS	SCHNITTSTELLE	DR	(–,ERR,T_DISind,N_DISreq)
2	SUT	SCHNITTSTELLE	(–,N_DISind)	–
2	TK	ENDESZENARIO		

Bild 6.13. RESETSZENARIO für den Automaten B

- Rücksetzen der Protokolle durch Abarbeitung des RESETSZENARIOs und
- Überspringen aller im Testszenario zwischen der Zeile, deren Abarbeitung zum Auftreten des Protokollfehlers führte, und dem nächsten 'AUFSETZPUNKT' liegenden Zeilen (d.h. diese Zeilen werden nicht bearbeitet).

Bild 6.14 zeigt die zeitliche Abfolge des aus der Ausführung des Testschrittes 1 resultierenden Block- bzw. Paketaustausches zwischen den Testsystemkomponenten. Die den einzelnen Blöcken bzw. Paketen vorangestellten Nummern geben die Reihenfolge an, in der diese aufeinanderfolgen (Blöcke mit kleineren Nummern gehen solchen mit größeren Nummern voraus). Im linken Teil des Bildes 6.14 sind die Aktionen, die vom Testkoordinator zur Synchronisierung der Testsystemkomponenten ergriffen werden, dargestellt, während der rechte Teil den während der Durchführung des Testschrittes ausgelösten Dienstelementaufruf bzw. die ausgelöste Dienstelementanzeige und den sich daraus ergebenden Paketaustausch zwischen den Protokollinstanzen wiedergibt. Die sich aus der Abarbeitung der Testschritte 2 - 14 ergebenden Block- bzw. Paketabfolgen sind in den Bildern D.1 - D.13 zusammengefaßt (s. Anhang D).

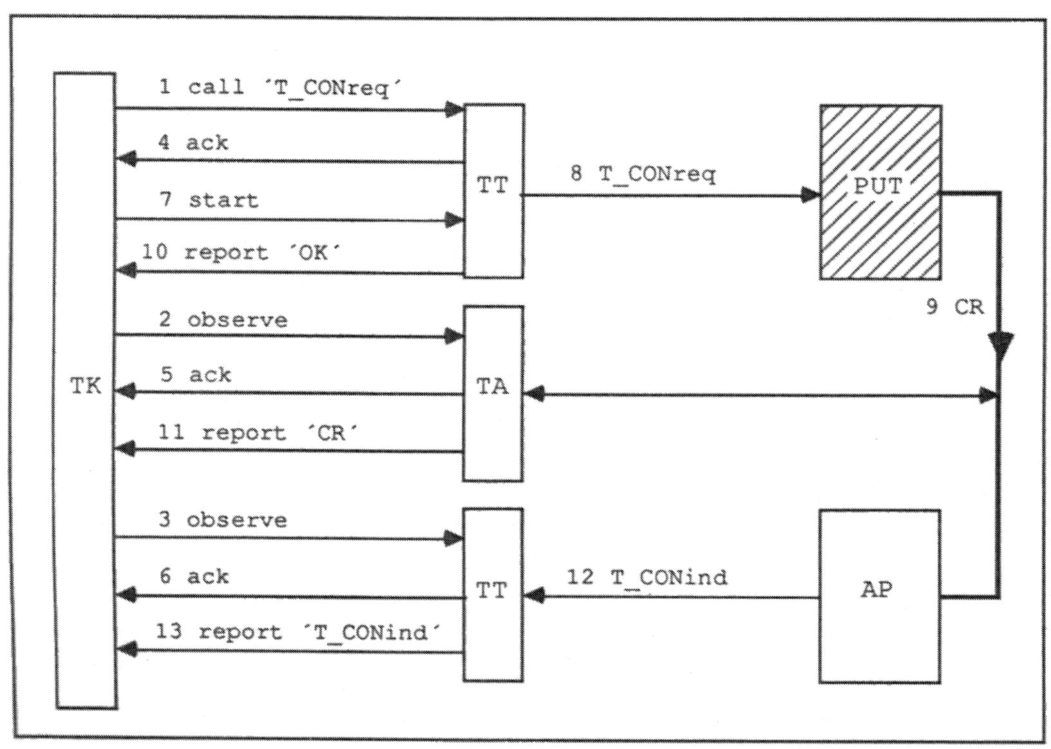

Bild 6.14. Zeitliche Abfolge der Testausführung für Testschritt 1

7 Teststrategie

OSI-Protokolle stellen sehr komplexe Gebilde dar - entsprechend komplex gestaltet sich auch die Durchführung eines Konformitätstests dieser Protokolle. Um eine Vorstellung von der Komplexität zu vermitteln, sollen hier einige Zahlen aufgeführt werden. Ein zur Überprüfung der Konformität einer OSI-Transportprotokollimplementierung der Klasse 4 (TP-4) mittels des TRANS-CHECK-Verfahrens generiertes Testszenario umfaßt ca. 5000 Testschritte. Nicht berücksichtigt sind in diesem Testszenario Testschritte für den Test der einzelnen Paketkopfkomponenten (Parametertest) und für den Test mehrerer paralleler logischer Verbindungen (Mehrobjekttest). Basierend auf Erfahrungswerten werden bei Einbeziehung des Parameter- und des Mehrobjekttests weitere 5000 Testschritte notwendig, so daß ein Testszenario für den Konformitätstest einer TP-4 Implementierung ca. 10000 Testschritte enthalten dürfte.

Messungen während einer Testdurchführung mittels KATE haben für die Ausführung eines Testschrittes eine mittlere Ausführungszeit von 0.5 Sekunden geliefert. Bei einem Testszenario von 10000 Testschritten würde sich hiermit eine Gesamtausführungszeit von ca. 83 Minuten ergeben. Die anschließende Auswertung der während der Testdurchführung gesammelten Daten (*Testprotokolldaten*) wird selbst bei teilweiser Automatisierung ein Vielfaches dieser Zeitdauer in Anspruch nehmen. Die Wahrscheinlichkeit, daß sich bei solch großen Zeitspannen unbemerkt ein Fehler in die Testdurchführung bzw. Testauswertung einschleicht, muß als relativ groß angesehen werden. Zur Verminderung dieser Fehlerwahrscheinlichkeit empfiehlt es sich, vor der Testdurchführung eine genaue Planung der Testdurchführung vorzunehmen. Ein wesentlicher Schritt wird hierbei die Aufteilung der Testdurchführung in mehrere, genau aufeinander abgestimmte *Testsitzungen* sein, die sowohl für den Tester als auch für den Auswerter ein leicht überschaubares Teilgebiet der Gesamttestdurchführung umfassen. Aus der Aufteilung der Testdurchführung in mehrere Testsitzungen und aus der Abstimmung der Testsitzungsinhalte ergibt sich die *Teststrategie*.

Auf diese Weise können auch spezielle Forderungen, die durch einen Protokollimplementierer oder durch einen Protokollanwender an den Protokolltest gestellt werden, erfüllt werden. Beispielsweise wird es bei Berücksichtigung der Richtlinien des modernen Software Engineerings unerläßlich sein, parallel zu der Protokollimplementierung bereits implementierte Protokollfunktionen zu testen; hierbei wird sich eine Teststrategie ergeben, die sich an der Implementierungsstrategie orientiert. Ein Protokollanwender wird seine Anforderungen an den Protokolltest aus der Anwendungsumgebung des Protokolls ableiten. So werden sich seine Forderungen in einer äußerst zuverlässigen Netzwerkumgebung mehr auf den Test der Robustheit des Protokolls beziehen, während im umgekehrten Fall der Test der Fehlererkennungsfunktionen (wie Zeitüberwachungsfunktionen, Flußkontrollfunktionen usw.) im Vordergrund stehen wird. Auch hier kann die Testdurchführung durch die Wahl einer Teststrategie, die an die Forderungen des Protokollanwenders angepaßt ist, wesentlich vereinfacht werden.

Eine nicht unwesentliche Rolle bei der Festlegung einer geeigneten Teststrategie spielen die zur Verfügung stehenden Testwerkzeuge oder das zur Verfügung stehende Testsystem. Beim Test einer Zeitüberwachungsfunktion oder beim Test der Robustheit müssen andere

Testwerkzeuge eingesetzt werden (bzw. muß das Testsystem eine andere Kontrollfunktion übernehmen) als beim Test einer Protokollbasisfunktion (z.B. Verbindungsaufbau, Verbindungsabbau). Die Inhalte einer Testsitzung sollten demnach so aufeinander abgestimmt sein, daß während der Testsitzung kein Wechsel der Testwerkzeuge erforderlich wird.

Waren die bisherigen Ausführungen zum Thema Teststrategie darauf ausgerichtet, die Notwendigkeit einer Teststrategie aufzuzeigen, so sollen in den folgenden beiden Abschnitten Maßnahmen, die die Festlegung einer Teststrategie unterstützen, diskutiert werden. Im letzten Abschnitt dieses Kapitels wird das Vorgehen bei der Festlegung einer Teststrategie beschrieben.

7.1 Testszenarien

Das in Kapitel 6 beschriebene Verfahren zur automatischen Generierung eines Testszenarios ist darauf ausgerichtet, *ein* Testszenario zu erzeugen, das den Konformitätstest eines Protokolls in *einer* Testsitzung erlaubt. Um die Festlegung einer Teststrategie zu unterstützen, müßte das Verfahren so abgeändert werden, daß es möglich ist, *mehrere* Testszenarien zu generieren, die auf die Inhalte der verschiedenen sich aus der Teststrategie ergebenden Testsitzungen abgestimmt sind. Ein Ansatzpunkt hierfür ergibt sich aus der von OSI vorgeschlagenen Gliederung einer *Test Suite*. Wie in Kapitel 2.4 bereits beschrieben, weist eine Test Suite eine Gliederung in Testgruppen, Testfälle und Testereignisse auf. Testfälle beinhalten diejenigen Testschritte und Testereignisse, die zum Test einer bestimmten Protokollfunktion unter genau definierten Bedingungen benötigt werden, während eine Testgruppe eine Zusammenfassung von Testfällen darstellt, die z.B. zum Test einer bestimmten Protokollfunktion unter verschiedenartigsten Bedingungen benötigt werden. Wie kann nun die von OSI zur Beschreibung *abstrakter* Testfälle vorgeschlagene Gliederung einer Test Suite zur Beschreibung *ausführbarer* Testfälle in Form des vorgestellten Testszenarioaufbaus verwendet werden, so daß die Bildung von Teststrategien unterstützt wird?

7.1.1 Änderung der Testszenariostruktur

In der bislang diskutierten Form entspricht das Testszenario einer Test Suite ohne Gliederung (mit dem Unterschied, daß das Testszenario ausführbare Testfälle beschreibt, während in einer Test Suite nur abstrakte Testfälle enthalten sind). Eine Analyse der Test Suites, die in den OSI-Drafts (z.B. [OSITEST 85]) als Beispiele aufgeführt sind, hat gezeigt, daß die Darstellung eines Testfalls die ideale Darstellungseinheit bildet - sie enthält genau die Informationen, die zum Test einer bestimmten Protokollfunktion oder -eigenschaft unter vorgegebenen Bedingungen benötigt werden. Die Verwendung einer Testgruppe als Darstellungseinheit wäre zu unübersichtlich, da in ihr zu viele Informationen enthalten sind. Ebenso ungeeignet erweist sich ein Testschritt als Darstellungseinheit, da hierbei die Darstellung zu sehr zergliedert würde.

Überträgt man diese Beobachtung auf das Testszenario, so bietet sich die Gliederung des Testszenarios in mehrere *Teilszenarien* an, die jeweils einen ausführbaren Testfall

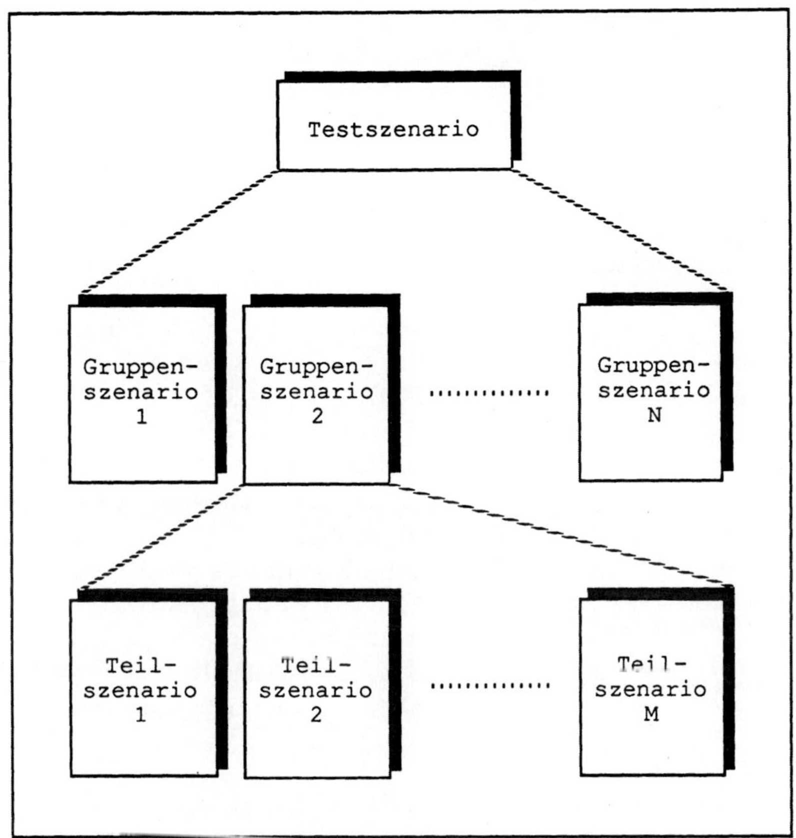

Bild 7.1. Gliederung eines Testszenarios

enthalten. Durch die Einschiebung einer Zwischenstufe zwischen Testszenario und Teilszenario, die in den Test Suites der Ebene der Testgruppen entspricht, kann die volle Analogie zur OSI Test Suite Gliederung erreicht werden. Diese Zwischenstufe wird durch *Gruppenszenarien* gebildet, die aus Aufrufen einzelner Testfälle bestehen. Die Gruppenszenarien werden ihrerseits wieder zum Testszenario zusammengefaßt (s. Bild 7.1). Die Änderung der Testszenariostruktur zieht zwangsläufig Änderungen in der Syntax der Test Control Language und bei der automatischen Generierung des Testszenarios nach sich. Hierauf soll in den nachfolgenden Kapiteln eingegangen werden.

7.1.2 Änderung der Test Control Language

Die in Kapitel 6.2 dargestellte Syntax der Test Control Language kann in einfacher Weise an die geänderte Testszenariostruktur angepaßt werden. Zunächst müssen die Zeilen 1-4 der Syntaxbescheibung durch die folgenden Zeilen ersetzt werden.

```
<Teilszenario>              ::= <Startteilszenario> <Testfall> <Endeteilszenario>
<Startteilszenario>         ::= 1 TK BEGINNTEILSZENARIO
<Endeteilszenario>          ::= <Nummer> TK ENDETEILSZENARIO
<Testfall>                  ::= {<Kommentar>} <Testschritt> {< Testschritt> }
```

Dann muß die Gliederung des Testszenarios in Gruppen- und Teilszenarien in folgender Form in die Syntax eingebracht werden.

```
<Testszenario>              ::= <Starttestszenario> <Szenario> <Endetestszenario>
<Starttestszenario>         ::= 1 TK BEGINNTESTSZENARIO
<Endetestszenario>          ::= 1 TK ENDETESTSZENARIO
<Szenario>                  ::= <Gruppe> {<Gruppe>}
<Gruppe>                    ::= 1 TK READ GRUPPENSZENARIO <Name>
<Gruppenszenario>           ::= <Startgruppenszenario> <Testgruppe>
                                <Endegruppenszenario>
<Startgruppenszenario>      ::= 1 TK BEGINNGRUPPENSZENARIO
<Endegruppenszenario>       ::= 1 TK ENDEGRUPPENSZENARIO
<Testgruppe >               ::= {<Kommentar>} <Fall> {<Fall>}
<Fall>                      ::= 1 TK READ TEILSZENARIO <Name>
<Name>                      ::= Dateiname abhängig vom Betriebssystem
```

Die Änderung der Syntax muß entsprechend in dem Algorithmus berücksichtigt werden, der im Anhang E.2 beschriebenen ist. Auf eine Besonderheit der erweiterten Syntax soll hier an dieser Stelle etwas ausführlicher eingegangen werden - durch die Einbeziehung der Teil- bzw. Gruppenszenarien mittels des READ-Kommandos wird die bislang einstufige Struktur der Syntax in eine hierarchische Struktur umgewandelt. Das READ-Kommando veranlaßt den Testkoordinator, eine Datei mit dem zugeordneten Dateinamen zu öffnen und dessen Inhalt zu interpretieren. Die Interpretation erfolgt entsprechend der Hierarchiestufe, die sich aus dem dem Dateinamen vorausgehenden Identifikator (GRUPPENSZENARIO, TEILSZENARIO) ergibt. Der Vorteil dieser Vorgehensweise ist darin zu sehen, daß nur die Inhalte der Teilszenarien (die eigentlichen Testfälle) festgeschrieben sind, während die Inhalte der Gruppenszenarien bzw. des Testszenarios frei kombinierbar sind.

Liegt im Idealfall für jeden möglichen Testfall ein entsprechendes Teilszenario (Datei) vor, so sind der Bildung spezieller Gruppen- bzw. Testszenarien, die den spezifischen Anforderungen eines Anwenders, Implementierers oder eines für die Testdurchführung Verantwortlichen angepaßt sind, keine Grenzen gesetzt. Leider wird dieser Idealfall bedingt durch die Vielzahl der möglichen Testfälle niemals erreicht werden können. Man wird sich auf eine begrenzte Anzahl von Teilszenarien beschränken müssen, die, wenn sich spezielle, durch die vorhandenen Teilszenarien nicht erfüllbare Anforderungen ergeben, gegebenenfalls durch entsprechende Teilszenarien ergänzt werden müssen. Um die zur Generierung der Teilszenarien erforderliche Flexibilität zu erlangen, muß das in Kapitel 6.4 dargestellte Verfahren zur automatischen Generierung eines Testszenarios geändert werden.

7.1.3 Änderung des Generierungsverfahrens

War das Verfahren bislang darauf ausgerichtet, ein Testszenario (ohne Gliederung in Gruppen- und Teilszenarien) zu generieren, das eine Großzahl der möglichen Testfälle berücksichtigt, so muß es jetzt das Ziel der Szenariogenerierung sein, einzelne Teilszenarien zu erzeugen, die nur einen Testfall beinhalten. Die Basis des Verfahrens wird durch den erweiterten Protokollautomaten des zu testenden Protokolls gebildet, der durch das Testszenario total abgedeckt wird. Ein Teilszenario wird sich auf die Teile des erweiterten Protokollautomaten beschränken, die für den betreffenden Testfall relevant sind.

Es stellt sich nun die Aufgabe, den oder die Teile des Protokollautomaten zu bestimmen, die sich auf einen bestimmten Testfall beziehen. Wie oben bereits erwähnt, ist ein Testfall als die Menge der Testschritte definiert, die sich auf den Test einer bestimmten Protokollfunktion unter gegebenen Bedingungen beziehen. Eine Protokollfunktion kann in einem oder mehreren Teilpfaden des Protokollautomaten wiedergefunden werden. Durch die Einbeziehung von Bedingungen in die Definition des Testfalls reduziert sich die Anzahl der für die Generierung des Teilszenarios in Frage kommenden Teilpfade auf einen einzelnen Teilpfad, der durch die vorgegebenen Bedingungen bestimmt werden kann.

Testfälle bilden die Darstellungseinheiten eines Testszenarios. Um diese Einheiten zu größeren Einheiten (wie Gruppen- oder Testszenarien) zusammenfassen zu können, müssen sie nahtlos ineinander übergehen. Übertragen auf die Teilpfade, die den einzelnen Testfällen zugrunde liegen, bedeutet dies, daß der Zielzustand eines Teilpfads gleichzeitig der Startzustand des Teilpfads sein muß, der dem nachfolgenden Testfall entspricht. Um für alle Teilpfade eine gemeinsame Basis zu schaffen, bietet es sich an, zur Generierung der Teilszenarien die zugeordneten Teilpfade so zu erweitern, daß sie im Initialzustand des Protokollautomaten beginnen und im Initialzustand enden. Die Erweiterung wird derart vorgenommen, daß ein Testfall eine in sich geschlossene Einheit darstellt. Dies bedeutet, daß ein Testfall neben der zu testenden Protokollfunktion auch die Aktionen enthalten muß, die die Voraussetzungen für die Ausführung der zu testenden Protokollfunktion schaffen (so muß z.B. zum Test eines ordnungsgemäßen Verbindungsabbaus zunächst dafür gesorgt werden, daß eine Verbindung aufgebaut wird) und die nach Ausführung der Protokollfunktion die beteiligten Protokolle in den Initialzustand zurücksetzen. Ein Teilpfad, der zur Erzeugung eines Teilszenarios geeignet ist, setzt sich demnach aus drei Teilen zusammen

$$TP = TP_1 \oplus TP_2 \oplus TP_3,$$

wobei die einzelnen Teile die folgenden Bereiche abdecken.

$\mathbf{TP_1}$: Voraussetzungen und Bedingungen für den Test der Protokollfunktion, auf die sich der Testfall bezieht.

$\mathbf{TP_2}$: Die eigentliche Protokollfunktion.

TP$_3$: Schaffung einer gemeinsamen Basis für die Testfälle durch Überführung des Protokollautomaten in den Initialzustand.

Für

$$TP_1 = T_1^1 \oplus T_2^1 \oplus \ldots \oplus TP_m^1 \qquad m < q$$

und

$$TP_3 = T_1^3 \oplus T_2^3 \oplus \ldots \oplus TP_n^3 \qquad r < q$$

(q: Anzahl der Transitionen des Automaten) gilt

$$az(T_1^1) = IZ$$

$$ez(T_r^3) = IZ.$$

TP_2 enthält neben den Transitionen, die der zu testenden Protokollfunktion entsprechen, auch diejenigen Transitionen, die zur Identifizierung des Automatenzustands benötigt werden, der nach Ausführung der Protokollfunktion erreicht worden ist, so daß sich TP_2 in zwei Teile gliedert

$$TP_2 = \underbrace{T_1^2 \oplus \ldots \oplus T_o^2}_{Protokollfunktion} \oplus \underbrace{T_{o+1}^2 \oplus \ldots \oplus T_p^2}_{Identifizierung} \qquad p < q$$

Welche Änderungen ergeben sich nun für die automatische Generierung eines Teilszenarios gegenüber der bisherigen Generierung eines Testszenarios? Das Verfahren erfährt drei grundsätzliche Änderungen.

1. Die Generierung beschränkt sich auf den Teilpfad des erweiterten Protokollautomaten, der die oben beschriebenen Forderungen erfüllt.

2. Zur Identifizierung des nach der Ausführung der zu testenden Protokollfunktion erreichten Zustands ($Z \in \mathcal{Z}^E \cap \mathcal{Z}$) wird der kürzeste hierzu geeignete Teilpfad ausgewählt. Im Zuge der Erstellung eines Teilszenarios wird jeweils nur eine Protokollfunktion bzw. ein Zustand des erweiterten Protokollautomaten überprüft, so daß bei Verwendung unterschiedlicher Teilpfade zur Identifizierung eines Zustands (wie es bisher der Fall gewesen ist) in den verschiedenen Teilszenarien das Gesamtszenario (Testszenario) unnötig vergrößert würde.

3. Nach der Identifizierung des nach der Ausführung der zu testenden Protokollfunktion erreichten Zustands ($Z \in \mathcal{Z}^E \cap \mathcal{Z}$) wird nicht wie bisher im Sinne der Verkürzung des Testszenarios die nächste Protokollfunktion überprüft, sondern auf dem kürzesten Weg zum Initialzustand zurückgekehrt und das Teilszenario abgeschlossen.

7.1.4 Bewertung

Die Gliederung des Testszenarios in Gruppen- und Teilszenarien vergrößert die Flexibilität des Testsystems in bezug auf den Einsatz von Teststrategien erheblich. Durch die unzähligen Kombinationsmöglichkeiten der verschiedenen Teilszenarien zu Gruppen- bzw. Testszenarien können Testszenarien zusammengestellt werden, die den unterschiedlichen Anforderungen an den Konformitätstest gerecht werden. Zur Bildung der Test- bzw. Gruppenszenarien bietet sich der Einsatz eines Expertensystems an, das den Bezug zwischen den Testanforderungen und den Teilszenarien herstellt und diese entsprechend zu Gruppenszenarien zusammenfügt, die wiederum zu Testszenarien zusammengefaßt werden. Voraussetzung hierzu ist natürlich, daß eine Verwaltung der Teilszenarien bzw. der Dateien, in denen sie abgelegt sind, entsprechend ihrer Inhalte vorgenommen werden kann (s. [Klug 88]).

Ein weiterer Vorteil, der sich aus der Änderung der Testszenariostruktur ergibt, ist die Äquivalenz zu der von OSI vorgeschlagenen Testnotation (TTCN), die zwar nicht unumstritten ist, aber zur Zeit (und mit sehr großer Wahrscheinlichkeit auch in der nahen Zukunft) weltweit zur Darstellung abstrakter Testfälle Verwendung findet. Da die zur Darstellung der einzelnen Testschritte verwendeten Prinzipien einander sehr ähnlich sind, läßt sich eine Abbildungsfunktion zwischen TCL und TTCN definieren, so daß bereits bestehende, von anderen Institutionen erstellte Testszenarien, die in TTCN dargestellt sind, auf TCL abgebildet werden können und umgekehrt Testszenarien, die mittels des TRANS-CHECK-Verfahrens generiert worden sind, durch eine Abbildung in TTCN anderen Institutionen zur Verfügung gestellt werden können. Ein Problem bei der Abbildung entsteht durch die Einbeziehung spezieller Steuerkommandos für den Testkoordinator und spezieller Auftragskommandos für den Testagenten in die TCL, für die kein Analogon in TTCN vorhanden ist. Dies kann aber nicht als Nachteil für die TCL ausgelegt werden, sondern muß eher als Schwäche der TTCN angesehen werden.

Ein Nachteil, der sich durch die Einführung von Teilszenarien ergibt, ist darin zu sehen, daß ein gegliedertes Testszenario eine erheblich größere Anzahl von Testschritten aufweist als ein ungegliedertes Testszenario, das zur Überprüfung derselben Protokollfunktionen generiert wurde. Dies ist hauptsächlich darauf zurückzuführen, daß die in Kapitel 5.1.1 beschriebenen Maßnahmen zur Reduzierung der Testsequenzlänge bei der Erstellung eines Teilszenarios nicht berücksichtigt werden können, da hier die Zielsetzung etwas anders gelagert ist. Bei der Erstellung eines ungegliederten Testszenarios wird eine Transitionen-Tour bzw. ein Pfad durch den Protokollautomaten festgelegt, in der sich die einzelnen Teilpfade, die die verschiedenen Protokollfunktionen abdecken, *überlagern*, während ein strukturiertes Testszenario eine Transitionen-Tour darstellt, die sich durch das *Aneinanderfügen* der verschiedenen Teilpfade ergibt. Abhilfe könnte hier dadurch geschaffen werden, daß nicht einzelne Teilszenarien sondern ganze Gruppenszenarien generiert werden. Dies würde aber zu einer starken Einschränkung der Flexibilität führen, die gerade durch die Erstellung unabhängiger Teilszenarien erreicht wird.

7.2 Deterministisches/indeterministisches Protokollverhalten

Die Verwendung von Testszenarien in der beschriebenen Form setzt ein deterministisches Verhalten des zu testenden Protokolls voraus, da auf jede Aktion eine eindeutige Reaktion im Testszenario festgelegt ist. Die meisten Protokolle sind aber bedingt durch die Komplexität der zu bewältigenden Aufgabe so ausgelegt, daß nur ein geringer Teil der Protokollfunktionen als rein deterministisch angesehen werden kann. So muß durch spezielle Maßnahmen dafür Sorge getragen werden, daß sich indeterministische Protokollfunktionen während der Testdurchführung deterministisch verhalten. Für einige Protokollfunktionen ist dies aber in Abhängigkeit von der jeweiligen Protokollimplementierung nur bedingt und unter sehr großem Aufwand möglich und für einige wenige Protokollfunktionen bieten sich keine Möglichkeiten zur Ausschaltung ihres indeterministischen Verhaltens. Einige dieser Maßnahmen und die Einschränkungen, die sich bez. ihrer Anwendung ergeben, werden im folgenden beschrieben. Zunächst jedoch erfolgt eine kurze Diskussion des deterministischen/indeterministischen Protokollverhaltens und der Auswirkungen, die sich hieraus für die Testdurchführung und damit auch für die Wahl einer geeigneten Teststrategie ergeben. Im abschließenden Kapitel über die Testauswertung werden die Auswirkungen deterministischer/indeterministischer Verhaltensweisen auf die Testauswertung beschrieben.

7.2.1 Auswirkungen auf die Testdurchführung

Unter deterministischen Verhalten wird im allgemeinen ein genau vorhersagbares Verhalten beim Auftreten eines bestimmten Ereignisses verstanden. Auf Protokolle angewandt, bedeutet dies, daß die Reaktionen des Protokolls (d.h. die Protokollreaktionen und die daraus resultierenden Pakete) auf ein bestimmtes Eingabeereignis genau bestimmbar sind. Dies ist z.B bei dem in Bild 5.3 dargestellten Automaten B für TP-0 immer der Fall. Bei Betrachtung komplexerer Protokolle wie z.B. TP-4 überwiegen allerdings indeterministische Verhaltensweisen. Dieser Indeterminismus ergibt sich durch die Abhängigkeit vieler Protokollaktionen vom aktuellen Wert interner Protokollvariablen oder vom aktuellen Wert spezieller Paketkopfkomponenten empfangener Pakete. Ein weiterer Grund für den Indeterminismus ist in der Verwendung von Zeitüberwachungsfunktionen zur Überwachung bestimmter Protokollaktionen zu sehen. So kann z.B. beim Aufrufen des "T-DATAreq" Dienstelementes von TP-4 keine genaue Aussage darüber getroffen werden, welche Protokollaktionen durch diesen Aufruf ausgelöst werden. Folgende alternative Aktionen können erfolgen (`DT'` bezeichne das Datenpaket, das von TP-4 in Reaktion auf den T-DATAreq Aufruf erstellt wird).

1. `DT'` wird gesendet und von der Gegenseite innerhalb des RETRANSMIT-Zeitintervalls quittiert.

2. `DT'` wird wiederholt gesendet, da das Paket von der Gegenseite nicht innerhalb des RETRANSMIT-Zeitintervalls quittiert worden ist. Dies kann sich gegebenenfalls so oft wiederholen, bis der RETRANSMIT-Zähler ein vorgegebenes Maximum überschreitet.

3. DT' wird nicht gesendet, da augenblicklich der von der Gegenseite gewährte Sendekredit erschöpft ist.

4. Es wird eine Reihe von Datenpaketen gesendet, die DT' beinhaltet oder auch nicht, da kurz zuvor der bereits erschöpfte Sendekredit von der Gegenseite erhöht worden ist.

Die Testdurchführung wird durch solche Indeterminismen insofern erschwert, daß die Folge der auszuführenden Testschritte nicht mehr genau festlegbar ist, da ja ein Testschritt von den Aktionen, die durch den vorausgegangenen Testschritt ausgelöst worden sind, abhängig ist. Dies wirkt sich auch nachteilig auf die in Anschluß an die Testdurchführung erfolgende Testauswertung aus. So muß bei der Analyse des während der Testdurchführung beobachteten Protokollverhaltens für die meisten Testschritte eine Reihe von zulässigen Alternativen zur Bewertung der durch sie hervorgerufenen Protokollaktionen herangezogen werden, wobei bei der Fülle möglicher Alternativen leicht eine Alternative übersehen werden kann, mit der Folge, daß eine Protokollaktion fälschlicherweise als unzulässig bewertet wird.

Die Nachteile, die sich aus dem indeterministischen Protokollverhalten für die Testdurchführung und die Testauswertung ergeben, können gemildert werden, indem dieser Indeterminismus *eingedämmt* wird. D.h. Alternativen des Protokollverhaltens auf eine Aktion während der Testdurchführung werden durch gezielte Beeinflussung der dafür verantwortlichen Protokollvariablen nach Möglichkeit ausgeschlossen. Nun ist aber die direkte Einflußnahme auf Protokollvariablen bei der hier diskutierten Problematik des Black-Box Tests nur sehr eingeschränkt und auch nur in den Fällen möglich, in denen die Protokollrealisierung durch die Bereitstellung spezieller Verwaltungsprogramme die Vorbelegung einiger (oder aller) Protokollvariablen mit innerhalb eines vorgegebenen Wertebereiches frei wählbaren Werten erlaubt. Bieten sich bei dem zu testenden Protokoll solche Möglichkeiten, können die Werte der einzelnen Variablen vor Beginn der Testdurchführung so hoch angesetzt werden, daß die alternativen Verhaltensweisen des Protokolls, die sich beim Überschreiten der gesetzten Werte ergeben, ausgeschlossen werden können - vorausgesetzt der vorgegebene Wertebereich läßt dies zu. Leider ist dies nur sehr selten der Fall, so daß nach geeigneten Maßnahmen gesucht werden muß, die eine indirekte Einflußnahme auf die Protokollvariablen ermöglichen. Auf einige dieser Maßnahmen wird im nachfolgenden Kapitel eingegangen.

Wie oben durch den Begriff Eindämmung schon angedeutet, wird es nie möglich sein, das indeterministische Verhalten eines Protokolls völlig auszuschalten, so daß bei Verwendung eines Testszenarios, das die Testschrittabfolge genau festlegt, nicht alle Funktionen eines Protokolls auf ihre Konformität zum gegebenen Standard überprüft werden können. Zur Einbeziehung der Funktionen, die das indeterministische Protokollverhalten verursachen, wird eine Ergänzung des Testverfahrens, das auf der Interpretation eines vorgegebenen Testszenarios basiert, durch ein zweites Testverfahren erforderlich, das auf den Test indeterministischer Verhaltensweisen zugeschnitten ist. Als Beispiel für ein solches Testverfahren sei hier das Random Sequence Verfahren genannt, bei dem die Testschritte während der Testdurchführung rein zufällig, aber in Abhängigkeit vom Ergebnis der vorausgegangenen Testschritte bestimmt werden.

Zusammenfassend lassen sich drei Schritte zum Test eines Protokolls mit indeterministischen Verhalten festhalten

- Bestimmung der deterministischen und der indeterministischen Verhaltensweisen des zu testenden Protokolls,
- Festlegung der Maßnahmen zur Eindämmung der indeterministischen Verhaltensweisen und
- Auswahl eines Testverfahrens zum Test der verbleibenden indeterministischen Verhaltensweisen,

aus denen sich folgende Teststrategie ableiten läßt: Aufteilung der Testdurchführung in mindestens *zwei Testsitzungen* (die nach Belieben weiter unterteilt werden können)

- eine Testsitzung zum Test der deterministischen Verhaltensweisen unter Berücksichtigung der Maßnahmen, die zur Eindämmung der indeterministischen Verhaltensweisen festgelegt worden sind (Verwendung eines Testverfahrens, das auf der Basis eines Testszenarios arbeitet) und
- eine Testsitzung zum Test der verbleibenden indeterministischen Verhaltensweisen unter Verwendung eines hierzu geeigneten Testverfahrens.

7.2.2 Maßnahmen zur Eindämmung indeterministischer Verhaltensweisen

Eine Maßnahme zur Eindämmung indeterministischer Verhaltensweisen wurde bereits im vorausgegangenen Kapitel angesprochen - die Vorbelegung interner Protokollvariablen unter Zuhilfenahme spezieller Verwaltungsprogramme. Falls es der vorgesehene Wertebereich zuläßt, können die Werte für die einzelnen Variablen (Zähler, Zeitintervalle usw.) so groß gewählt werden, daß die Werte während der Testdurchführung nicht überschritten werden und die mit dem Überschreiten der Grenzwerte verknüpften Protokollfunktionen nicht zur Ausführung kommen. So können z.B. durch die Einstellung eines sehr großen Wertes für das RETRANSMIT-Zeitintervall und durch die Vergabe eines sehr großen Sendekredits die Aktionen 2, 3 und 4 verhindert werden, die in Kapitel 7.2.1 als mögliche Aktionen auf den Aufruf eines T-DATAreq beschrieben worden sind, so daß letztendlich nur die Aktion 1 auftreten (und damit auch getestet werden kann) und das indeterministische Protokollverhalten an dieser Stelle vollkommen ausgeschaltet werden kann. Natürlich müssen im Zuge der Testdurchführung (falls es die vorgegebenen Testziele verlangen) auch die Aktionen 2, 3 und 4 getestet werden. Hier bietet sich eine sukzessive Vorgehensweise an.

Nachdem die Aktion 1 und all die anderen Protokollaktionen, die durch die spezielle Vorbelegung der Protokollvariablen nicht ausgeschaltet wurden, getestet worden sind, werden die Protokollvariablen so geändert, daß die noch nicht getesteten Protokollaktionen nach und nach unter Beibehaltung eines deterministischen Protokollverhaltens getestet werden können. Zum Test der Aktion 2 werden die Werte für das RETRANSMIT-Zeitintervall und für das Maximum des RETRANSMIT-Zählers möglichst niedrig gewählt, um die Testdurchführung nicht durch große Zeitintervalle zwischen den einzelnen

DT-Retransmits und durch eine große Anzahl von Wiederholungen bis zum Erreichen oder Überschreiten des maximalen RETRANSMIT-Zählers unnötigerweise in die Länge zu ziehen.

Den zur Verfügung stehenden Wertebereichen für die Protokollvariablen sind aber (abgesehen von den durch die Protokollimplementierung vorgegebenen Grenzen) bedingt durch die Aktivitäten, die während des Tests vom Tester oder vom Testsystem durchzuführen sind, und bedingt durch den Charakter der zu testenden Aktion untere Grenzen gesetzt. So sollte der Wert für das RETRANSMIT-Zeitintervall so groß gewählt werden, daß das Testsystem die einzelnen Pakete, die infolge des Ablaufens des RETRANSMIT-Zeitintervalls gesendet werden, erkennen, das Zeitintervall zwischen dem Aussenden zweier aufeinanderfolgender Pakete ermitteln und unter Berücksichtigung nicht vermeidbarer Meßungenauigkeiten mit dem vorgegebenen Zeitintervall vergleichen kann, während das Maximum für den RETRANSMIT-Zähler so zu setzen ist, daß das betroffene Paket mindestens einmal wiederholt gesendet wird, bevor die mit dem Erreichen bzw. Überschreiten des Maximums verknüpfte Aktion eintritt. Des weiteren muß während des Tests der Aktion 2 dafür Sorge getragen werden, daß ein Rücksetzen des RETRANSMIT-Zeitintervalls vor dessen Ablaufen verhindert wird, d.h. es dürfen während des entsprechenden Zeitintervalls keine ACK-Pakete (Quittungspakete) bei der PUT ankommen. Bei der Verwendung des KATE als Testsystem kann dies dadurch erreicht werden, daß der Testagent sämtliche DT-Pakete, die bei ihm von der PUT eintreffen, vernichtet (d.h. sie werden nicht an das Antwortprotokoll (AP) weitergeleitet). In Bild 7.2 ist ein Teilszenario für den Test der Aktion 2 aufgelistet.

Wie können nun die unterschiedlichen Aktionen, die sich durch das Erschöpfen des Sendekredits ergeben können, getestet werden (siehe hierzu Aktion 3 und Aktion 4)? Zunächst muß der Sendekredit, sofern dies durch ein entsprechendes Verwaltungsprogramm möglich ist, auf einen möglichst niedrigen Wert (idealerweise auf 1) gesetzt werden. Dies muß auf seiten des Antwortsystems (AS) geschehen, da das AP beim Verbindungsaufbau der PUT den zulässigen Sendekredit mitteilt. Des weiteren muß während der Testdurchführung verhindert werden, daß die obere Fenstergrenze, die sich aus dem gewährten Sendekredit ergibt, weitergeschaltet wird. Am einfachsten läßt sich dies durch die Vernichtung der ACK-Pakete erreichen, die vom AP zur Quittierung empfangener DT-Pakete und zur Weiterschaltung des Sendekredits gesendet werden - eine Aufgabe, die im KATE dem Testagenten (TA) zugeordnet ist.

Der Test der Aktion 3 kann nun wie folgt durchgeführt werden. Nach der Einstellung des Sendekredits auf den Wert 1 und der Durchführung eines Verbindungsaufbaus zwischen der PUT und dem AP werden an der Schnittstelle zu der PUT zwei T_DATAreq Aufrufe direkt hintereinander ausgeführt. Das erste DT-Paket wird vom TA unmodifiziert an das AS weitergeleitet und alle nachfolgenden ACK-Pakete von seiten des AP vernichtet. Nach Ablaufen des RETRANSMIT-Zeitintervalls wird das erste DT-Paket von der PUT erneut gesendet (das Zeitintervall darf demnach für die Testdurchführung nicht zu groß gewählt werden). Zwischen dem ersten und dem zweiten Senden des DT-Paketes darf von der PUT kein Senden des zweiten DT-Paketes erfolgen (der Sendekredit ist auf den Wert 1 gesetzt), d.h. der TA muß zur Überprüfung der korrekten Funktionsweise der PUT die

```
1 TK  BEGINNTEILSZENARIO
KOMMENTAR [Teilszenario für Aktion 2; max. RETRANSMIT-Zähler > 1]
1 SUT SCHNITTSTELLE                 !T_CONreq   *CR
1 AS  SCHNITTSTELLE                 *CR         ?T_CONind
1 TAS BEOBACHTE PAKET CR VON SUT
2 AS  SCHNITTSTELLE                 !T_CONresp  *CC
2 SUT SCHNITTSTELLE                 *CC         ?T_CONconf
2 TAS BEOBACHTE PAKET CC VON AS
3 SUT SCHNITTSTELLE                 !T_DATAreq  *DT
3 TAS BEGINNBLOCK
3 TAS LIES SEQUENZNUMMER VOM PAKET DT VON SUT
3 TAS ZERSTÖRE PAKET DT VON SUT
3 TAS ENDEBLOCK
4 AS  SCHNITTSTELLE                 *DT         ?T_DATAind
4 TAS LIES SEQUENZNUMMER VOM PAKET DT VON SUT
5 SUT SCHNITTSTELLE                 !T_DISreq   *DR
5 AS  SCHNITTSTELLE                 *DR         ?T_DISind
5 TAS BEGINNBLOCK
5 TAS BEOBACHTE PAKET DR VON SUT
5 TAS BEOBACHTE PAKET DC VON AS
5 TAS ENDEBLOCK
5 TK  ENDETEILSZENARIO
```

Bild 7.2. Teilszenario für den Test der Aktion 2

Paket- bzw. Sequenznummern, die den gesendeten DT-Paketen von der PUT zugeordnet worden sind, aus den Paketköpfen ermitteln und an den Testkoordinator (TK) übermitteln. Das zweite (gesendete) DT-Paket wird an das AS und die darauf folgenden ACK-Pakete von seiten des AS an das System unter Test (SUT) weitergeleitet. Als Reaktion auf das erste bei der PUT eintreffende ACK-Paket müßte diese nun die Übertragung des zweiten (noch nicht gesendeten) DT-Paketes veranlassen. Dies kann wiederum durch einen Vergleich der Paket- bzw. Sequenznummern überprüft werden. Das aufgeführte Szenario ist auf den Test der Aktion 3 ausgerichtet. Zur Überprüfung ähnlicher Aktionen, die auf das Erschöpfen des gewährten Sendekredits zurückzuführen sind (z.B. Aktion 4), müssen die beschriebenen Testschritte an das zu testende Protokollverhalten angepaßt werden.

Waren die oben dargestellten Maßnahmen zur Eindämmung des indeterministischen Protokollverhaltens bereits von recht komplexer Natur, so erhöht sich die Komplexität erheblich, falls kein Verwaltungsprogramm zur Einstellung interner Protokollvariablen zur Verfügung steht. Eine Vielzahl interner Protokollvariablen werden durch Informationen beeinflußt, die in den Paketkopfkomponenten der ausgetauschten Paketen enthalten sind. Hier bietet sich der TA als geeignetes Werkzeug zur *indirekten* Einstellung interner Protokollvariablen an, indem gezielte Manipulationen an den Paketköpfen vorgenommen werden, bevor die Pakete an die eigentliche Zielinstanz weitergeleitet werden. Durch diese

```
1 TK   BEGINNTEILSZENARIO
KOMMENTAR [Teilszenario für Aktion 3]
1 SUT  SCHNITTSTELLE          !T_CONreq     *CR
1 AS   SCHNITTSTELLE          *CR           ?T_CONind
1 TAS  BEOBACHTE PAKET CR VON SUT
2 AS   SCHNITTSTELLE          !T_CONresp    *CC
2 SUT  SCHNITTSTELLE          *CC           ?T_CONconf
2 TAS  MODIFIZIERE IN PAKET CC VON AS DIE
       Kreditkomponente IN 1
3 TK   BEGINNBLOCK
3 SUT  SCHNITTSTELLE          !T_DATAreq    *DT
3 SUT  SCHNITTSTELLE          !T_DATAreq    *DT
3 TAS  LIES SEQUENZNUMMER VOM PAKET DT VON SUT
3 TAS  ZERSTÖRE PAKET ACK VON AS
3 TAS  LIES SEQUENZNUMMER VOM PAKET DT VON SUT
3 TAS  LIES SEQUENZNUMMER VOM PAKET DT VON SUT
3 AS   SCHNITTSTELLE          *DT           ?T_DATAind
3 AS   SCHNITTSTELLE          *DT           ?T_DATAind
3 TK   ENDEBLOCK
5 SUT  SCHNITTSTELLE          !T_DISreq     *DR
5 AS   SCHNITTSTELLE          *DR           ?T_DISind
5 TAS  BEGINNBLOCK
5 TAS  BEOBACHTE PAKET DR VON SUT
5 TAS  BEOBACHTE PAKET DC VON AS
5 TAS  ENDEBLOCK
5 TK   ENDETEILSZENARIO
```

Bild 7.3. Teilszenario für den Test der Aktion 3

Manipulationen können den internen Protokollvariablen auf indirektem Wege die Werte zugewiesen werden, die ein deterministisches Protokollverhalten während der Ausführung der nachfolgenden Testschritte ermöglichen. So kann z.B. während der Verbindungsaufbauphase durch eine gezielte Veränderung der Paketkopfkomponente, die die Information über den gewährten Sendekredit enthält, im `CR` bzw. `CC`-Paket (abhängig davon, ob die PUT oder das AP den Verbindungsaufbau initiert) die für die nachfolgenden Testschritte benötigte Größe des Sendkredits beeinflußt werden (Bild 7.3 gibt ein entsprechendes Testszenario für den Test der Aktion 3 wieder).

Werden interne Protokollvariablen *dynamisch* an die sie bestimmenden Größen angepaßt (wie z.B. Paketlaufzeiten im Netz, zur Verfügung stehende Sende- bzw. Empfangspuffer usw.), die sich ja während der Kommunikation ständig ändern, so müssen die aktuellen Werte dieser Protokollvariablen während der Testdurchführung immer wieder aus den entsprechenden Informationen der Paketköpfe abgeleitet werden, um zum gegebenen Zeitpunkt eine gezielte Beeinflussung der Protokollvariablen vornehmen zu können.

Wie schon erwähnt sind diese Vorgehensweisen nur bei den Protokollvariablen möglich, die durch bestimmte Informationen in den Paketköpfen beeinflußt werden. Bei den Protokollvariablen, für die diese Abhängigkeit nicht gegeben ist, besteht keine Möglichkeit zur gezielten Einflußnahme, so daß das durch sie hervorgerufene indeterministische Protokollverhalten nicht in ein deterministisches umgewandelt werden kann.

Abschließend kann festgehalten werden, daß die Eindämmung des indeterministischen Protokollverhaltens nur begrenzt und unter sehr hohem Aufwand möglich ist. Der Grad der Eindämmung ist abhängig von den für die Protokolle (PUT und AP) zur Verfügung stehenden Verwaltungsprogrammen und von den durch das Protokoll gegebenen Querbeziehungen zwischen internen Protokollvariablen und Informationen, die in bestimmten Paketköpfen enthalten sind. Eine Analyse dieser Gegebenheiten ist eine unbedingte Notwendigkeit für die Festlegung einer vernünftigen Teststrategie.

7.2.3 Testauswertung

Die Testauswertung bildet die abschließende Phase eines Tests. In dieser Phase wird eine Auswertung der während der Testdurchführung gesammelten Daten in Hinblick auf die dem Test zugrunde liegenden Testziele vorgenommen. Für die Überprüfung der Konformität ergeben sich hierbei einige spezielle Probleme, auf die im folgenden eingegangen wird.

Die Auswertung der während der Durchführung eines Konformitätstests gesammelten Daten soll alle Unstimmigkeiten zwischen dem erwarteten und dem beobachteten Verhalten aufzeigen. Dies ist bei Prüflingen mit rein deterministischen Verhalten recht einfach durchzuführen, da das erwartete Verhalten eindeutig bestimmbar ist. Im Unterschied hierzu kann bei indeterministischen Verhaltensweisen keine eindeutige Bestimmung des erwarteten Verhaltens vorgenommen werden. Mit den in Kapitel 7.2.2 beschriebenen Maßnahmen kann eine Determinisierung indeterministischer Verhaltensweisen und damit eine eindeutige Bestimmung des erwarteten Verhaltens erreicht werden. Wird während der Testauswertung eine Unstimmigkeit zwischen dem beobachteten Verhalten und dem (derart bestimmten) erwarteten Verhalten entdeckt, so ist dies nicht unbedingt auf ein fehlerhaftes Verhalten des Prüflings zurückzuführen. Es kann ja nicht ausgeschlossen werden, daß trotz der ergriffenen Maßnahmen das indeterministische Verhalten beibehalten wurde. Daher muß beim Auftreten von Unstimmigkeiten, die sich auf determinisierte Verhaltensweisen beziehen, das beobachtete Verhalten mit allen zulässigen Verhaltensweisen verglichen werden, bevor eine endgültige Aussage über die Konformität getroffen werden kann. Bei der Auswertung von Tests, die sich auf rein indeterministische Verhaltensweisen bezogen haben, muß ein derartiger Vergleich für alle während der Testdurchführung gesammelten Daten vorgenommen werden.

Eine weitere Aufgabe, die von der Testauswertung durchgeführt wird, ist die Aufbereitung der gesammelten Daten. Die Daten sollten so aufbereitet werden, daß ein klares, übersichtliches Bild des Testablaufs und des Testergebnisses vermittelt wird. Die Aufbereitung der Daten sollte in mehreren Detaillierungsgraden möglich sein, so daß ausgehend von einer sehr groben Darstellung des Testablaufs gezielt detailliertere Informationen (unterschiedlicher Detaillierungsgrade) über spezielle Phasen des Testablaufs angefordert

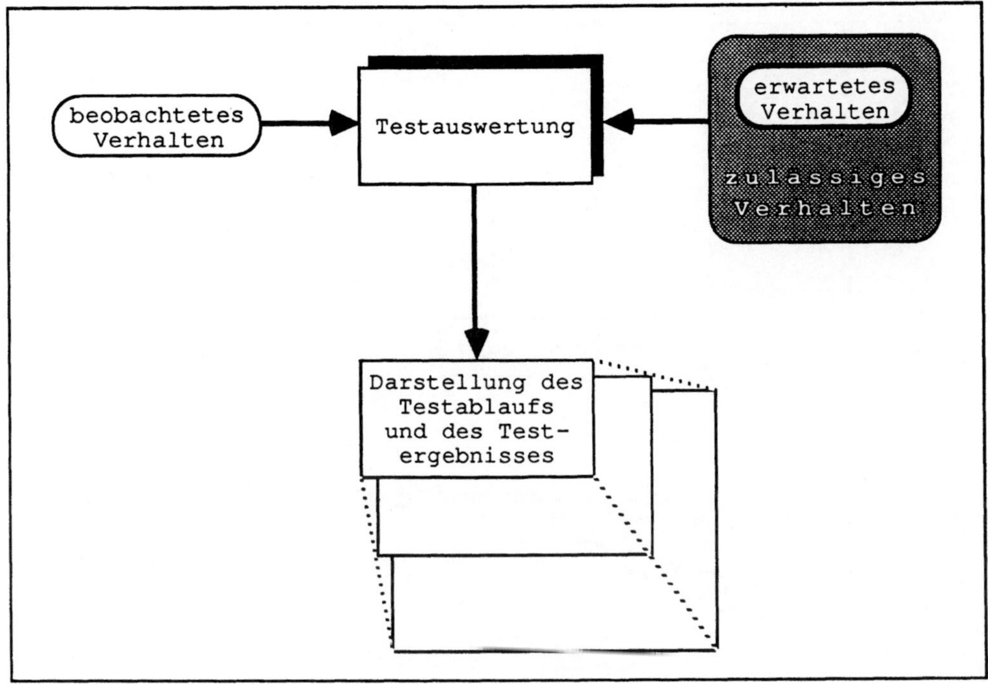

Bild 7.4. Testauswertung

werden können (s. Bild 7.4). Selbstverständlich muß jede Darstellung des Testablaufs eine entsprechend detaillierte Beschreibung des Testergebnisses enthalten. Für die Darstellung eines Konformitätstestablaufs sind beispielsweise folgende Detaillierungsgrade denkbar

- verbale Beschreibung der einzelnen Testfälle und der für die Testfälle erzielten Ergebnisse;
- verbale Beschreibung der einzelnen Testschritte eines Testfalls und der für die Testschritte erzielten Ergebnisse;
- Darstellung der einzelnen Ein-/Ausgabeereignisse eines Testschrittes sowohl für das beobachtete als auch für das erwartete Verhalten;
- Darstellung der Pakete, die während der Ausführung eines Testschrittes zwischen den Protokollinstanzen ausgetauscht wurden.

Das Testergebnis enthält eine Aussage darüber, ob bzw. inwieweit der Prüfling die festgelegten Testziele erfüllt. Kann ein Prüfling ein Testziel nicht erfüllen, muß zur Ermittlung der Ursachen eine genaue Analyse der während der Testdurchführung gesammelten Daten durchgeführt werden. Oft reichen die zur Verfügung stehenden Daten nur zu einer Eingrenzung der Ursachen auf bestimmte Protokollfunktionen aus. Zur weiteren Eingrenzung bzw. zur Aufdeckung der Ursachen werden dann weitere Testläufe

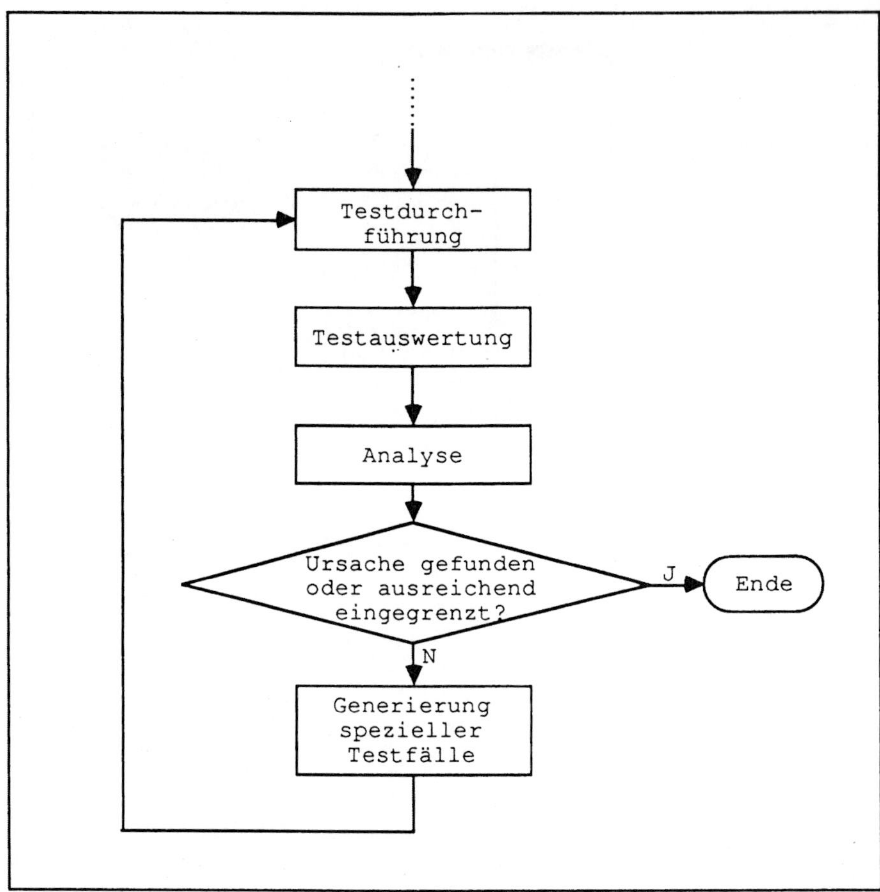

Bild 7.5. Vorgehensweise bei der Testanalyse

mit speziellen Testfällen notwendig, die sich auf die betroffenen Protokollfunktionen beziehen (in Bild 7.5 ist die Vorgehensweise zur Ermittlung der Ursachen in Form eines Flußdiagrammes wiedergegeben). Die Auswahl der Testfälle und die Bestimmung der Reihenfolge, in der sie abgearbeitet werden sollen, entspricht letztendlich der Festlegung einer Teststrategie.

7.3 Festlegung einer Teststrategie

Vor der Festlegung einer Teststrategie muß das eigentliche Testziel bekannt sein. Der Begriff *Testziel* wird hier gegenüber Kapitel 2.1 in einem erweiterten Sinn gebraucht. War in Kapitel 2.1 der Begriff *Testziel* gleichbedeutend mit der Bestimmung der Testart (Konformitäts-, Kompatibilitäts-, Zuverlässigkeitstest usw.), so umfaßt hier die Beschreibung des Testziels nicht nur die Testart sondern auch die Testfälle, die bei der Testdurchführung verwendet werden sollen.

Ausgehend von der Auflistung der Testfälle werden die Teilszenarien bestimmt, die eine Beschreibung der ausführbaren Testfälle enthalten. Bevor die Zusammenfassung verschiedener Teilszenarien zu einem Gruppenszenario erfolgen kann, muß eine *Klassifizierung* der ausgewählten Testfälle vorgenommen werden. Die Klassifizierung erfolgt anhand folgender Kriterien

- deterministisches/indeterministisches Protokollverhalten,
- Testwerkzeuge,
- Wertebereich interner Protokollvariablen und
- Testverfahren,

wobei sich gewisse Abhängikeiten zwischen den einzelnen Kriterien ergeben. Für jeden Testfall muß zunächst entschieden werden, ob das durch ihn zu testende Protokollverhalten deterministischer Natur ist oder durch die im vorausgegangenem Kapitel beschriebenen Maßnahmen determinisiert werden kann. Diese Entscheidung hat unmittelbaren Einfluß auf die weitere Klassifizierung, insbesondere auf die Wertebereiche interner Protokollvariablen, die dem Testfall zur Ausführung zugeordnet werden, und auf das Testverfahren, das zur Ausführung des Testfalls geeignet ist. Die Wertebereiche sind z.B. bei Verwendung determinisierender Maßnahmen vorgegeben, während bei der Wahl des Testverfahrens das deterministische bzw. indeterministische Protokollverhalten zu berücksichtigen ist, das sich bei der Ausführung des Testfalls ergibt.

Weiterhin werden zur Ausführung der einzelnen Testfälle unterschiedliche Testwerkzeuge oder Testwerkzeuge in unterschiedlicher Funktion benötigt. Für Testfälle, die zum Test der oberen Schnittstelle der PUT verwendet werden (Benutzerschnittstelle), kann z.B. bei der Verwendung des KATE als Testsystem auf den Einsatz des Testagenten verzichtet werden; beim Test sogenannter Basisfunktionen (siehe Seite 107) hat der Testagent nur beobachtende Funktion, während für die Ausführung von Testfällen zur Überprüfung der Robustheit bzw. der Zuverlässigkeit der PUT die volle Funktionalität des Testagenten benötigt wird. Wird als Testverfahren ein Random Sequence Verfahren gewählt, so wird ein weiteres Testwerkzeug erforderlich, das die zufällige Erzeugung der benötigten Testdaten vornimmt.

Nach der Festlegung der Testwerkzeuge, der Testverfahren und der Wertebereiche interner Protokollvariablen und der Bestimmung des Protokollverhaltens für jeden Testfall werden die Testfälle in Klassen eingeteilt, wobei Testfälle, die in den vier genannten Kriterien übereinstimmen, derselben Klasse zugeordnet werden. Die Teilszenarien, die den Testfällen einer Klasse entsprechen, werden zu einem Gruppenszenario zusammengefaßt. Die Anordnung der Gruppenszenarien bzw. der Teilszenarien innerhalb des Testszenarios muß so vorgenommen werden, daß Protokollfunktionen, die bei der Ausführung eines Testfalls als fehlerfrei vorausgesetzt werden, durch Teilszenarien, die im Testszenario vor dem entsprechenden Teilszenario angeordnet sind, auf ihre Korrektheit überprüft werden. So ist z.B. für den Test einer Protokollfunktion, die sich auf die Datentransferphase bezieht, der korrekte Aufbau einer logischen Verbindung erforderlich. Wurden diesbezügliche

Testfälle bei der Festlegung des Testziels nicht berücksichtigt, müssen an dieser Stelle zusätzliche Teilszenarien in das Testszenario aufgenommen werden (s. Bild 7.6).

Die eigentliche Testdurchführung gliedert sich analog zu der vorgenommenen Aufteilung des Testszenarios in mehrere aufeinanderfolgende Abschnitte (*Testsitzungen*). Jede Testsitzung umfaßt die Ausführung eines Gruppenszenarios. Zwischen den einzelnen Testsitzungen wird die zur Ausführung des nächsten Gruppenszenarios erforderliche Anpassung der Testumgebung vorgenommen, d.h. es werden (falls möglich) die Werte interner Protokollvariablen umgesetzt, das Testverfahren geändert und die notwendigen Testwerkzeuge bereitgestellt. Des weiteren wird eine erste Auswertung der in der vorausgegangenen Testsitzung erzielten Testergebnisse vorgenommen. Hierdurch soll verhindert werden, daß bereits aufgedeckte Protokollfehler die Ausführung nachfolgender Gruppenszenarien in unerwünschter Weise beeinflussen. Zur Vereinfachung der Testauswertung empfiehlt es sich, umfangreiche Gruppenszenarien in *Untergruppenszenarien* aufzuteilen.

Bei Aufdeckung von Protokollfehlern wird die Testdurchführung unterbrochen. In diesem Fall bieten sich für das weitere Vorgehen zwei Möglichkeiten an - die Testdurchführung wird entweder nach Behebung der erkannten Protokollfehler wiederholt oder die Testdurchführung wird fortgesetzt, nachdem alle Teilszenarien, die von den aufgedeckten Protokollfehlern betroffen sind, aus den nachfolgenden Gruppenszenarien entfernt worden sind. Die erste Möglichkeit setzt den direkten Kontakt zu den für die PUT verantwortlichen Implementierern voraus und wird somit eher bei den in die Implementierungsphase eingestreuten Testläufen Verwendung finden, während die zweite Möglichkeit die umfassende Bewertung einer bestehenden Protokollversion erlaubt. Die Bilder 7.7 und 7.8 geben die zwei erwähnten Möglichkeiten zur Testdurchführung anhand einer vorgegebenen Teststrategie wieder.

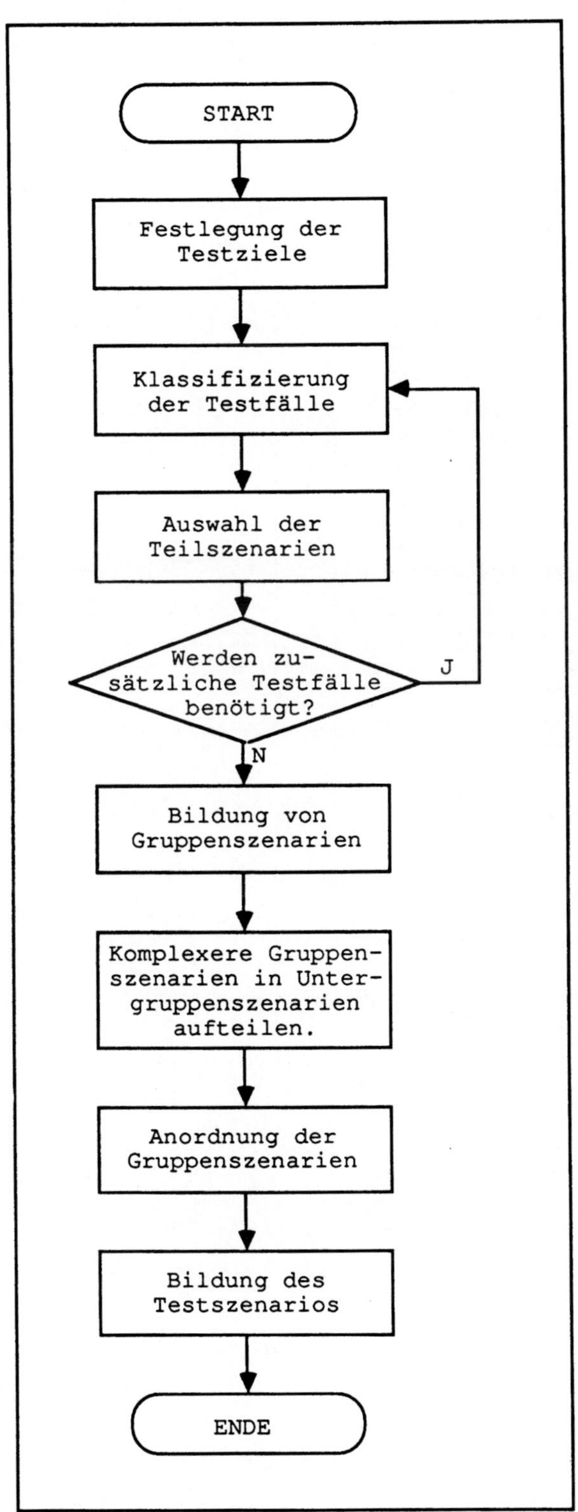

Bild 7.6. Festlegung einer Teststrategie

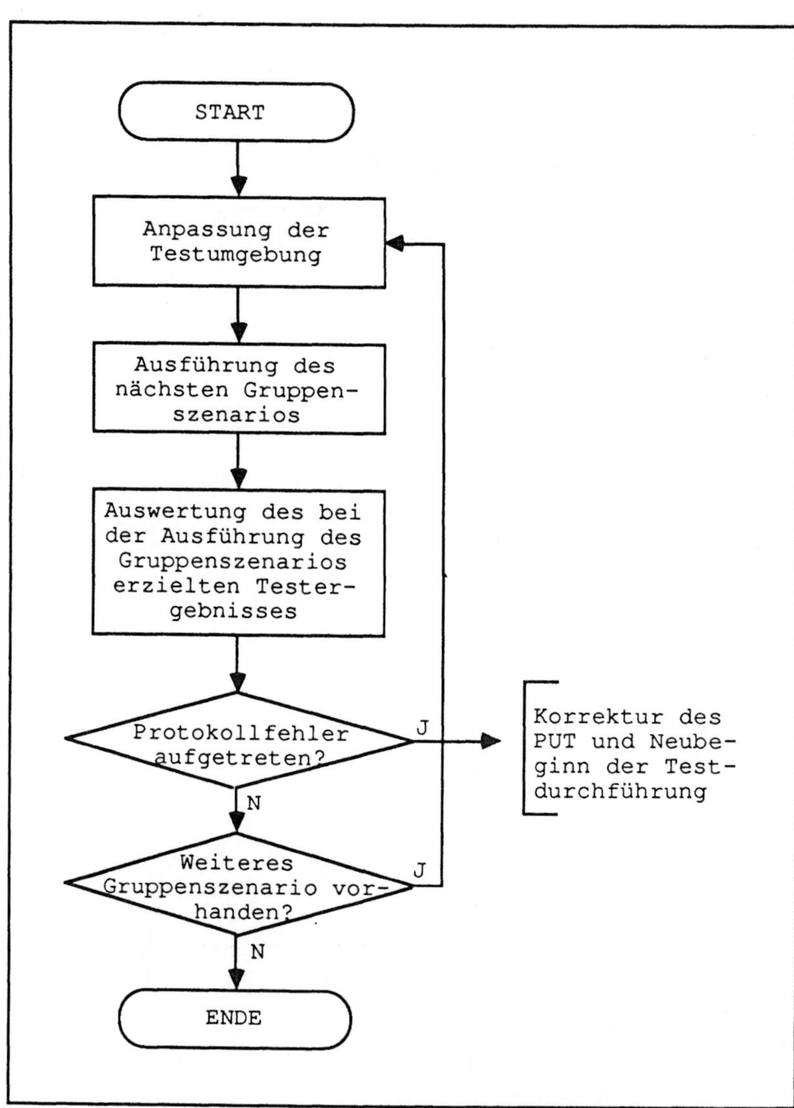

Bild 7.7. Testdurchführung mit Abbruch

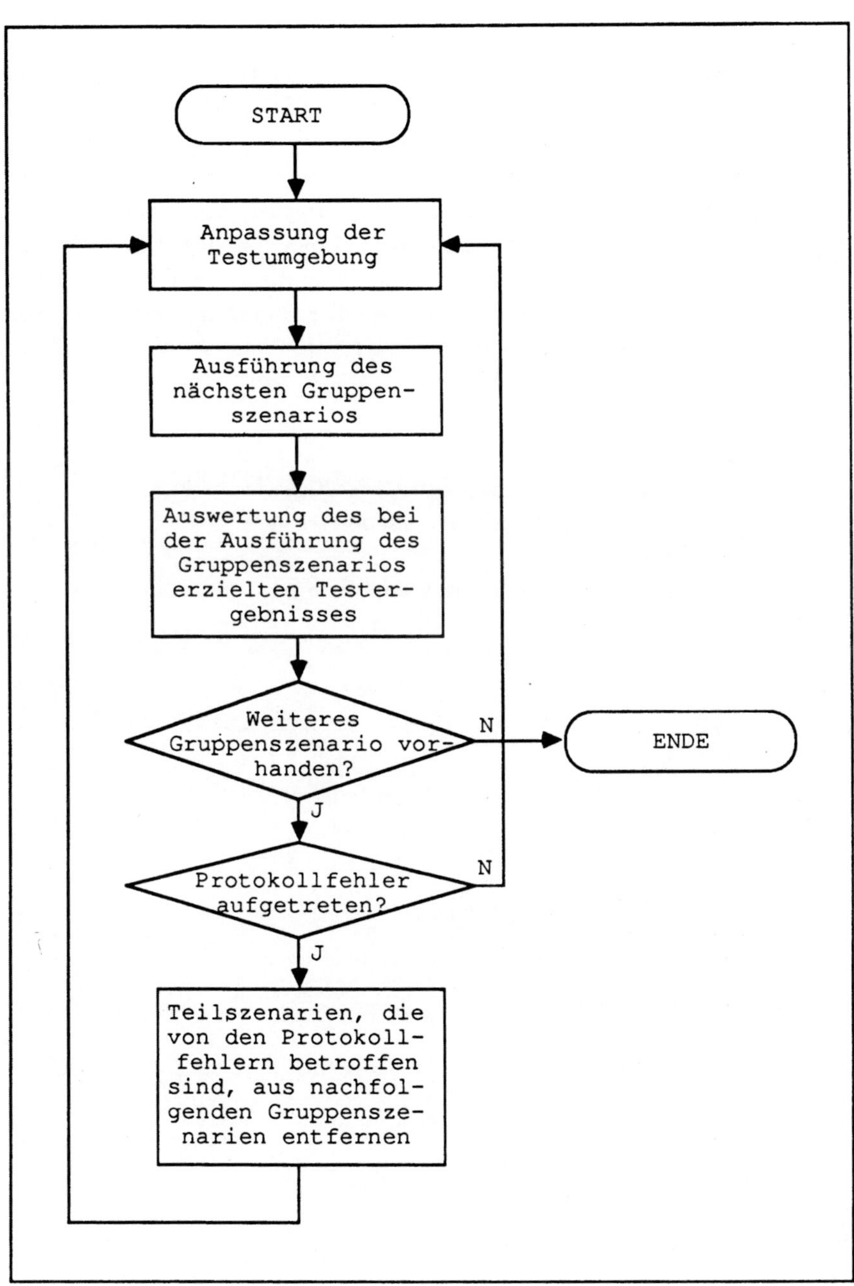

Bild 7.8. Testdurchführung mit Änderung der Gruppenszenarien

Anhang A

Definitionen und Theoreme

In Kapitel 5.2 wird eine Formel zur Bestimmung der maximalen Länge der durch das TRANS-CHECK-Verfahren erzeugten Testsequenzen erstellt. Die maximale Länge der Testsequenzen wird im wesentlichen durch die Längen der Teilpfade bestimmt, die vom TRANS-CHECK-Verfahren zur Identifizierung der einzelnen Automatenzustände verwendet werden (*Identifizierungsteilpfade*). Eine Abschätzung der maximalen Länge solcher Identifizierungsteilpfade wird im folgenden vorgenommen. Ausgehend von den Definitionen 1- 5 werden durch das Theorem 1 und das Theorem 2 die Voraussetzungen zum Beweis des Theorems 3 geschaffen, das eine Aussage über die maximale Länge minimaler Identifizierungsteilpfade enthält. Im folgenden wird mit n die Anzahl der Automatenzustände bezeichnet.

Definition 1

i*(TP_i) liefert die Eingabesequenz (ES) des Teilpfades TP_i.*
o*(Z_i, ES) liefert die Ausgabesequenz (AS) des Teilpfades, der in Z_i beginnt und dem die Eingabesequenz ES zugeordnet ist.*
ze*(Z_i, ES) liefert den Zustand, der ausgehend von Z_i durch die Eingabesequenz ES erreicht wird.*

Definition 2

Ein Teilpfad $ITP^{i,j}$ mit

$$ES = \mathrm{i}(ITP^{i,j}) \qquad 1 \leq i \leq n,\ 1 \leq j \leq n$$

$$\mathrm{o}(Z_i, ES) \neq \mathrm{o}(Z_j, ES) \qquad i \neq j$$

unterscheidet die beiden Zustände Z_i und Z_j.

Definition 3

Die Menge aller Teilpfade, die den Zustand Z_i vom Zustand Z_j unterscheiden, sei durch

$$\mathcal{ITP}_{i,j} = \{ITP_1^{i,j}, \ldots, ITP_m^{i,j}\} \qquad i \neq j,\ 1 \leq i \leq n,\ 1 \leq j \leq n$$

mit

$$ES_l = \mathrm{i}(ITP_l^{i,j}) \qquad 1 \leq l \leq m,\ i \neq j$$

$$\mathrm{o}(Z_i, ES_l) \neq \mathrm{o}(Z_j, ES_l) \qquad \forall ITP_l^{i,j} \in \mathcal{ITP}_{i,j},\ i \neq j,\ 1 \leq l \leq m$$

definiert.

Definition 4

Ein Teilpfad ITP_i, der einen Zustand Z_i von m *anderen Zuständen*

$$\mathcal{ZZ}' = \{Z_1, \ldots, Z_{m+1}\} \qquad m < n$$

eines Automaten unterscheidet, sei durch

$$ES_i = \mathrm{i}(ITP_i)$$

$$\mathrm{o}(Z_i, ES_i) \neq \mathrm{o}(Z_k, ES_i) \qquad \forall Z_k \in \mathcal{ZZ}', \ i \neq k$$

definiert.

Definition 5

$\mathcal{ITP}^i$ sei die Menge aller Teilpfade, die den Zustand Z_i von m *anderen Zuständen des Automaten unterscheidet.*

$$\mathcal{ITP}^i = \bigcup_{k=1}^{m+1} \mathcal{ITP}_{i,k} \qquad k \neq i, \ m < n$$

Theorem 1

Gegeben sei ein Automat mit n *Zuständen, in dem für jeden Zustand Z_i mindestens ein Teilpfad ITP_i existiert, der ihn von den* n-1 *anderen Zuständen des Automaten unterscheidet. Dann kann ein Zustand Z_i unter Zuhilfenahme eines jeden $ITP_l^{i,j}$, für den gilt*

$$\exists ITP_l^{i,j} \in \mathcal{ITP}^i, i \neq j : \qquad \overbrace{\mathrm{o}(Z_i, ES_l) \neq \mathrm{o}(Z_k, ES_l)}^{(1)} \vee \overbrace{\mathrm{ze}(Z_i, ES_l) \neq \mathrm{ze}(Z_k, ES_l)}^{(2)}$$
$$k \neq i, \ 1 \leq k \leq m+1$$

mit

$$\mathcal{ZZ}' = \{Z_1, \ldots, Z_{m+1}\}$$
$$ES_l = \mathrm{i}(ITP_l^{i,j})$$
$$Z_i, Z_k \in \mathcal{ZZ}',$$

von m $(1 \leq \mathrm{m} < \mathrm{n})$ *anderen Zuständen des Automaten unterschieden werden.*

Beweis:

Sei $ITP_1^{i,j}$ ein Teilpfad mit den oben beschriebenen Eigenschaften und

$$\mathcal{ZZ}^Z = \{Z_j | \mathrm{o}(Z_i, ES_l) \neq \mathrm{o}(Z_j, ES_l), \ Z_j \in \mathcal{ZZ}'\}$$
$$\mathcal{ZZ}^Y = \{Z_k | \mathrm{ze}(Z_i, ES_l) \neq \mathrm{ze}(Z_k, ES_l), \ \mathrm{o}(Z_i, ES_l) = \mathrm{o}(Z_k, ES_l), \ Z_k \in \mathcal{ZZ}'\} \qquad (3)$$
$$\mathcal{ZZ}^X = \{Z_k' | Z_k' = \mathrm{ze}(Z_k, ES_l), \ Z_k \in \mathcal{ZZ}^Y\}$$

Dann existiert für jeden $Z'_k \in \mathcal{ZZ}^X$ *ein* TP_k *mit*

$$\mathrm{o}(Z'_k, ES_k) \neq \mathrm{o}(Z_m, ES_k) \qquad \forall Z_m \in \mathcal{ZZ}^X \cup \{Z'_i\} \qquad (4)$$

$$ES_k = \mathrm{i}(TP_k)$$

$$Z'_i = \mathrm{ze}(Z_i, ES_l)$$

Für

$$ES_j = ES_l \ominus ES_k$$

gilt dann

$$\begin{aligned}
\mathrm{o}(Z_i, ES_j) &= \mathrm{o}(Z_i, ES_l \ominus ES_k) \\
&= \mathrm{o}(Z_i, ES_l) \ominus \mathrm{o}(\mathrm{ze}(Z_i, ES_l), ES_k) \\
&\overset{3}{=} \mathrm{o}(Z_k, ES_l) \ominus \mathrm{o}(\mathrm{ze}(Z_i, ES_l), ES_k) \\
&= \mathrm{o}(Z_k, ES_l) \ominus \mathrm{o}(Z'_i, ES_k) \\
&\overset{4}{\neq} \mathrm{o}(Z_k, ES_l) \ominus \mathrm{o}(Z'_k, ES_k) \qquad \forall Z'_k \in \mathcal{ZZ}^X,\ \forall Z_k \in \mathcal{ZZ}^Z
\end{aligned}$$

Insbesondere gilt

$$\begin{aligned}
&\mathrm{o}(Z_i, ES_j) \neq \mathrm{o}(Z_k, ES_l) \ominus \mathrm{o}(\mathrm{ze}(Z_k, ES_l), ES_k) && \forall Z_k \in \mathcal{ZZ}^Y \\
&\mathrm{o}(Z_i, ES_j) \neq \mathrm{o}(Z_k, ES_l \ominus ES_k) && \forall Z_k \in \mathcal{ZZ}^Y \\
&\mathrm{o}(Z_i, ES_j) \neq \mathrm{o}(Z_k, ES_j) && \forall Z_k \in \mathcal{ZZ}^Y \qquad \mathbf{(I)}
\end{aligned}$$

$$\begin{aligned}
\mathrm{o}(Z_i, ES_j) &= \mathrm{o}(Z_i, ES_l \ominus ES_k) \\
&= \mathrm{o}(Z_i, ES_l) \ominus \mathrm{o}(\mathrm{ze}(Z_i, ES_l), ES_k) \\
&\overset{1}{\neq} \mathrm{o}(Z_j, ES_l) \ominus \mathrm{o}(\mathrm{ze}(Z_i, ES_l), ES_k) \qquad \forall Z_j \in \mathcal{ZZ}^Z
\end{aligned}$$

$$\begin{aligned}
&\mathrm{o}(Z_i, ES_j) \neq \mathrm{o}(Z_j, ES_l) \ominus \mathrm{o}(\mathrm{ze}(Z_j, ES_l), ES_k) && \forall Z_j \in \mathcal{ZZ}^Z \\
&\mathrm{o}(Z_i, ES_j) \neq \mathrm{o}(Z_j, ES_l \ominus ES_k) && \forall Z_j \in \mathcal{ZZ}^Z \\
&\mathrm{o}(Z_i, ES_j) \neq \mathrm{o}(Z_j, ES_j) && \forall Z_j \in \mathcal{ZZ}^Z \qquad \mathbf{(II)}
\end{aligned}$$

Da

$$\mathcal{ZZ}' = \mathcal{ZZ}^Y \cup \mathcal{ZZ}^Z$$

folgt aus (I) und (II)

$$\mathrm{o}(Z_i, ES_j) \neq \mathrm{o}(Z_x, ES_j) \qquad \forall Z_x \in \mathcal{ZZ}'$$

q.e.d.

Theorem 2

Gegeben sei ein Automat mit n *Zuständen, in dem für jeden Zustand Z_i mindestens ein Teilpfad ITP_i existiert, der ihn von den* n-1 *anderen Zuständen des Automaten unterscheidet. Dann existiert für jeden Zustand $Z_i \in \mathcal{Z}$ ein Teilpfad $ITP_l^{i,j} \in \mathcal{ITP}^i$ mit den in Theorem 1 beschriebenen Eigenschaften.*

Annahme:

Für $Z_r \in \mathcal{Z}$ existiert kein Teilpfad $ITP_l^{r,j} \in \mathcal{ITP}^r$ mit den in Theorem 1 beschriebenen Eigenschaften.

$$\forall ITP_l^{r,j} \in \mathcal{ITP}^r, r \neq j: \qquad \mathrm{o}(Z_r, ES_l) = \mathrm{o}(Z_k, ES_l) \wedge \mathrm{ze}(Z_r, ES_l) = \mathrm{ze}(Z_k, ES_l)$$
$$k \neq r,\ 1 \leq k \leq m+1$$

Dies steht in Widerspruch zu Definition 3, die besagt

$$\mathrm{o}(Z_r, ES_l) = \mathrm{o}(Z_k, ES_l) \qquad k \neq r,\ 1 \leq k \leq m+1$$

q.e.d.

Theorem 3

Gegeben sei ein Automat mit n *Zuständen, in dem für jeden Zustand Z_i mindestens ein Teilpfad ITP_i existiert, der ihn von den* n-1 *anderen Zuständen des Automaten unterscheidet. Dann hat ein minimaler Teilpfad, der einen Zustand Z_i von allen anderen Zuständen eines Automaten unterscheidet, eine maximale Länge von $(n-1)^2$ (*n*: Anzahl der Automatenzustände).*

Beweis:

Sei

$$\mathcal{ZZ} = \{Z_1, \ldots, Z_n\}$$

die Menge aller Automatenzustände.
Nach Theorem 2 gilt:

$$\exists ITP_{l(1)}^{i,j} \in \mathcal{ITP}^i,\ i \neq j: \qquad \mathrm{o}(Z_i, ES_{l(1)}) \neq \mathrm{o}(Z_k, ES_{l(1)}) \vee \mathrm{ze}(Z_i, ES_{l(1)}) \neq \mathrm{ze}(Z_k, ES_{l(1)})$$
$$k \neq i,\ 1 \leq k \leq n$$

für

$$ES_{l(1)} = \mathrm{i}(ITP_{l(1)}^{i,j})$$
$$Z_i, Z_k \in \mathcal{ZZ},$$

$ITP_{l(1)}^{i,j}$ kann nach Theorem 1 zur Bildung eines Teilpfades verwendet werden, der Z_i von den n-1 *anderen Zuständen des Automaten unterscheidet.*

Ohne Einschränkung der Allgemeinheit gelte $j = n$ und $i = 1$. Im ungünstigsten Fall gilt dann:

$$\text{o}(Z_1, ES_{l(1)}) \neq \text{o}(Z_n, ES_{l(1)}) \qquad \textbf{(1)}$$

$$\text{o}(Z_1, ES_{l(1)}) = \text{o}(Z_k, ES_{l(1)}) \qquad 2 \leq k \leq n-1$$

$$\text{ze}(Z_1, ES_{l(1)}) = \text{ze}(Z_n, ES_{l(1)})$$

$$\text{ze}(Z_a, ES_{l(1)}) \neq \text{ze}(Z_b, ES_{l(1)}) \qquad a \neq b,\ 1 \leq a \leq n-1,\ 1 \leq b \leq n-1$$

Sei

$$Z_1{}' = \text{ze}(Z_1, ES_{l(1)})$$

$$\mathcal{ZZ}' = \{Z_k{}' | Z_k{}' = \text{ze}(Z_k, ES_{l(1)}),\ 2 \leq k \leq n-1\}$$

und $\mathcal{ITP}^{1'}$ die Menge aller Teilpfade, die $Z_1{}'$ paarweise von den $Z_k{}' \in \mathcal{ZZ}'$ unterscheidet. Wiederum kann Theorem 1 und Theorem 2 angewandt werden, d.h.

$$\exists ITP^{1,j}_{l(2)} \in \mathcal{ITP}^{1'},\ 2 \leq j \leq n-1 :$$
$$\text{o}(Z_1{}', ES_{l(2)}) \neq \text{o}(Z_k{}', ES_{l(2)}) \vee \text{ze}(Z_1{}', ES_{l(2)}) \neq \text{ze}(Z_k{}', ES_{l(2)}) \qquad 2 \leq k \leq n-1$$

für

$$ES_{l(2)} = \text{i}(ITP^{1,j}_{l(2)})$$

$$Z_k{}' \in \mathcal{ZZ}'$$

Ohne Einschränkung der Allgemeinheit gelte $j = n-1$. Im ungünstigsten Fall gilt dann:

$$\text{o}(Z_1{}', ES_{l(2)}) \neq \text{o}(Z_{n-1}{}', ES_{l(2)}) \qquad \textbf{(2)}$$

$$\text{o}(Z_1{}', ES_{l(2)}) = \text{o}(Z_k{}', ES_{l(2)}) \qquad 2 \leq k \leq n-2$$

$$\text{ze}(Z_1{}', ES_{l(2)}) = \text{ze}(Z_{n-1}{}', ES_{l(2)})$$

$$\text{ze}(Z_a{}', ES_{l(2)}) \neq \text{ze}(Z_b{}', ES_{l(2)}) \qquad a \neq b,\ 1 \leq a \leq n-2,\ 1 \leq b \leq n-2$$

Der Teilpfad

$$TP_1 = ITP^{1,n}_{l(1)} \oplus ITP^{1,n-1}_{l(2)}$$

erlaubt die Unterscheidung des Zustandes Z_1 von den Zuständen Z_n und Z_{n-1}, da

$$\begin{aligned}
\text{o}(Z_1, \text{i}(TP_1)) &= \text{o}(Z_1, \text{i}(ITP^{1,n}_{l(1)} \oplus ITP^{1,n-1}_{l(2)})) \\
&= \text{o}(Z_1, \text{i}(ITP^{1,n}_{l(1)}) \ominus \text{i}(ITP^{1,n-1}_{l(2)})) \\
&= \text{o}(Z_1, ES_{l(1)} \ominus ES_{l(2)}) \\
&= \text{o}(Z_1, ES_{l(1)}) \ominus \text{o}(\text{ze}(Z_1, ES_{l(1)}), ES_{l(2)}) \\
&\overset{1}{\neq} \text{o}(Z_n, ES_{l(1)}) \ominus \text{o}(\text{ze}(Z_1, ES_{l(1)}), ES_{l(2)})
\end{aligned}$$

$$\begin{aligned}
\Longrightarrow \quad & \text{o}(Z_1, \text{i}(TP_1)) \neq \text{o}(Z_n, ES_{l(1)}) \ominus \text{o}(\text{ze}(Z_n, ES_{l(1)}), ES_{l(2)}) \\
& \text{o}(Z_1, \text{i}(TP_1)) \neq \text{o}(Z_n, ES_{l(1)} \ominus ES_{l(2)}) \\
& \text{o}(Z_1, \text{i}(TP_1)) \neq \text{o}(Z_n, \text{i}(TP_1))
\end{aligned}$$

und

$$\begin{aligned}
o(Z_1, i(TP_1)) &= o(Z_1, i(ITP^{1,n}_{l(1)} \oplus ITP^{1,n-1}_{l(2)})) \\
&= o(Z_1, i(ITP^{1,n}_{l(1)}) \ominus i(ITP^{1,n-1}_{l(2)})) \\
&= o(Z_1, ES_{l(1)} \ominus ES_{l(2)}) \\
&= o(Z_1, ES_{l(1)}) \ominus o(ze(Z_1, ES_{l(1)}), ES_{l(2)}) \\
&= o(Z_1, ES_{l(1)}) \ominus o(Z_1`, ES_{l(2)}) \\
&\overset{2}{\neq} o(Z_1, ES_{l(1)}) \ominus o(Z_{n-1}`, ES_{l(2)})
\end{aligned}$$

$$\begin{aligned}
\Longrightarrow\; & o(Z_1, i(TP_1)) \neq o(Z_{n-1}, ES_{l(1)}) \ominus o(Z_{n-1}`, ES_{l(2)}) \\
& o(Z_1, i(TP_1)) \neq o(Z_{n-1}, ES_{l(1)}) \ominus o(ze(Z_{n-1}, ES_{l(1)}), ES_{l(2)}) \\
& o(Z_1, i(TP_1)) \neq o(Z_{n-1}, ES_{l(1)} \ominus ES_{l(2)}) \\
& o(Z_1, i(TP_1)) \neq o(Z_{n-1}, i(TP_i))
\end{aligned}$$

Im nächsten Schritt wird Theorem 1 und Theorem 2 auf

$$Z_1" = ze(Z_1`, ES_{l(2)})$$

bzw.

$$\mathcal{ZZ}" = \{Z_k" | Z_k" = ze(Z_k`, ES_{l(2)}),\ 2 \leq k \leq n-2\}$$

angewandt. Die derart gebildete Rekursion wird so lange durchgeführt, bis gilt

$$\mathcal{ZZ}^{``\cdots} = \emptyset.$$

Dies ist genau nach n-1 Schritten der Fall. Nach n-1 Schritten liegt der folgende Teilpfad vor, der die Unterscheidung des Zustandes Z_1 von allen anderen Zuständen des Automaten erlaubt.

$$TP_1 = ITP^{1,n}_{l(1)} \oplus ITP^{1,n-1}_{l(2)} \oplus \ldots \oplus TP^{1,2}_{l(n-1)}$$

Nach [Gill 62] gilt für die maximale Länge eines minimalen Teilpfades zur Unterscheidung zweier Zustände

$$l(ITP^{1,y}_{l(x)}) \leq n-1 \qquad 1 \leq x \leq n-1,\ 2 \leq y \leq n$$

so daß

$$l(TP_1) \leq (n-1)(n-1) = (n-1)^2$$

q.e.d.

Anhang B

Testsequenzen für den Automaten B

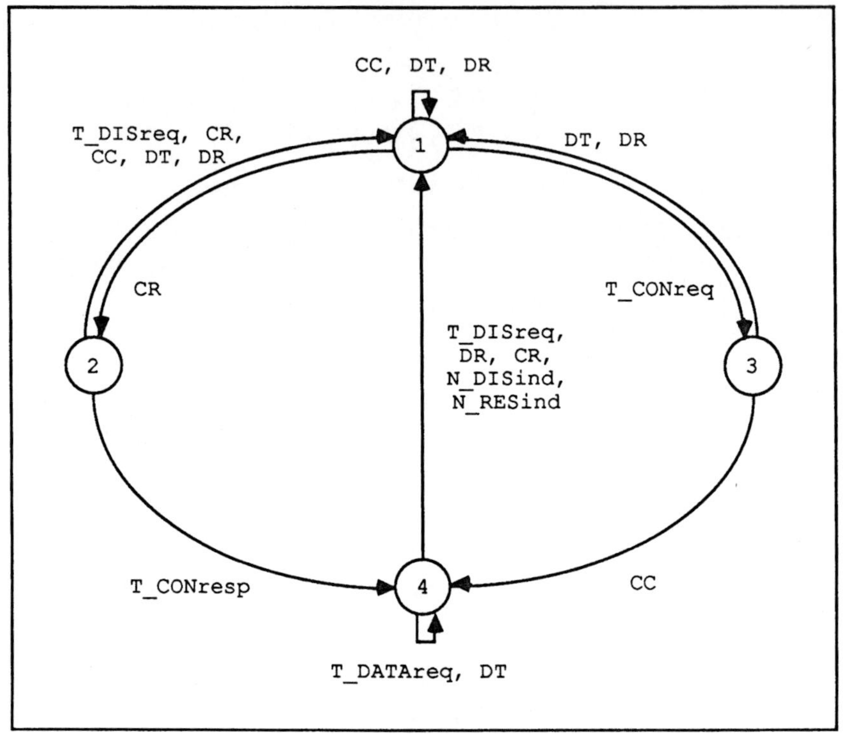

Bild B.1. Automat B

	1 CLOSED	2 WFTRESP	3 WFCC	4 OPEN
T_CONreq	3/CR	–	–	–
T_DISreq	–	1/DR	–	1/N_DISreq
T_CONresp	–	4/CC	–	–
T_DATAreq	–	–	–	4/DT
CR	2/T_CONind	1/ERR	–	1/ERR
CC	1/–	1/ERR	4/T_CONconf	–
DT	1/–	1/ERR	1/–	4/T_DATAind
DR	1/–	1/ERR	1/T_DISind	1/N_DISreq
N_DISind	–	–	–	1/T_DISind
N_RESind	–	–	–	1/T_DISind

Tabelle B.1. Zustandsübergangstabelle für den Automaten B

B.1 TRANS-CHECK-Verfahren

Eingabeereignis	*Ausgabeereignis*	*Endzustand*
DR	(–,ERR, T_DISind, N_DISreq)	1
CC	–	1
DR	–	1
T_CONreq	CR	3
DR	T_DISind	1
CR	T_CONind	2
DT	ERR	1
DR	–	1
DT	–	1
T_CONreq	CR	3
DT	–	1
T_CONreq	CR	3
CC	T_CONconf	4
T_DATAreq	DT	4
DT	T_DATAind	4
T_DISreq	N_DISreq	1
CR	T_CONind	2
T_DISreq	DR	1
CR	T_CONind	2
DR	ERR	1
CR	T_CONind	2
T_CONresp	CC	4
DR	N_DISreq	1
CR	T_CONind	2
CC	ERR	1
CR	T_CONind	2
CR	ERR	1
T_CONreq	CR	3
CC	T_CONconf	4
N_RESind	T_DISind	1
T_CONreq	CR	3
CC	T_CONconf	4
CR	ERR	1
T_CONreq	CR	3
CC	T_CONconf	4
N_DISind	T_DISind	1
CR	T_CONind	2

B.2 Transition Tour Verfahren

Eingabeereignis	*Ausgabeereignis*	*Endzustand*
DR	(–,ERR, T_DISind, N_DISreq)	1
CR	T_CONind	2
T_DISreq	DR	1
CC	–	1
DT	–	1
DR	–	1
CR	T_CONind	2
CR	ERR	1
T_CONreq	CR	3
DT	–	1
CR	T_CONind	2
T_CONresp	CC	4
T_DATAreq	DT	4
DT	T_DATAind	4
T_DISreq	N_DISreq	1
CR	T_CONind	2
CC	ERR	1
CR	T_CONind	2
DT	ERR	1
CR	T_CONind	2
DR	ERR	1
T_CONreq	CR	3
DR	T_DISind	1
T_CONreq	CR	3
CC	T_CONconf	4
CR	ERR	1
CR	T_CONind	2
T_CONresp	CC	4
DR	N_DISreq	1
CR	T_CONind	2
T_CONresp	CC	4
N_DISind	T_DISind	1
CR	T_CONind	2
T_CONresp	CC	4
N_RESind	T_DISind	1

B.3 W-Methode

Eingabe-ereignis	*Ausgabe-ereignis*	*End-zustand*
DR	(–,ERR, T_DISind, N_DISreq)	1
DR	–	1
T_CONreq	CR	3
DR	T_DISind	1
CR	T_CONind	2
DR	ERR	1
CC	–	1
DR	–	1
DT	–	1
DR	–	1
DR	–	1
DR	–	1
CR	T_CONind	2
T_DISreq	DR	1
DR	–	1
CR	T_CONind	2
T_CONresp	CC	4
DR	N_DISreq	1
CR	T_CONind	2
CR	ERR	1
DR	–	1
CR	T_CONind	2
CC	ERR	1
DR	–	1
CR	T_CONind	2
DT	ERR	1
DR	–	1
CR	T_CONind	2
DR	ERR	1
DR	–	1
T_CONreq	CR	3
CC	T_CONconf	4
DR	N_DISreq	1
T_CONreq	CR	3
DT	–	1
DR	–	1
T_CONreq	CR	3
DR	T_DISind	1

Fortsetzung		
Eingabe-ereignis	*Ausgabe-ereignis*	*End-zustand*
DR	–	1
CR	T_CONind	2
T_CONresp	CC	4
T_DISreq	N_DISreq	1
DR	–	1
CR	T_CONind	2

B.4 Checking Sequence Verfahren

Eingabe-ereignis	*Ausgabe-ereignis*	*End-zustand*
DR	(–,ERR, T_DISind, N_DISreq)	1
CR	T_CONind	2
DR	ERR	1
DR	–	1
DR	–	1
T_CONreq	CR	3
DR	T_DISind	1
DR	–	1
T_CONreq	CR	3
CC	T_CONconf	4
DR	N_DISreq	1
DR	–	1
CR	T_CONind	2
T_DISreq	DR	1
DR	–	1
CC	–	1
DR	–	1
CR	T_CONind	2
T_CONresp	CC	4
DR	N_DISreq	1
CR	T_CONind	2
DR	ERR	1
CR	T_CONind	2
CR	ERR	1
DR	–	1
T_CONreq	CR	3
DR	T_DISind	1
CR	T_CONind	2
CC	ERR	1
DR	–	1
DT	–	1
DR	–	1
CR	T_CONind	2
DT	ERR	1
DR	–	1
T_CONreq	CR	3
CC	T_CONconf	4
DR	N_DISreq	1

Fortsetzung		
Eingabe-ereignis	*Ausgabe-ereignis*	*End-zustand*
T_CONreq	CR	3
DT	–	1
DR	–	1
CR	T_CONind	2
T_CONresp	CC	4
T_DISreq	N_DISreq	1
DR	–	1
CR	T_CONind	2
T_CONresp	CC	4
T_DATAreq	DT	4
DR	N_DISreq	1
T_CONreq	CR	3
CC	T_CONconf	4
CR	ERR	1
DR	–	1
T_CONreq	CR	3
CC	T_CONconf	4
DT	T_DATAind	4
DR	N_DISreq	1
T_CONreq	CR	3
CC	T_CONconf	4
N_DISind	T_DISind	1
DR	–	1
T_CONreq	CR	3
CC	T_CONconf	4
N_RESind	T_DISind	1
DR	–	1

B.5 UIO-Verfahren

Eingabe-ereignis	*Ausgabe-ereignis*	*End-zustand*
DR	(–,ERR, T_DISind, N_DISreq)	1
DR	–	1
CC	–	1
CR	T_CONind	2
DR	ERR	1
DT	–	1
CR	T_CONind	2
DR	ERR	1
CR	T_CONind	2
T_DISreq	DR	1
CR	T_CONind	2
DR	ERR	1
CR	T_CONind	2
CR	ERR	1
CR	T_CONind	2
DR	ERR	1
CR	T_CONind	2
CC	ERR	1
CR	T_CONind	2
DR	ERR	1
CR	T_CONind	2
DT	ERR	1
CR	T_CONind	2
DR	ERR	1
CR	T_CONind	2
T_CONresp	CC	4
DT	T_DATAind	4
DR	N_DISreq	1
T_CONreq	CR	3
DT	–	1
CR	T_CONind	2
DR	ERR	1
T_CONreq	CR	3
CC	T_CONconf	4
DT	T_DATAind	4
DT	T_DATAind	4
DR	N_DISreq	1
T_CONreq	CR	3

Fortsetzung		
Eingabe-ereignis	*Ausgabe-ereignis*	*End-zustand*
CC	T_CONconf	4
T_DATAreq	DT	4
DT	T_DATAind	4
DR	N_DISreq	1
T_CONreq	CR	3
CC	T_CONconf	4
T_DISreq	N_DISreq	1
CR	T_CONind	2
DR	ERR	1
T_CONreq	CR	3
CC	T_CONconf	4
CR	ERR	1
CR	T_CONind	2
DR	ERR	1
T_CONreq	CR	3
CC	T_CONconf	4
N_DISind	T_DISind	1
CR	T_CONind	2
DR	ERR	1
T_CONreq	CR	3
CC	T_CONconf	4
N_RESind	T_DISind	1
CR	T_CONind	2
DR	ERR	1
CR	T_CONind	2
DR	ERR	1
CR	T_CONind	2
DR	ERR	1
T_CONreq	CR	3
DR	T_DISind	1
CR	T_CONind	2
DR	ERR	1
CR	T_CONind	2
T_CONresp	CC	4
DR	N_DISreq	1
CR	T_CONind	2

Anhang C

Experimente

C.1 Experimente für das Transition Tour Verfahren

Nachfolgend sind die Ergebnisse von Experimenten für das Transition Tour Verfahren aufgeführt. Das Ziel dieser Experimente war es, Abhängigkeiten zwischen der Länge einer erzeugten Testsequenz und der Fehlererkennungsmächtigkeit für Zustandserweiterungsfehler aufzuzeigen. Für die Experimente wurden mittels des Transition Tour Verfahrens Testsequenzen unterschiedlicher Länge für den Automaten B in Bild 5.3 erzeugt. Zur Erzeugung von Testsequenzen unterschiedlicher Länge wurde das Transition Tour Verfahren wiederholt angewandt, u.zw. so oft bis die Summe der einzelnen Testsequenzlängen größer als die gewünschte Länge war. Die einzelnen Testsequenzen wurden zu einer Testsequenz zusammengefaßt und auf die gewünschte Länge gekürzt. Die unten angeführten Experimentergebnisse beziehen sich auf 10000 Fehler der Art '1 zusätzlicher Zustand'.

Testsequenz-länge	*Mittlere Anzahl nicht erkannter Fehler*
40	80
50	61
60	31
70	28
80	22
90	16
100	10
110	7
120	6
130	5
140	3
150	3
160	3
170	2
180	2
190	2
200	1
210	1
220	1
230	1
240	1
250	0.1
2000	0.01

C.2 Vergleich der Testdatengenerierungsverfahren

Im folgenden wird das TRANS-CHECK-Verfahren mit dem einzelnen Verfahren verglichen, die in Kapitel 3.2 beschrieben wurden. Als Vergleichskriterien dienen die tatsächliche Länge, die maximale Länge und die Fehlererkennungsmächtigkeit der von den einzelnen Verfahren für den Automaten B (s. Bild 5.3) erstellten Testsequenzen. Die Testsequenzen sind im Anhang B aufgelistet. Zur Bezeichnung der einzelnen Testsequenzen werden die folgenden Abkürzungen verwendet

TS^{TC} (durch das TRANS-CHECK-Verfahren erzeugte Testsequenz)
TS^{TT} (durch das Transition Tour Verfahren erzeugte Testsequenz)
TS^{WM} (durch die W-Methode erzeugte Testsequenz)
TS^{CHE} (durch das Checking Sequence Verfahren erzeugte Testsequenz)
TS^{UIO} (durch das UIO-Verfahren erzeugte Testsequenz).

C.2.1 Transition Tour Verfahren

Das Transition Tour Verfahren liefert von allen bisher bekannten Verfahren die kürzeste Testsequenz. Wie aus der Tabelle in B.2 zu ersehen ist, fällt die für den Automaten B erzeugte Testsequenz (aus [SaBo 82] entnommen) nur unwesentlich kürzer aus als die durch das TRANS-CHECK-Verfahren generierte Testsequenz, die lediglich zwei Eingabeereignisse mehr enthält. Beim Vergleich der oberen Grenzen der Testsequenzlängen ($l(TS^{TC}) \leq 231, l(TS^{TT}) \leq 81$) schneidet allerdings das TRANS-CHECK-Verfahren wesentlich schlechter ab. Die Experimente, die auf der Basis der Testsequenz in der Tabelle in B.2 durchgeführt wurden, zeigen ganz deutlich (wie zu erwarten) die geringe Fehlererkennungsmächtigkeit der durch das Verfahren erzeugten Testsequenzen auf (s. Tabelle C.1).

Fehlerart	*Fehleranzahl*	*Anzahl der Experimente*	*Anzahl nicht erkannter Fehler*
Ausgabefehler	1	10000	0
Transferfehler	1	10000	873
Zustandserweiterungsfehler	1	10000	86
	2	10000	9
Zustandsverminderungsfehler	1	10000	0

Tabelle C.1. Experimente für das Transition Tour Verfahren

C.2.2 W-Methode

In der Tabelle in B.3 ist die mittels der W-Methode für den Automaten B erzeugte Testsequenz (aus [SaBo 82] entnommen) aufgelistet. Sie umfaßt 67 Eingabeereignisse

Fehlerart	*Fehleranzahl*	*Anzahl der Experimente*	*Anzahl nicht erkannter Fehler*
Ausgabefehler	1	10000	0
Transferfehler	1	10000	0
Zustandserweiterungsfehler	1	10000	31
	2	10000	1
Zustandsverminderungsfehler	1	10000	0

Tabelle C.2. Experimente für die W-Methode

und ist somit um ca. 81% größer als die durch das TRANS-CHECK-Verfahren generierte. Ein Vergleich der Fehlererkennungsmächtigkeit, die sich aus der Tabelle C.2 ergibt, mit der Fehlererkennungsmächtigkeit der durch das TRANS-CHECK-Verfahren erzeugten Testsequenz zeigt, daß beide Testsequenzen dieselbe Fehlererkennungsmächtigkeit besitzen. Bei Anwendung der in Tabelle 3.1 aufgezeigten Formel zur Ermittlung der oberen Längengrenze der durch die W-Methode generierten Testsequenzen, ergibt sich eine obere Grenze, die um 60.2% niedriger liegt als die für TS^{TC} ermittelte obere Grenze ($l(TS^{WM}) \leq 92$). Dies ist darauf zurückzuführen, daß bei der W-Methode von einer festen Länge für die Teilsequenzen, die zur Identifizierung der einzelnen Zustände verwendet werden, ausgegangen werden kann, während beim TRANS-CHECK-Verfahren für diese Teilsequenzlänge eine obere Schranke angenommen wurde. Setzt man allerdings diese obere Schranke für den Automaten B auf 1 (das Eingabeereignis DR kann beim Automaten B zur Identifizierung aller Zustände verwendet werden und wird von der W-Methode zur Erstellung von TS^{WM} auch entsprechend genutzt), so ergibt sich

$$\begin{aligned} l(TS^{TC}) &\leq q * 1 + q * [\tfrac{n-1}{2}] \\ &= 21 * 1 + 21 * 2 \\ &= 63. \end{aligned}$$

Dies entspricht einer Verbesserung gegenüber der W-Methode um 31.5%.

C.2.3 Checking Sequence Verfahren

Die durch das Checking Sequence Verfahren für den Automaten B erstellte Testsequenz [SaBo 82] (s. Tabelle in B.4) weist 65 Eingabeereignisse auf, so daß das TRANS-CHECK-Verfahren eine Reduzierung der Testsequenzlänge um 43.1% gegenüber dem Checking Sequence Verfahren erbringt. Die Fehlererkennungsmächtigkeit von TS^{CHE} entspricht ungefähr der von TS^{TC} (bei Fehlern der Art 'Zustandserweiterungsfehler' ergeben sich leichte Vorteile für das Checking Sequence Verfahren), wie aus den in der Tabelle C.3 aufgelisteten Experimentergebnissen zu ersehen ist. Beim Vergleich der oberen Grenzen für die Testsequenzlänge kann auch hier wieder von $l(TS^{TC}) \leq 63$ ausgegangen werden, da bei der Festlegung der Formel für die obere Grenze der durch das Checking Sequence Verfahren erzeugten Testsequenzen von einer festen Länge der 'distinguishing

Fehlerart	*Fehleranzahl*	*Anzahl der Experimente*	*Anzahl nicht erkannter Fehler*
Ausgabefehler	1	10000	0
Transferfehler	1	10000	0
Zustandserweiterungsfehler	1	10000	30
	2	10000	1
Zustandsverminderungsfehler	1	10000	0

Tabelle C.3. Experimente für das Checking Sequence Verfahren

sequence' ausgegangen wurde. Somit ergibt sich für die durch den Automaten B gegebenen Verhältnisse eine Reduzierung der oberen Grenze um ca. 48.4% gegenüber dem für das Checking Sequence Verfahren ermittelten Grenzwert ($l(TS^{CHE}) \leq 122$).

C.2.4 UIO-Verfahren

Das UIO-Verfahren erzeugt für den Automaten B mit 74 Eingabeereignissen die längste Testsequenz (s. Tabelle in B.5) im Vergleich zu den bisher diskutierten Verfahren. Dies ist auf den Umstand zurückzuführen, daß sowohl bei Anwendung der W-Methode als auch bei Anwendung des Checking Sequence Verfahrens ein einzelnes Eingabeereignis (DR) zur Identifizierung der Zustände verwendet werden kann. Ein Vergleich von $l(TS^{TC})$ und $l(TS^{UIO})$ zeigt, daß durch das TRANS-CHECK-Verfahren eine Reduzierung der Testsequenzlänge um 50% gegenüber dem UIO-Verfahren erreicht wird. In Hinblick auf die Fehlererkennungsmächtigkeit schneidet (TS^{UIO}) bei dem Experiment '1 zusätzlicher Zustand 1 Fehler' etwas besser ab. Bei Fehlern der restlichen Arten weisen beide Testsequenzen dieselbe Mächtigkeit hinsichtlich der Fehlererkennung auf (s. Tabelle C.4). Durch die Verwendung des O-Kalkülls zur Darstellung der oberen Längengrenze des UIO-Verfahrens (s. [SaDa 85]) bereitet der Vergleich der beiden Grenzwerte einige Schwierigkeiten. Geht man allerdings für das UIO-Verfahren von der Formel

$$n^2 q$$

Fehlerart	*Fehleranzahl*	*Anzahl der Experimente*	*Anzahl nicht erkannter Fehler*
Ausgabefehler	1	10000	0
Transferfehler	1	10000	0
Zustandserweiterungsfehler	1	10000	44
	2	10000	1
Zustandsverminderungsfehler	1	10000	0

Tabelle C.4. Experimente für das UIO-Verfahren

zur Berechnung der oberen Längengrenze aus, ergibt sich

$$l(TS^{UIO}) \leq 16 * 21 = 336,$$

so daß die obere Längengrenze für das UIO-Verfahren im Vergleich zum TRANS-CHECK-Verfahren um ca. 50% höher liegt.

C.2.5 Zusammenfassung

Die angestellten Vergleiche haben verdeutlicht, daß das TRANS-CHECK-Verfahren gegenüber der W-Methode, dem Checking Sequence Verfahren und dem UIO-Verfahren deutliche Vorteile bez. der Länge der erzeugten Testsequenz besitzt. Die Fehlererkennungsmächtigkeit der Testsequenz liegt trotz geringerer Länge im Bereich der Mächtigkeiten der genannten Verfahren. Beide Erfahrungen konnten durch Testsequenzen, die zum Test anderer Automaten mittels des TRANS-CHECK-Verfahrens erzeugt wurden, bestätigt werden.

Anhang D

Zeitliche Abfolge der Testausführung für die Testschritte 2 - 14 in Bild 6.12

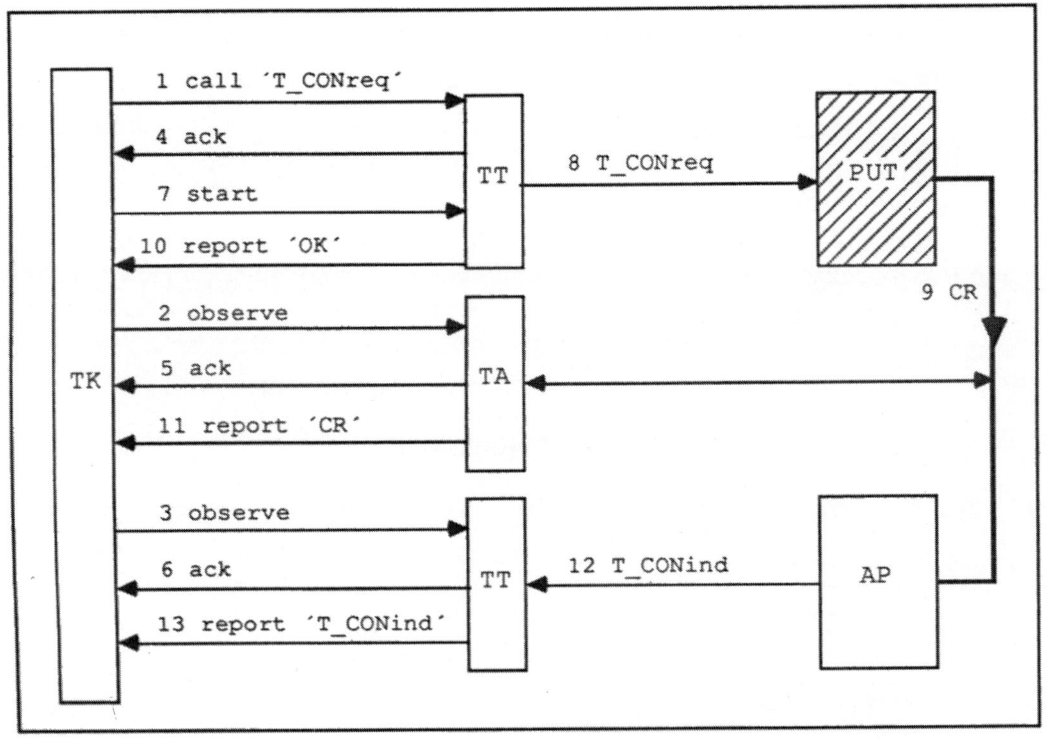

Bild D.1. Testschritt 2

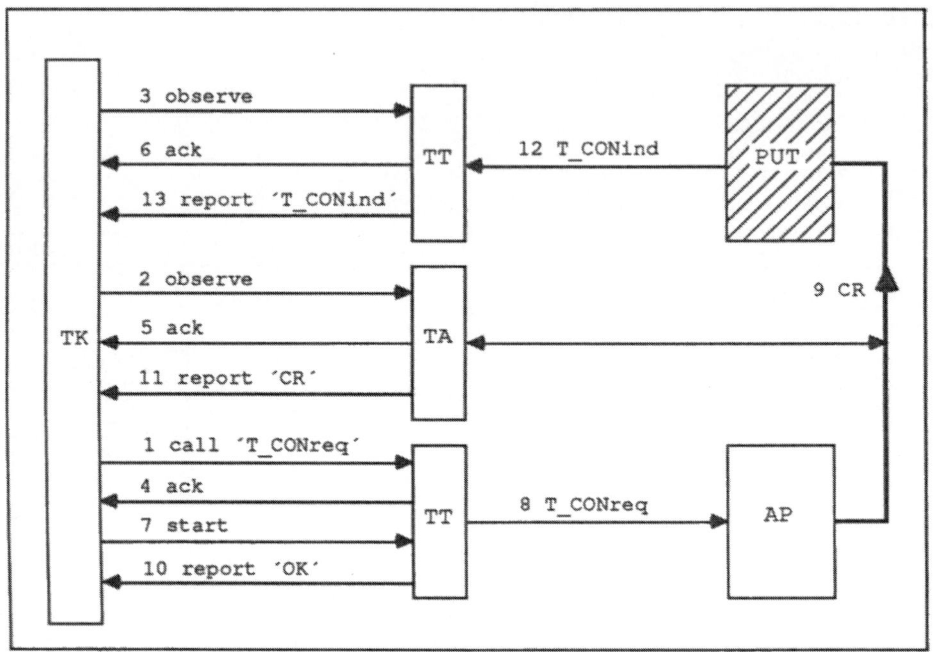

Bild D.2. Testschritt 3

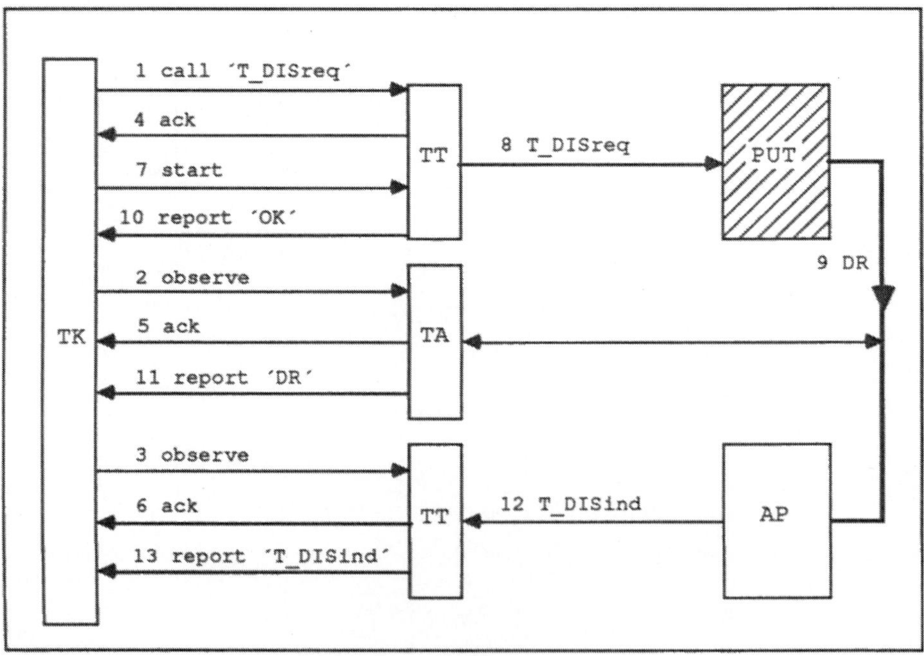

Bild D.3. Testschritt 4

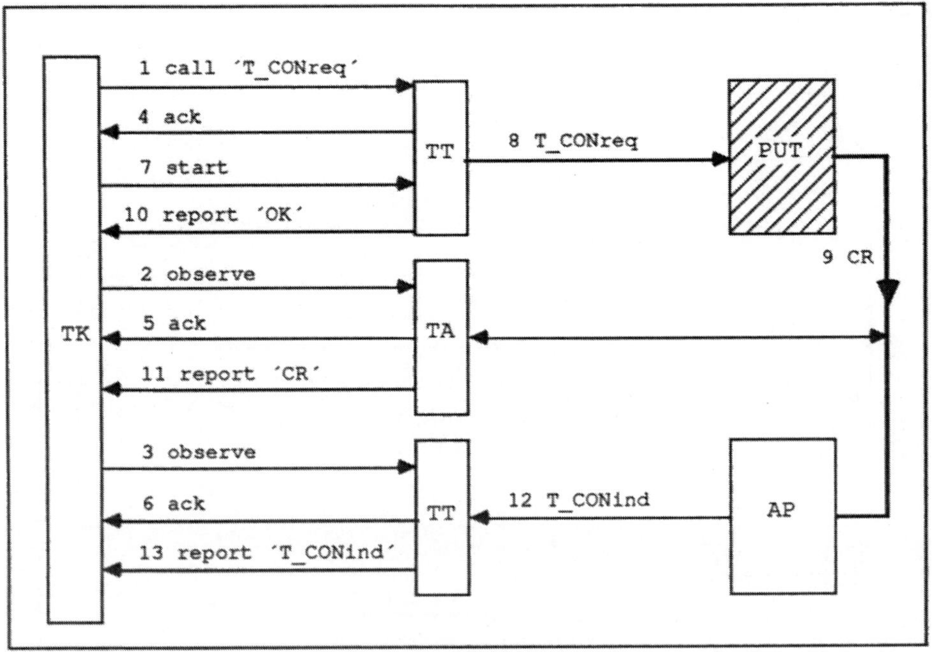

Bild D.4. Testschritt 5

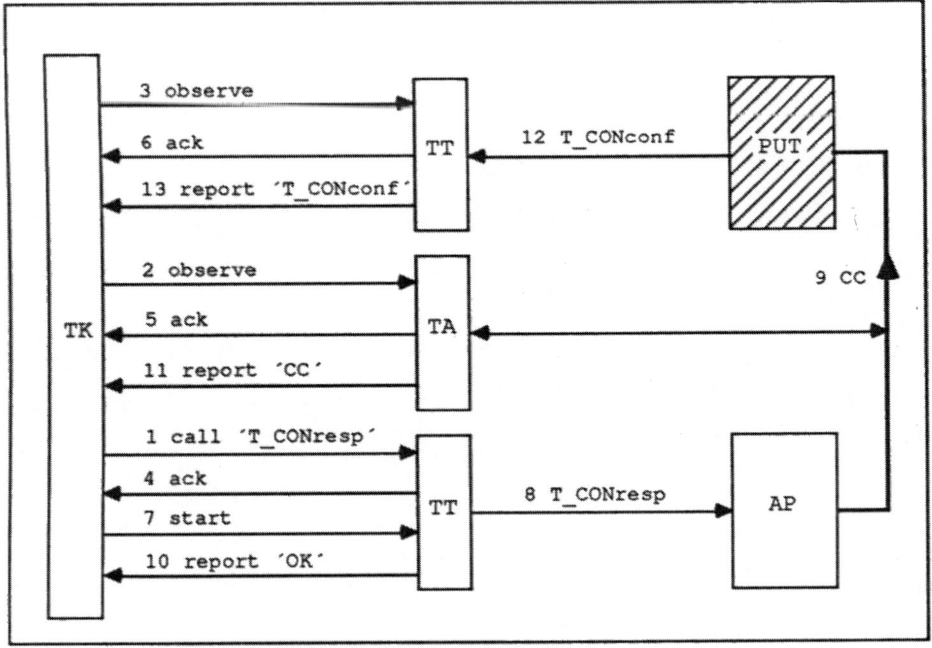

Bild D.5. Testschritt 6

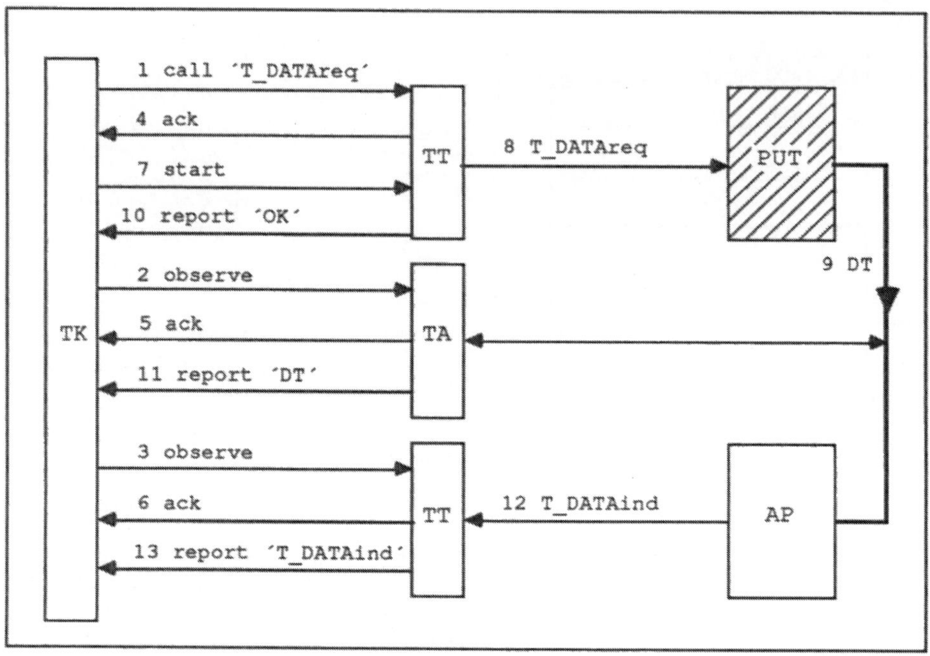

Bild D.6. Testschritt 7

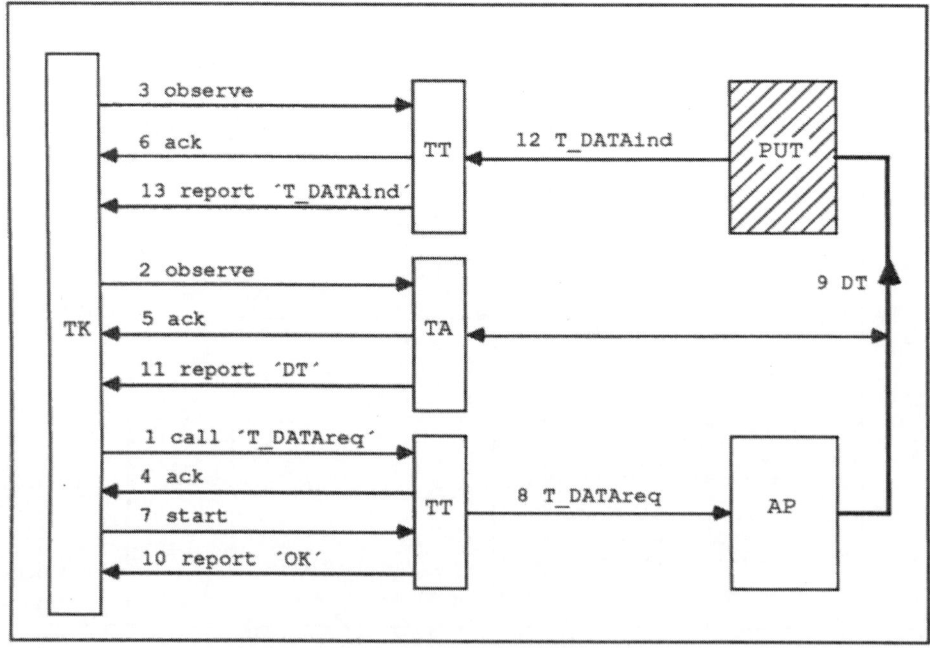

Bild D.7. Testschritt 8

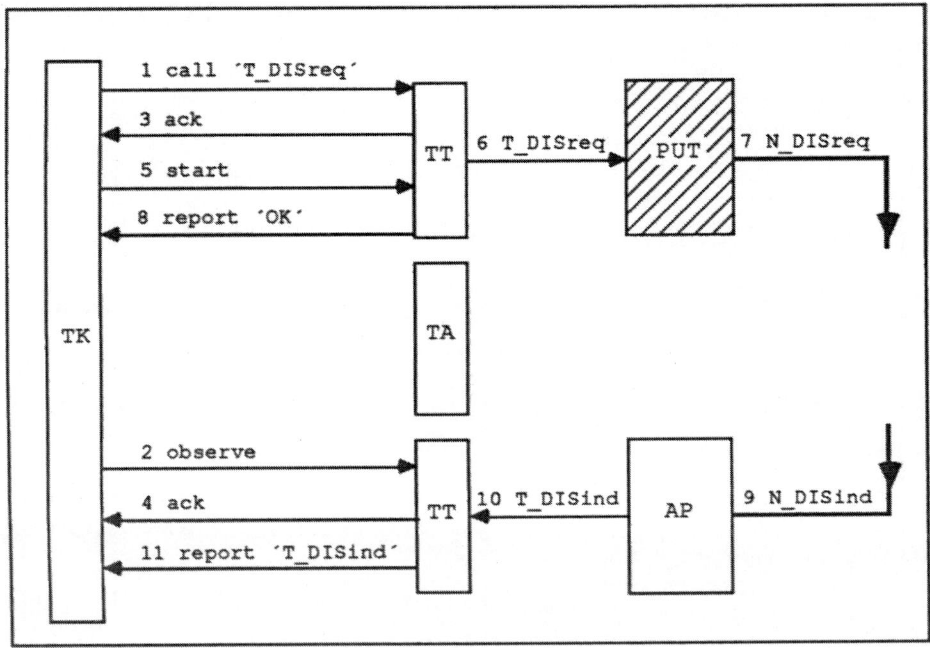

Bild D.8. Testschritt 9

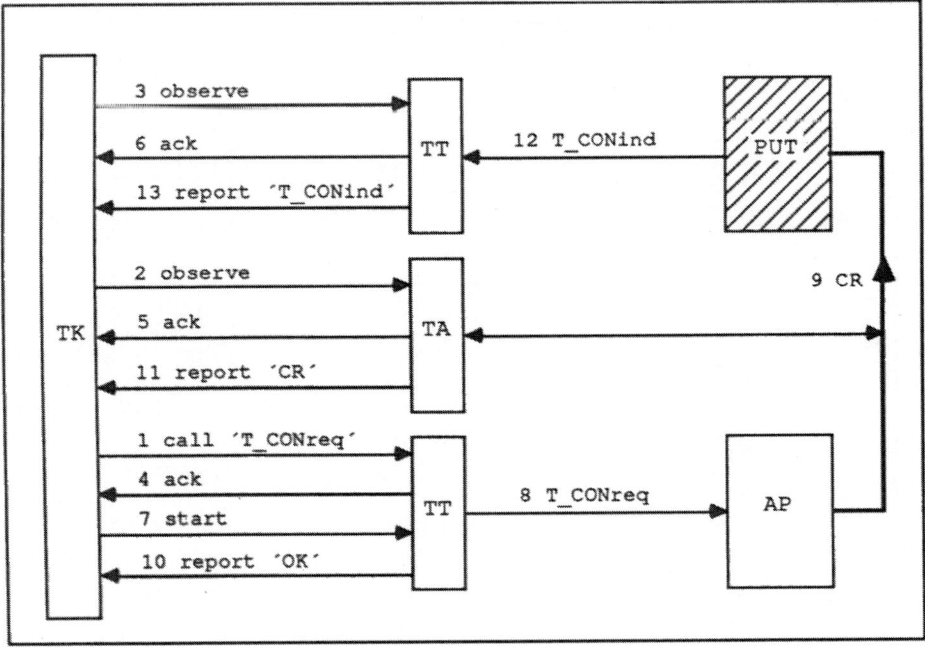

Bild D.9. Testschritt 10

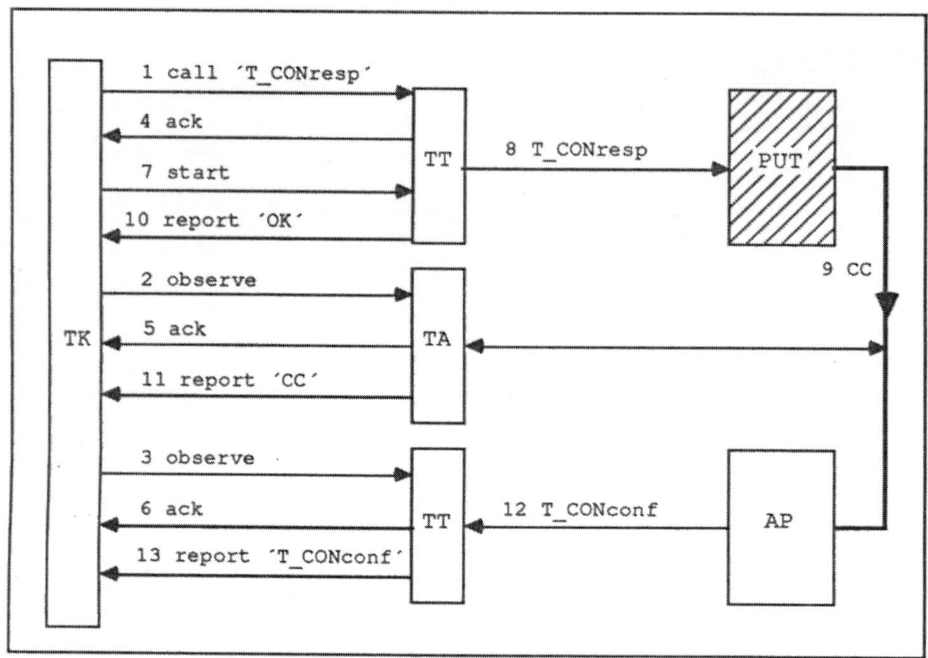

Bild D.10. Testschritt 11

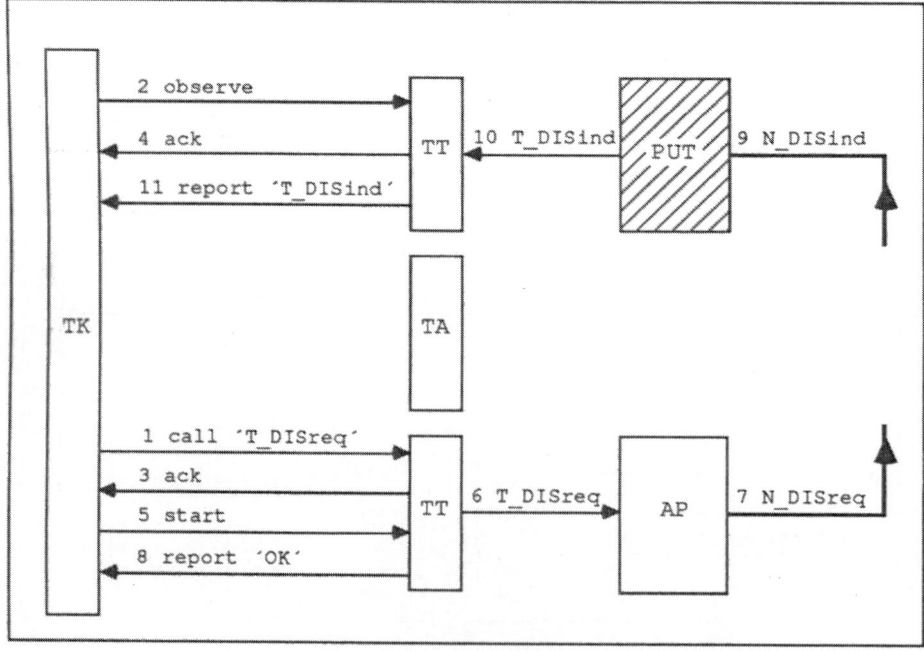

Bild D.11. Testschritt 12

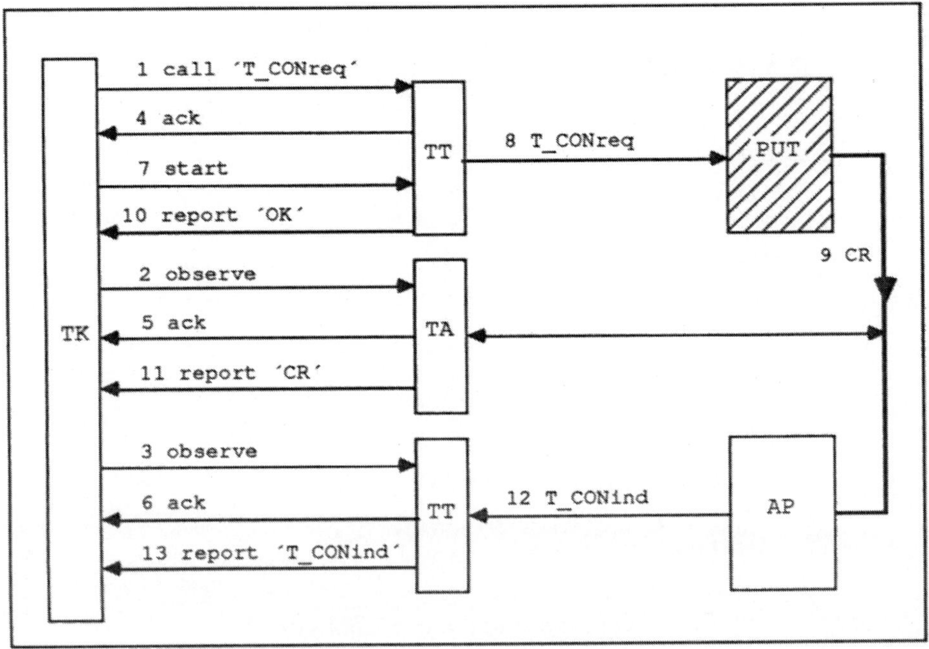

Bild D.12. Testschritt 13

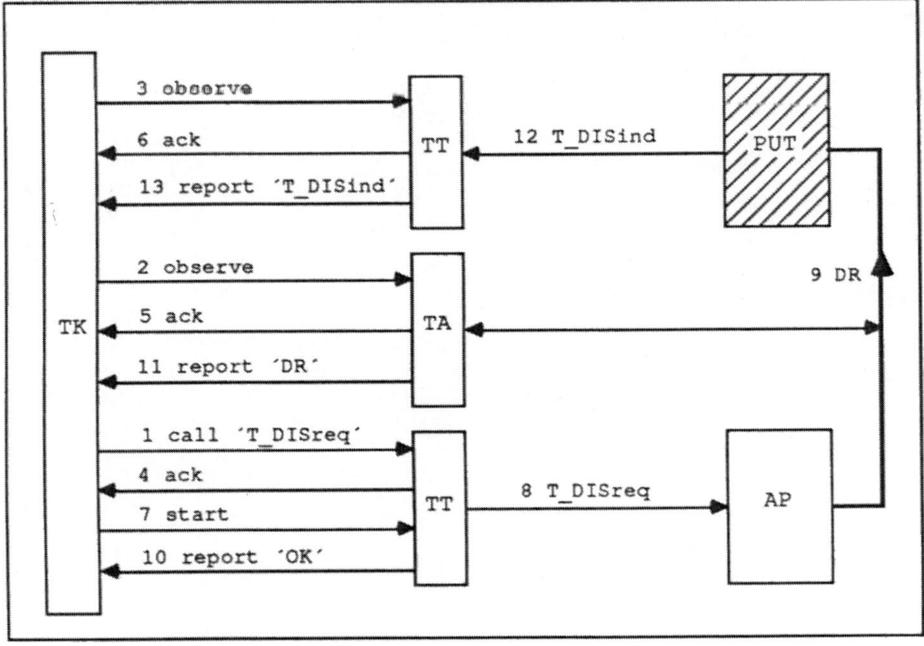

Bild D.13. Testschritt 14

Anhang E

Algorithmen

E.1 Erweiterungsalgorithmus

MAIN

BEGIN

$\mathcal{T}^{D'} := \mathcal{T}^{D};$

$\mathcal{T}^{I'} := \mathcal{T}^{I};$

$NZ := n;$

$NT := m;$

$NKT := 0;$

$WHILE\ (\mathcal{T}^{D'} \neq \emptyset)\ DO$

BEGIN

Waehle beliebiges $T \in \mathcal{T}^{D'}$

$\mathcal{T}^{D'} := \mathcal{T}^{D'} \setminus \{T\};$

$NKT := NKT + 1;$

$NZ := NZ + 1;$

$<$ *Bilde Kommandotransition* KT_{NKT} $>$

$az(KT_{NKT}) := NZ;$

$NZ := NZ + 1;$

$ez(KT_{NKT}) := NZ;$

$ee(KT_{NKT}) := \ 'AS';$

$ae(KT_{NKT}) := \ 'SCHNITTSTELLE';$

$NT := NT + 1;$

$<$ *Bilde neue Transition* T_{NT} $>$

$Z := RELAT(az(T));$

Bestimme $T' \in \mathcal{T}^{Z}$, *so dass gilt* $ee(T') = ae(T)$

$Z := ez(T);$

$az(T_{NT}) := NZ;$

$ez(T_{NT}) := ez(T);$

$ee(T_{NT}) := ee(T');$

$ae(T_{NT}) := ae(T');$

$ez(T) := NZ - 1;$

```
    IF (𝒯^Z ∩ 𝒯^D ≠ ∅) THEN
    BEGIN
        NZ := NZ + 1;
        NKT := NKT + 1;
        < Bilde Kommandotransition KT_NKT >
        az(KT_NKT) := NZ;
        ez(KT_NKT) := Z;
        ee(KT_NKT) := 'SUT';
        ae(KT_NKT) := 'SCHNITTSTELLE';
        ez(T_NT) := NZ;
    END;

END;

WHILE (𝒯^I‘ ≠ ∅) DO
BEGIN
    Waehle beliebiges T ∈ 𝒯^I‘
    𝒯^I‘ := 𝒯^I‘ \ {T};
    Z := RELAT(az(T));

    IF (∃T‘ ∈ 𝒯^Z : ae(T‘) = ee(T) ∧ T‘ ∈ 𝒯^D) THEN
    BEGIN
        Z := az(T);

        IF ((𝒯^Z ∩ 𝒯^D) ≠ ∅) THEN
        BEGIN
            NZ := NZ + 1;
            NKT := NKT + 1;
            < Bilde Kommandotransition KT_NKT >
            az(KT_NKT) := az(T);
            ez(KT_NKT) := NZ;
            ee(KT_NKT) := 'AS';
            ae(KT_NKT) := 'SCHNITTSTELLE';
            az(T) := NZ;
        END;

        NT := NT + 1;
        < Bilde neue Transition T_NT >
        Z := RELAT(Z);
        az(T_NT) := az(T);
        ez(T_NT) := NZ;
        ee(T_NT) := ee(T‘);
        ae(T_NT) := ae(T‘);
        NZ := NZ + 1;
        NKT := NKT + 1;
```

```
        < Bilde Kommandotransition KT_NKT >
        az(KT_NKT) := NZ;
        NZ := NZ + 1;
        ez(KT_NKT) := NZ;
        ee(KT_NKT) := 'SUT';
        ae(KT_NKT) := 'SCHNITTSTELLE';
        az(T) := NZ;
    END;
END;
WHILE (T^PT ≠ ∅) DO
BEGIN
    Waehle beliebiges T ∈ T^PT;
    T^PT := T^PT \ {T};
    Z := RELAT(az(T));
    IF (∄T' ∈ T^Z : ae(T') = ee(T)) THEN
    BEGIN
        Bestimme T* ∈ T^PT', so dassT* ≡ T
        NZ := NZ + 1;
        NKT := NKT + 1;
        < Bilde Kommandotransitionen KT_NKT >
        az(KT_NKT) := az(T*);
        ee(KT_NKT) := 'TAS';
        ae(KT_NKT) := 'ERZEUGE PAKET ee(T) UND SENDE ES ZU SUT';
        ez(KT_NKT) := NZ;
        NKT := NKT + 1;
        az(KT_NKT) := NZ;
        NZ := NZ + 1;
        ee(KT_NKT) := 'SUT';
        ae(KT_NKT) := 'SCHNITTSTELLE';
        ez(KT_NKT) := NZ;
        az(T*) := NZ;
        SONDERFUNKT_AS(Z,T);
    END;
END;
END;
```

```
procedure SONDERFUNKT_AS(Z,T);
BEGIN
 NZ = NZ + 1;
 NKT := NKT + 1;
 ez(T) := NZ;

 IF (ae(T) ≠ 'N_DISreq') THEN
 BEGIN
     < Bilde Kommandotransition KT_NKT >
     az(KT_NKT) := NZ;
     NZ := NZ + 1;
     ee(KT_NKT) := 'TAS';

     IF (Z = 4) THEN
        ae(KT_NKT) := 'ERZEUGE PAKET ‘CR‘ UND SENDE ES ZU AS'
     ELSE
        ae(KT_NKT) := 'ERZEUGE PAKET ‘DR‘ UND SENDE ES ZU AS';

     ez(KT_NKT) := NZ;
     NKT := NKT + 1;
 END;

 < Bilde Kommandotransition KT_NKT >
 az(KT_NKT) := NZ;
 ee(KT_NKT) := 'AS';
 ae(KT_NKT) := 'SCHNITTSTELLE';
 NZ := NZ + 1;
 ez(KT_NKT) := NZ;
 NT := NT + 1;
 < Bilde neue Transition T_NT >

 IF (ae(T) = 'N_DISreq') THEN
    ermittle T‘ ∈ 𝒯^Z mit ee(T‘) = 'N_DISind'
 ELSE
    IF (Z = 4) THEN ermittle T‘ ∈ 𝒯^Z mit ee(T‘) = 'CR'
    ELSE ermittle T‘ ∈ 𝒯^Z mit ee(T‘) = 'DR';

 az(T_NT) := NZ;
 ee(T_NT) := ee(T‘);
 ae(T_NT) := ae(T‘);
 NZ := NZ + 1;
 ez(T_NT) := NZ;
 NKT := NKT + 1;
```

```
< Bilde Kommandotransition KT_NKT >
az(KT_NKT) := NZ;
ee(KT_NKT) := 'SUT';
ae(KT_NKT) := 'SCHNITTSTELLE';
ez(KT_NKT) := IZ;
RETURN;
END;
```

Die Transitionenmengen, die in den Erweiterungsalgorithmus eingehen, entsprechen den in Kapitel 6.3 beschriebenen Transitionenmengen.

E.2 Algorithmus zur Darstellung der Funktionsweise des Testkoordinators

```
procedure INTERPRETER;

/****************************************************************************
Die Prozedur INTERPRETER liest die Testszenario-Datei ein und interpretiert den
Inhalt entsprechend der durch die Test Control Language festgelegten Syntax.
****************************************************************************/

begin

    /*****
    Lies die erste Zeile der Testszenario-Datei
    *****/

    READ(FILE, NUMMER,KOMPONENTE, AUFTRAG);

    while ((AUFTRAG ≠ 'ENDESZENARIO') and OK) do
    begin

        /*****
        Bearbeite eine Zeile der Testszenario-Datei
        *****/

        if ((NUMMER ≠ TESTSCHRITT) and not BLOCK) then
        begin

            /*****
            Alle Informationen, die sich auf einen Testschritt bzw. einen Block
            beziehen, wurden eingelesen, so daß der Testschritt ausgeführt
            werden kann.
            *****/

            for I:=1 to WIEDERHOLUNGEN do
            begin

                /*****
                Testschritt bzw. Block entsprechend der vorgegebenen Anzahl
                (WIEDERHOLUNGEN) wiederholen
                *****/

                OK := SENDE_AUFTRAGSBLÖCKE;
```

```
        if OK then
        begin

            /*****
            Die Testsytemkomponenten wurden erfolgreich synchronisiert. Die
            Ausführung des Testschrittes bzw. der Testschritte auslösen.
            *****/

            TKP_SEND(AKTIVEKOMPONENTE, STARTBLOCK);

            for I:=1 to BERICHTWIEDERHOLUNGEN do
            begin

                /*****
                Warte auf Berichtblöcke der Testsystemkomponenten und
                werte sie aus.
                *****/

                OK := WARTE_AUF_BERICHTBLÖCKE;
                if OK then WERTE_BERICHTBLÖCKE_AUS[I];
            end; /* for */

            if FEHLERENTDECKT then RESET_PROTOKOLLE;
            BERICHTWIEDERHOLUNGEN := 1;
            TESTSCHRITT := NUMMER;
        end /* then */
        else
            STOP;
    end; /* for */

    WIEDERHOLUNGEN := 1;
    AKTIVEKOMPONENTE := 'TAS';
end /* then */
else
begin

    /*****
    Weitere Informationen über den aktuellen Testschritt auswerten.
    *****/
```

```
            case KOMPONENTE of
            begin
               'TK'  : TK_KOMMANDO(AUFTRAG);
               'SUT' : TT_KOMMANDO(KOMPONENTE, AUFTRAG);
               'AS'  : TT_KOMMANDO(KOMPONENTE, AUFTRAG);
               'TAS' : TAS_KOMMANDO(AUFTRAG);
            end; /* case */

         end; /* else */

         READ(FILE, NUMMER, KOMPONENTE, AUFTRAG);
      end; /* while */

end; /* INTERPRETER */




procedure TK_KOMMANDO(AUFTRAG);

/*************************************************************************
Interpretiere TK-Kommando.
*************************************************************************/

begin

   case AUFTRAG of
   begin
      'BEGINNSCHLEIFE'  : begin
                             BLOCK := true;
                             read(FILE, WIEDERHOLUNGEN);
                          end;
      'ENDESCHLEIFE'    : BLOCK := false;
      'BEGINNSZENARIO'  : ;
      'BEGINNBLOCK'     : BLOCK := true;
      'ENDEBLOCK'       : BLOCK := false;
      'AUFSETZPUNKT'    : ;
      'WARTE'           : READ(FILE, WARTEZEIT);
   end; /* case */

end; /* TK_KOMMANDO */
```

procedure **TT_KOMMANDO**(KOMPONENTE, AUFTRAG);

```
/**************************************************************************
Interpretiere TT-Kommando.
**************************************************************************/

begin

    case AUFTRAG of
    begin
        'BEGINNSCHLEIFE' : begin
                               BLOCK := true;
                               READ(FILE, BERICHTWIEDERHOLUNGEN);
                           end;
        'ENDESCHLEIFE'   : BLOCK := false;
        'SCHNITTSTELLE'  : begin
                               READ(FILE, EINGABEEREIGNISSE);
                               READ(FILE, AUSGABEEREIGNISSE);
                               if((FIRSTCHAR(EINGABEEREIGNISSE) = '!') and
                                  (AKTIVEKOMPONENTE = '0')) then
                                  AKTIVEKOMPONENTE := KOMPONENTE;
                           end;
    end; /* case */

    ERSTELLE_AUFTRAGSBLOCK;

    case KOMPONENTE of
        'SUT' : begin

                /*****
                Hänge Auftragsblock in die SUT-Warteschlange ein.
                *****/

                ENQUEUE(SUT_WS, AUFTRAGSBLOCK);
                SUT_WS.GRÖSSE := SUT_WS.GRÖSSE +1;
            end;
        'AS'  : begin

                /*****
                Hänge Auftragsblock in die AS-Warteschlange ein.
                *****/
```

```
                ENQUEUE(AS_WS, AUFTRAGSBLOCK);
                AS_WS.GRÖSSE := AS_WS.GRÖSSE +1;
            end;
    end; /* case */

end; /* TT_KOMMANDO */



procedure TAS_KOMMANDO(AUFTRAG);

/****************************************************************************
Interpretiere TAS-Kommando.
****************************************************************************/

begin

    READ(FILE, REST_DES_AUFTRAGES);
    ERSTELLE_AUFTRAGSBLOCK;
    ENQUEUE(TAS_WS, AUFTRAGSBLOCK);
    TAS_WS.GRÖSSE := TAS_WS.GRÖSSE +1;

end; /* TAS_KOMMANDO */



function SENDE_AUFTRAGSBLÖCKE; BOOLEAN;

/****************************************************************************
Versende Auftragsblöcke.
****************************************************************************/

begin

    /*****
    Auftragsblöcke für SUT.
    *****/

    SENDE_AUFTRAGSBLÖCKE := SENDE('SUT', SUT_WS);
    if not SENDE_AUFTRAGSBLÖCKE then return;
```

```
    /*****
    Auftragsblöcke für AS.
    *****/

    SENDE_AUFTRAGSBLÖCKE := SENDE('AS', AS_WS);
    if not SENDE_AUFTRAGSBLÖCKE then return;

    /*****
    Auftragsblöcke für TAS.
    *****/

    SENDE_AUFTRAGSBLÖCKE := SENDE('TAS', TAS_WS);

end; /* SENDE_AUFTRAGSBLÖCKE */



function SENDE(KOMPONENTE, WS); BOOLEAN;

/**************************************************************************
Die Funktion SENDE bildet die Schnittstelle zum Testkoordinierungsprotokoll (TKP).
Durch den Aufruf dieser Funktion wird die Übermittlung von Blöcken zwischen dem
Testkoordinator und den Testtreibern bzw. dem Testagenten über das TKP ausgelöst.
**************************************************************************/

begin

    SENDE := true;
    CANCEL := false;

    for I := 1 to WS.GRÖSSE do
    begin

        /*****
        Übermittle alle Auftragsblöcke, die in der angegebenen Warteschlange zwischen-
        gespeichert sind.
        *****/

        TKP_SEND(KOMPONENTE, WS.AUFTRAGSBLOCK[I]);
```

```
    /*****
    Starte Zeitüberwachung
    *****/

    START_TIMEOUT(ZEITINTERVALL,
                  BEARBEITE_AUFTRAG_TIMEOUT(KOMPONENTE,
                                            WS.AUFTRAGSBLOCK[I]));

    /*****
    Warte auf Quittungsblöcke.
    *****/

    TKP_WAIT_RECEIVE(KOMPONENTE, QUITTUNGSSBLÖCKE);

    if CANCEL then
    begin

      /*****
      Das Zeitintervall ist abgelaufen, ohne daß alle Quittungsblöcke eingetroffen
      sind. Breche Testausführung ab.
      *****/

      SUT_WS.GRÖSSE := 0;
      AS_WS.GRÖSSE := 0;
      TAS_WS.GRÖSSE := 0;
      SENDE := false;
      return;
    end; /* if */

    /*****
    Alle Quittungsblöcke wurden innerhalb des vorgegebenen Zeitintervalles
    empfangen. Setze Zeitüberwachung zurück.
    *****/

    LÖSCHE_TIMEOUT;
  end; /* for */

  WS.GRÖSSE := 0;

end; /* SENDE */
```

```
procedure BEARBEITE_AUFTRAG_TIMEOUT(KOMPONENTE, BLOCK);

/*****************************************************************************
Diese Prozedur dient als Unterbrechungsroutine für das Ereignis 'Zeitintervall abgelaufen'
in Verbindung mit der Übermittlung eines Auftragblockes. Die Prozedur wird
aktiviert, sobald das Zeitintervall abgelaufen ist. Der Block, der innerhalb des gege-
benen Zeitintervalles nicht quittiert wurde, wird erneut gesendet. Wurde nach
MAXWIEDERHOLUNGEN Versuchen immer noch kein Quittungsblock empfangen,
so wird die Testausführung abgebrochen.
*****************************************************************************/

begin

   if (SENDEWIEDERHOLUNGEN = MAXWIEDERHOLUNGEN) then
   begin

      /*****
      Breche Testausführung ab, da nach MAXWIEDERHOLUNGEN kein
      Quittungsblock empfangen wurde.
      *****/

      SENDEWIEDERHOLUNGEN := 0;
      TKP_CANCEL_RECEIVE;
      CANCEL := true;
   end; /* then */
   else
   begin

      /*****
      Wiederhole Blockübermittlung
      *****/

      SENDEWIEDERHOLUNGEN := SENDEWIEDERHOLUNGEN + 1;
      TKP_SEND(KOMPONENTE, BLOCK);
      START_TIMEOUT(ZEITINTERVALL,
                    BEARBEITE_AUFTRAG_TIMEOUT(KOMPONENTE,
                                              BLOCK));

   end; /* else */

end; /* BEARBEITE_AUFTRAG_TIMEOUT */
```

procedure **BEARBEITE_BERICHT_TIMEOUT**

/***
Diese Prozedur dient als Unterbrechungsroutine für das Ereignis 'Zeitintervall abgelaufen' in Verbindung mit dem Empfang eines Berichtblockes. Die Prozedur wird aktiviert, sobald das Zeitintervall abgelaufen ist. Wurde innerhalb des gegebenen Zeitintervalles der Berichtblock nicht empfangen, so wird der Funktion WARTE_AUF_BERICHTBLÖCKE angezeigt, daß die PUT und das AP zurückzusetzen sind.
***/

begin

CANCEL := true;

end; /* BEARBEITE_BERICHT_TIMEOUT */

function **WARTE_AUF_BERICHTBLÖCKE**;

/***
Diese Funktion überwacht den Empfang der Berichtblöcke, die von jeder Testsystemkomponente nach der Ausführung des zugeordneten Auftrages an den Testkoordinator zurückgesandt werden.
***/

begin

WARTE_AUF_BERICHTBLÖCKE := true;

/*****
Warte zuerst auf den Berichtblock der aktiven Komponente.

Starte Zeitüberwachung.
*****/

CANCEL := false;
START_TIMEOUT(ZEITINTERVALL, BEARBEITE_BERICHT_TIMEOUT);
TKP_WAIT_RECEIVE(AKTIVEKOMPONENTE, BERICHT_BLOCK[1]);

```
if CANCEL then
begin

    /*****
    Das Zeitintervall ist abgelaufen, ohne daß der Berichtblock eingetroffen ist.
    Setze Protokolle zurück.
    *****/

    WRITE(REPORTFILE,"Testschritt abgebrochen, da Berichtblöcke ausblieben");
    WARTE_AUF_BERICHT_BLÖCKE := false ;
    RESET_PROTOKOLLE;
    return;
end; /* if */

/*****
Warte auf den Berichtblock des Testagenten.
Starte Zeitüberwachung.
*****/

START_TIMEOUT(ZEITINTERVALL, BEARBEITE_BERICHT_TIMEOUT);
TKP_WAIT_RECEIVE('TAS', BERICHT_BLOCK[2]);

if CANCEL then
begin

    /*****
    Das Zeitintervall ist abgelaufen, ohne daß der Berichtblock eingetroffen ist.
    Setze Protokolle zurück.
    *****/

    WRITE(REPORTFILE,"Testschritt abgebrochen, da Berichtblöcke ausblieben");
    WARTE_AUF_BERICHT_BLÖCKE := false ;
    RESET_PROTOKOLLE;
    return;
end; /* if */

/*****
Warte auf den Berichtblock der antwortenden Komponente.
Starte Zeitüberwachung.
*****/

if (AKTIVEKOMPONENTE = 'SUT') then KOMPONENTE := 'AS'
    else KOMPONENTE := 'SUT';
```

```
    START_TIMEOUT(ZEITINTERVALL, BEARBEITE_BERICHT_TIMEOUT);
    TKP_WAIT_RECEIVE(KOMPONENTE, BERICHT_BLOCK[3]);

    if CANCEL then
    begin

        /*****
        Das Zeitintervall ist abgelaufen, ohne daß der Berichtblock eingetroffen ist.
        Setze Protokolle zurück.
        *****/

        WRITE(REPORTFILE,"Testschritt abgebrochen, da Berichtblöcke ausblieben");
        WARTE_AUF_BERICHT_BLÖCKE := false ;
        RESET_PROTOKOLLE;
        return;
    end; /* if */

end; /* WARTE_AUF_BERICHT_BLÖCKE */
```

procedure **WERTE_BERICHTBLÖCKE_AUS**(BLOCKNUMMER);

```
/**********************************************************************************
WERTE_BERICHTBLÖCKE_AUS nimmt einen Vergleich zwischen den empfangenen
Berichtblöcken und den gesendeten Auftragsblöcken vor. Wird ein Unterschied zwischen
den Inhalten der beiden Blockarten festgestellt, liegt ein Protokollfehler vor und es
wird ein entsprechender Vermerk im REPORTFILE vorgenommen. Des weiteren wird
der Inhalt der Berichtblöcke im REPORTFILE abgespeichert.
**********************************************************************************/

begin

    /*****
    Bestimme Auftragswarteschlangen.
    *****/

    if (AKTIVEKOMPONENTE = 'SUT') then
    begin
        WS1 := SUT_WS;
        WS2 := AS_WS;
        ANTWORTKOMPONENTE := 'AS';
    end /* then */
```

```
else
begin
    WS1 := AS_WS;
    WS2 := SUT_WS;
    ANTWORTKOMPONENTE := 'SUT';
end; /* else */

/*****
Werte Berichtblock der aktiven Komponente aus. Speichere Inhalt des Berichtblockes
im REPORTFILE ab.
*****/

WRITE(REPORTFILE, TESTSCHRITT, AKTIVEKOMPONENTE,
        BERICHTBLOCK[1]);

if (BERICHTBLOCK[1] ≠ WS1.AUFTRAGSBLOCK[BLOCKNUMMER]) then
begin

    /*****
    Der Inhalt des Berichtblockes stimmt nicht mit dem des entsprechenden
    Auftragblockes überein - ein Protokollfehler wurde entdeckt.
    Vermerke Protokollfehler im REPORTFILE.
    *****/

    PROTOKOLLFEHLER := true;
    WRITE(REPORTFILE, "Protokollfehler entdeckt");
end; /* if */

/*****
Werte Berichtblock der aktiven Komponente aus. Speichere Inhalt des Berichtblockes
im REPORTFILE ab.
*****/

WRITE(REPORTFILE, TESTSCHRITT, "TAS", BERICHTBLOCK[2]);

if (BERICHTBLOCK[2] ≠ TAS_WS.AUFTRAGSBLOCK[BLOCKNUMMER]) then
begin

    /*****
    Der Inhalt des Berichtblockes stimmt nicht mit dem des entsprechenden
    Auftragblockes überein - ein Protokollfehler wurde entdeckt.
    Vermerke Protokollfehler im REPORTFILE.
    *****/
```

```
        PROTOKOLLFEHLER := true;
        write(REPORTFILE, "Protokollfehler entdeckt");
    end; /* if */

    /*****
    Werte Berichtblock der antwortenden Komponente aus. Speichere Inhalt des
    Berichtblockes im REPORTFILE ab.
    *****/

    WRITE(REPORTFILE, TESTSCHRITT, ANTWORTKOMPONENTE,
            BERICHTBLOCK[3]);

    if (BERICHTBLOCK[3] ≠ WS2.AUFTRAGSBLOCK[BLOCKNUMMER]) then
    begin

        /*****
        Der Inhalt des Berichtblockes stimmt nicht mit dem des entsprechenden
        Auftragblockes überein, d.h. ein Protokollfehler wurde entdeckt.
        Vermerke Protokollfehler im REPORTFILE.
        *****/

        PROTOKOLLFEHLER := true;
        WRITE(REPORTFILE, "Protokollfehler entdeckt");
    end; /* if */

end; /* WERTE_BERICHTBLÖCKE_AUS */


procedure RESET_PROTOKOLLE;

/*******************************************************************************
Die Prozedur wird nach dem Entdecken eines Protokollfehlers aufgerufen. PUT und AP
werden durch Abarbeitung des RESETSZENARIOS in den Initialzustand überführt und
im TESTSZENARIO alle Zeilen bis zum nächsten AUFSETZPUNKT überlesen.
*******************************************************************************/
```

```
begin

    if RESET then
    begin

        /*****
        Während der Abarbeitung des RESETSZENARIOS wurde ein Protokollfehler
        entdeckt. Testausführung abbrechen.
        *****/

        STOP;
    end; /* if */

    RESET := true;

    /*****
    Arbeite das RESETSZENARIO ab.
    *****/

    FILE := 'RESETSZENARIO';
    OPEN(FILE);
    TESTSCHRITT := 1;
    INTERPRETER;
    CLOSE(FILE);

    /*****
    Überlese alle Zeilen der TESTSZENARIO-Datei bis zum nächsten AUFSETZPUNKT
    *****/

    RESET := false;
    FILE := 'TESTSZENARIO';
    READ(FILE, NUMMER, KOMPONENTE, AUFTRAGSART);

    while (AUFTRAGSART ≠ 'AUFSETZPUNKT') do
        READ(FILE, NUMMER, KOMPONENTE, AUFTRAGSART);

    TESTSCHRITT := NUMMER;

end; /* RESET_PROTOKOLLE */
```

```
MAIN;

/*****************************************************************************
Hauptprogramm.
*****************************************************************************/

begin

    /*****
    Vorbelegung der verwendeten Variablen.
    *****/

    AKTIVEKOMPONENTE := 'TAS';
    AS_WS.GRÖSSE := 0;
    BLOCK := false;
    CANCEL := false;
    FEHLERENTDECKT := false;
    MAXWIEDERHOLUNGEN := 3;
    OK := true;
    BERICHTWIEDERHOLUNGEN := 1;
    RESET := false;
    SUT_WS.GRÖSSE := 0;
    TAS_WS.GRÖSSE := 0;
    TESTSCHRITT := 1;

    WARTEZEIT := 00:00:00;
    WIEDERHOLUNGEN := 1;
    ZEITINTERVALL := 3;

    /*****
    Öffne Dateien.
    *****/

    FILE := 'TESTSZENARIO';
    REPORTFILE := 'ERGEBNISDATEN-DATEI';
    OPEN(FILE);
    OPEN(REPORTFILE);

    /*****
    Starte Interpreter
    *****/

    INTERPRETER;
```

```
/*****
Schließe Dateien.
*****/

CLOSE(FILE);
CLOSE(REPORTFILE);

end; /* MAIN */
```

Die folgenden Prozeduren, die oben innerhalb der einzelnen Prozeduren bzw. Funktionen Verwendung finden, werden hier an dieser Stelle nur verbal beschrieben, da sie die Funktion des TK nur unterstützen und nicht bestimmen.

CLOSE(FILE);
Schließt die durch FILE gekennzeichnete Datei.

ENQUEUE(WARTESCHLANGE, BLOCK);
Reiht BLOCK als letztes Element in die WARTESCHLANGE ein.

ERSTELLE_AUFTRAGSBLOCK;
Erstellt anhand der aus dem Testszenario eingelesenen Informationen einen Auftragsblock, der an eine der Testsystemkomponenten übermittelt werden soll.

FIRSTCHAR(STRING);
Gibt das erste Character von STRING an die aufrufende Instanz zurück.

LÖSCHE_TIMEOUT;
Bricht Zeitüberwachung ab.

OPEN(FILE);
Öffnet die durch FILE gekennzeichnete Datei.

READ(FILE, ...);
Liest Informationen aus der durch FILE gekennzeichneten Datei.

STARTE_TIMEOUT(ZEITINTERVALL, UNTERBRECHUNGSROUTINE);
Starte Zeitüberwachung. Wird die Zeitüberwachung innerhalb von ZEITINTERVALL Sekunden nicht abgebrochen, wird die Prozedur UNTERBRECHUNGSROUTINE aktiviert.

STOP;
Bricht Programmausführung ab und vermerkt Abbruch im REPORTFILE.

TKP_CANCEL_RECEIVE(KOMPONENTE, BLOCK);
Bricht Warten auf den Empfang eines Blockes ab. Das Programm wird mit der Anweisung, die auf das betroffene TKP_WAIT_RECEIVE folgt, fortgesetzt.

TKP_SEND(KOMPONENTE, BLOCK);
Sendet BLOCK an die durch KOMPONENTE gekennzeichnete Testsystemkomponente.

TKP_WAIT_RECEIVE(KOMPONENTE, BLOCK);
Wartet auf den Empfang von BLOCK von der durch KOMPONENTE gekennzeichneten Testsystemkomponente.

WRITE(FILE, ...);
Schreibe Informationen in die durch FILE gekennzeichnete Datei.

Anhang F

Automaten

F.1 Erweiterter Automat B2"

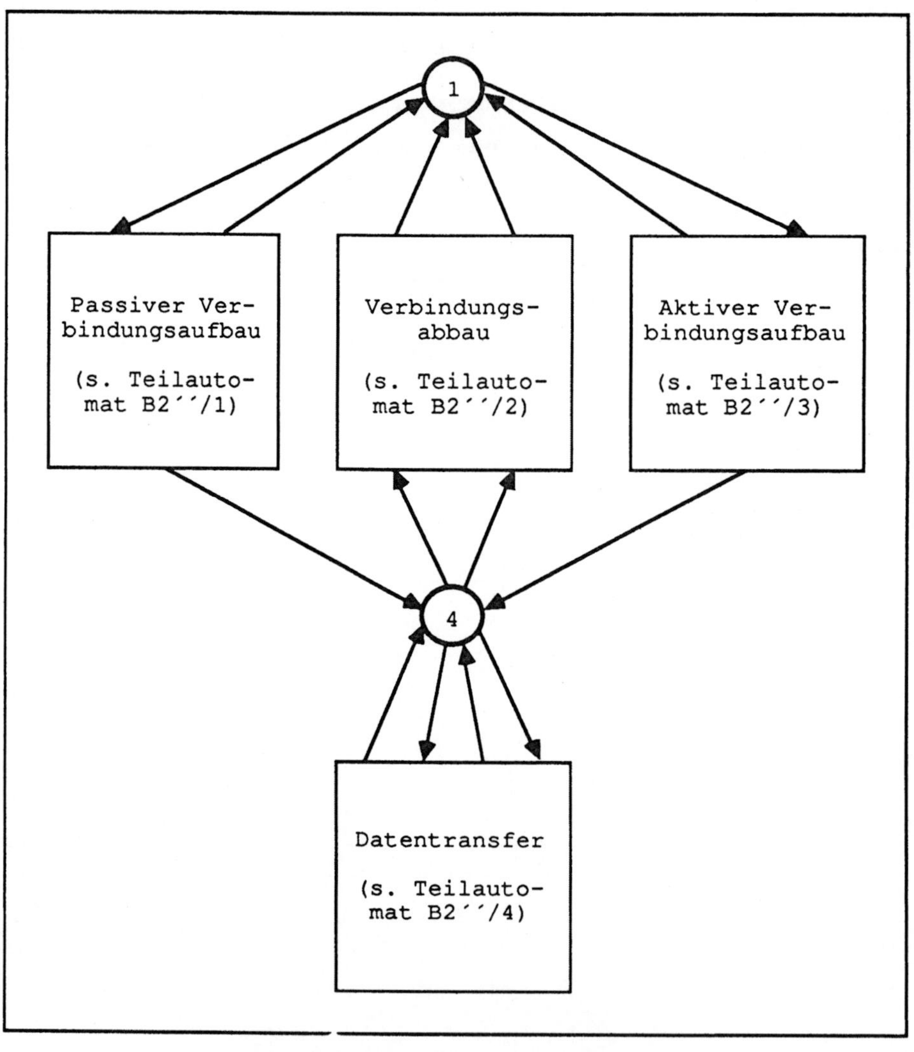

Bild F.1. Erweiterter Automat B2"

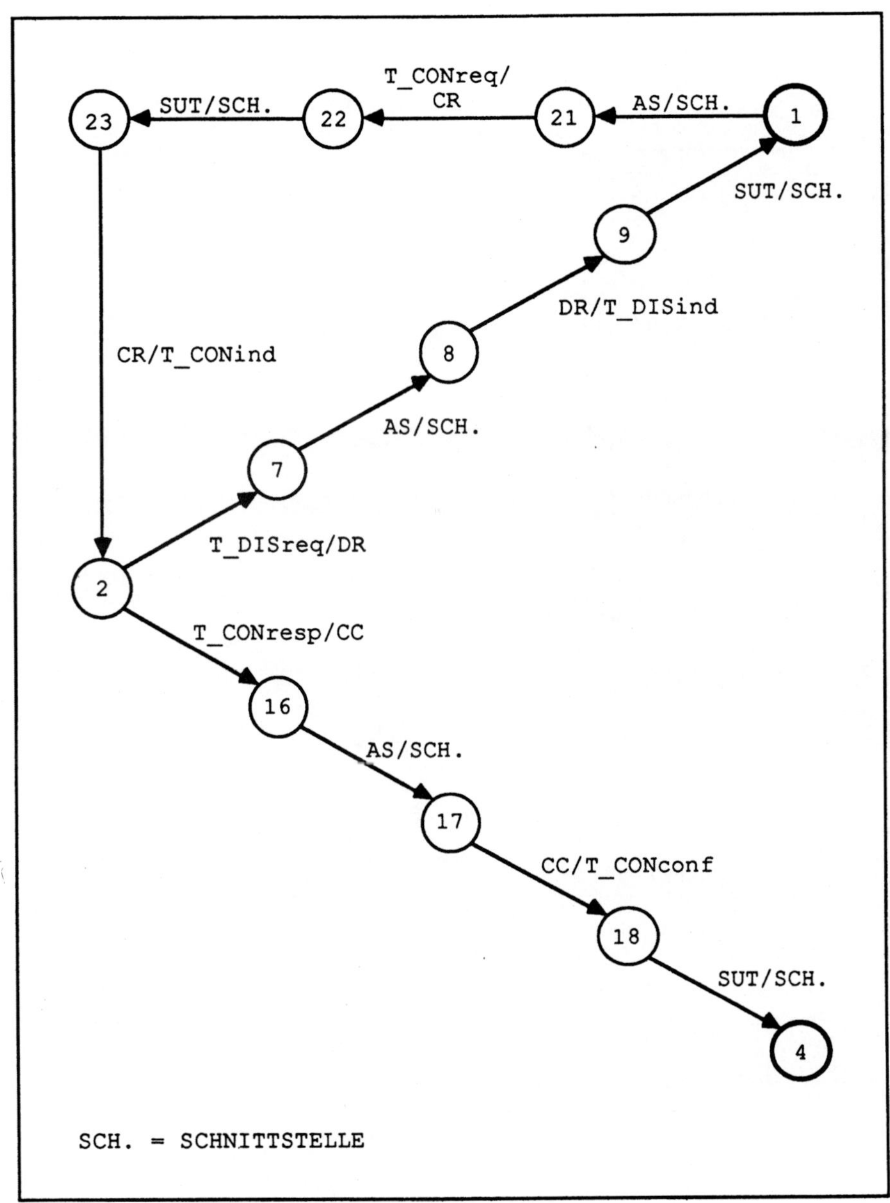

Bild F.2. Teilautomat B2"/1

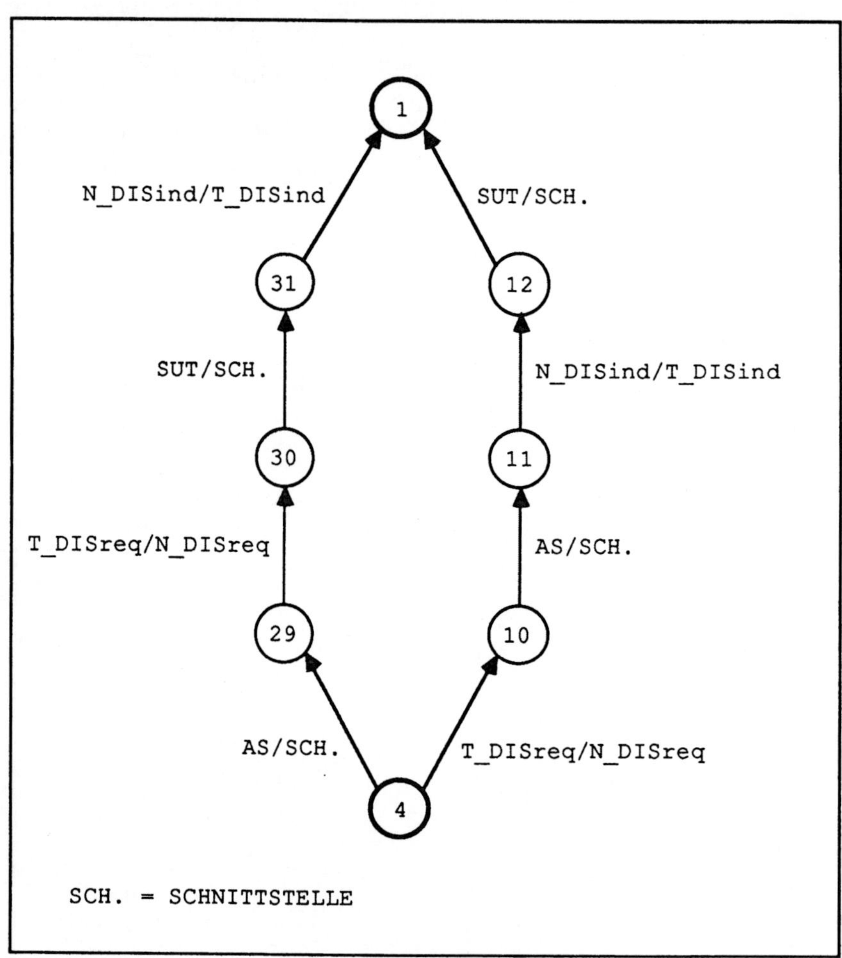

Bild F.3. Teilautomat B2"/2

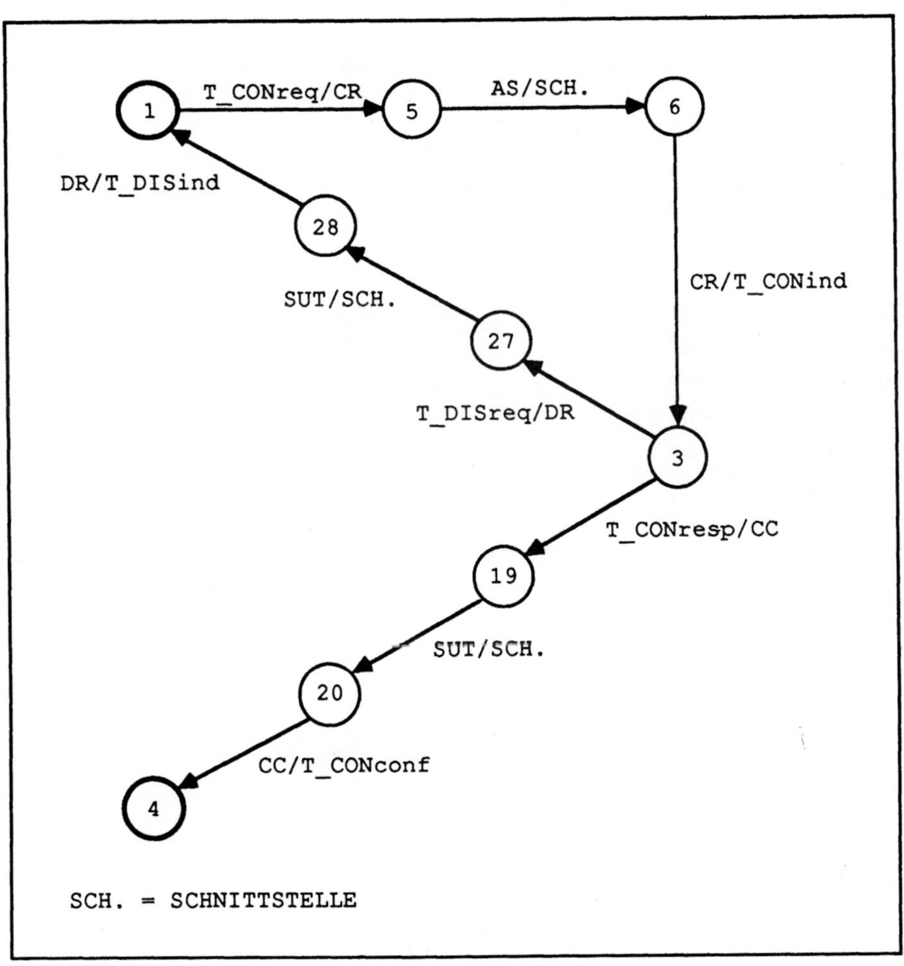

Bild F.4. Teilautomat B2"/3

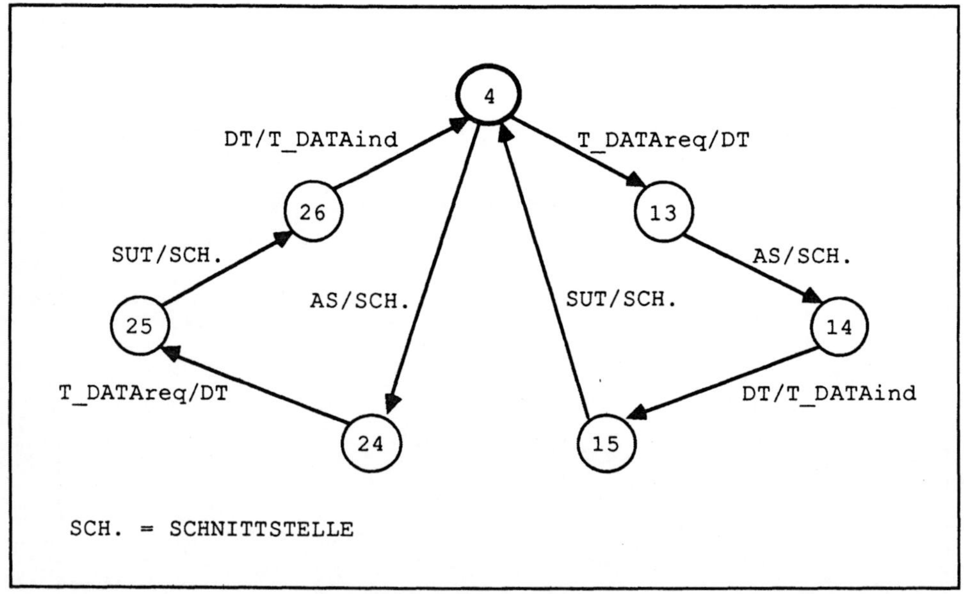

Bild F.5. Teilautomat B2"/4

F.2 Erweiterter Automat B3'

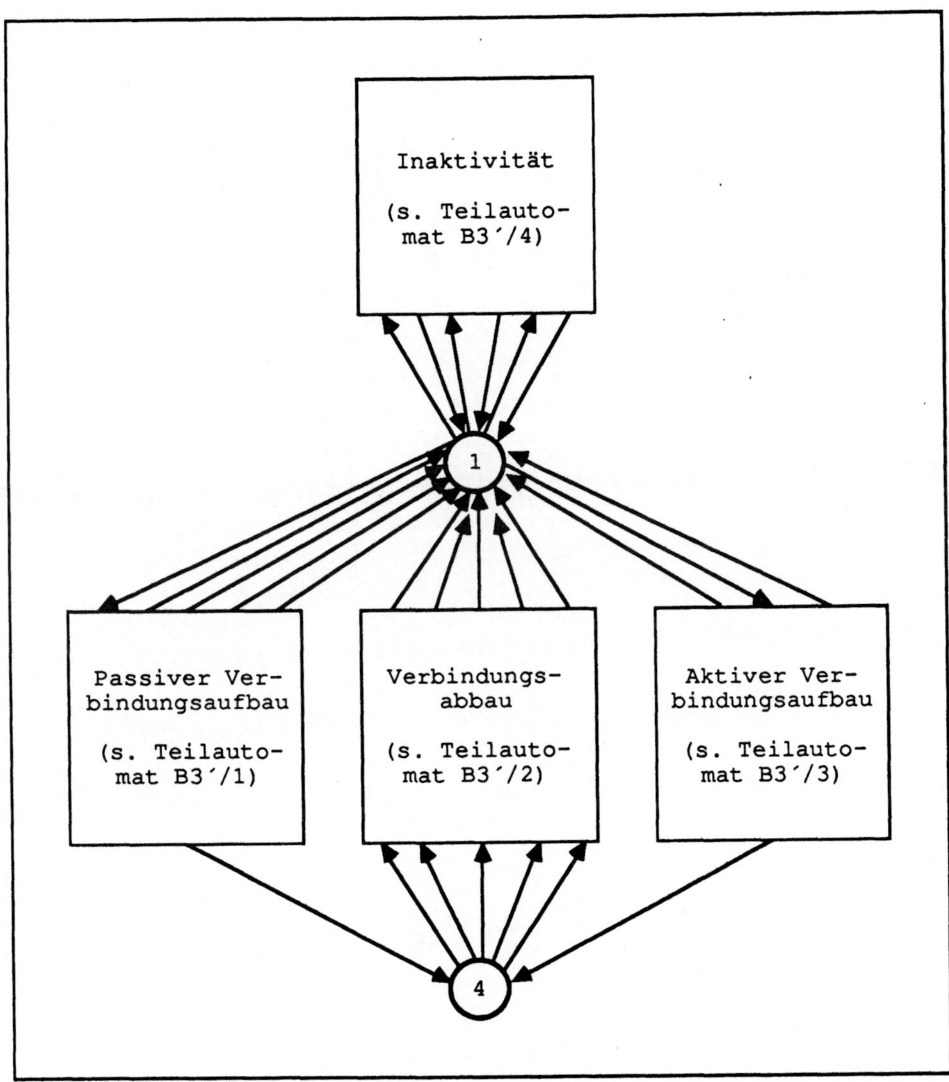

Bild F.6. Erweiterter Automat B3'

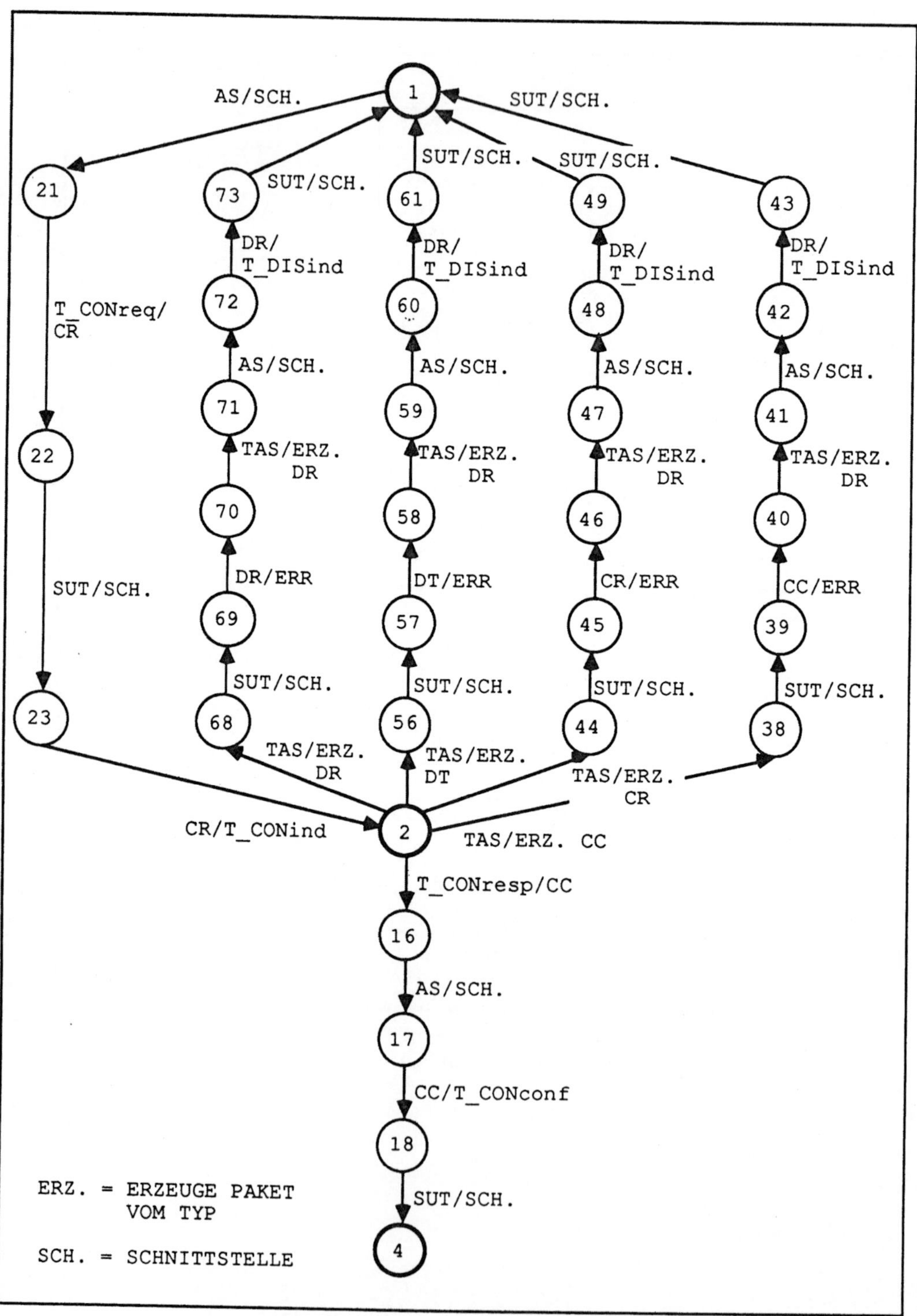

Bild F.7. Teilautomat B3'/1

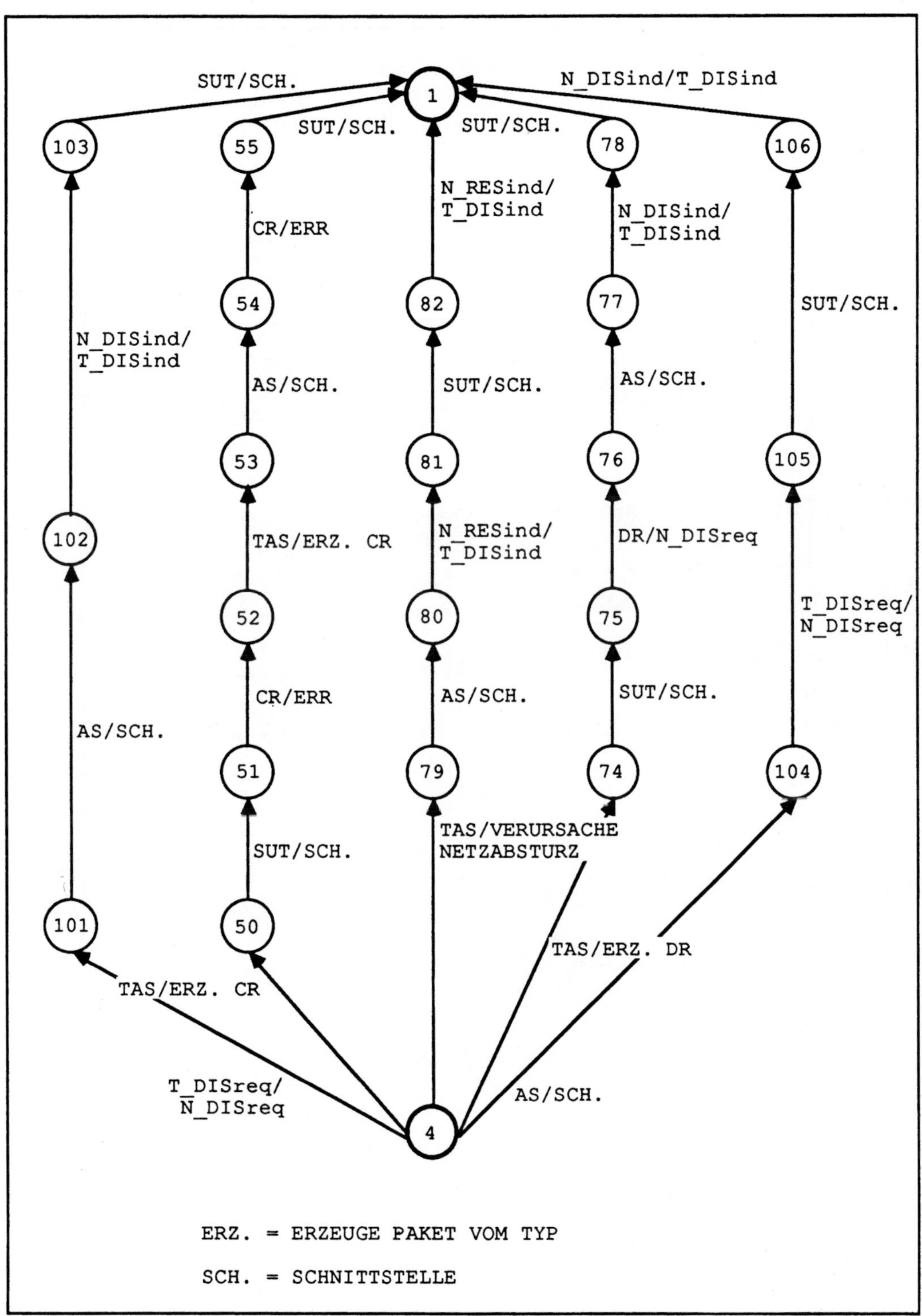

Bild F.8. Teilautomat B3'/2

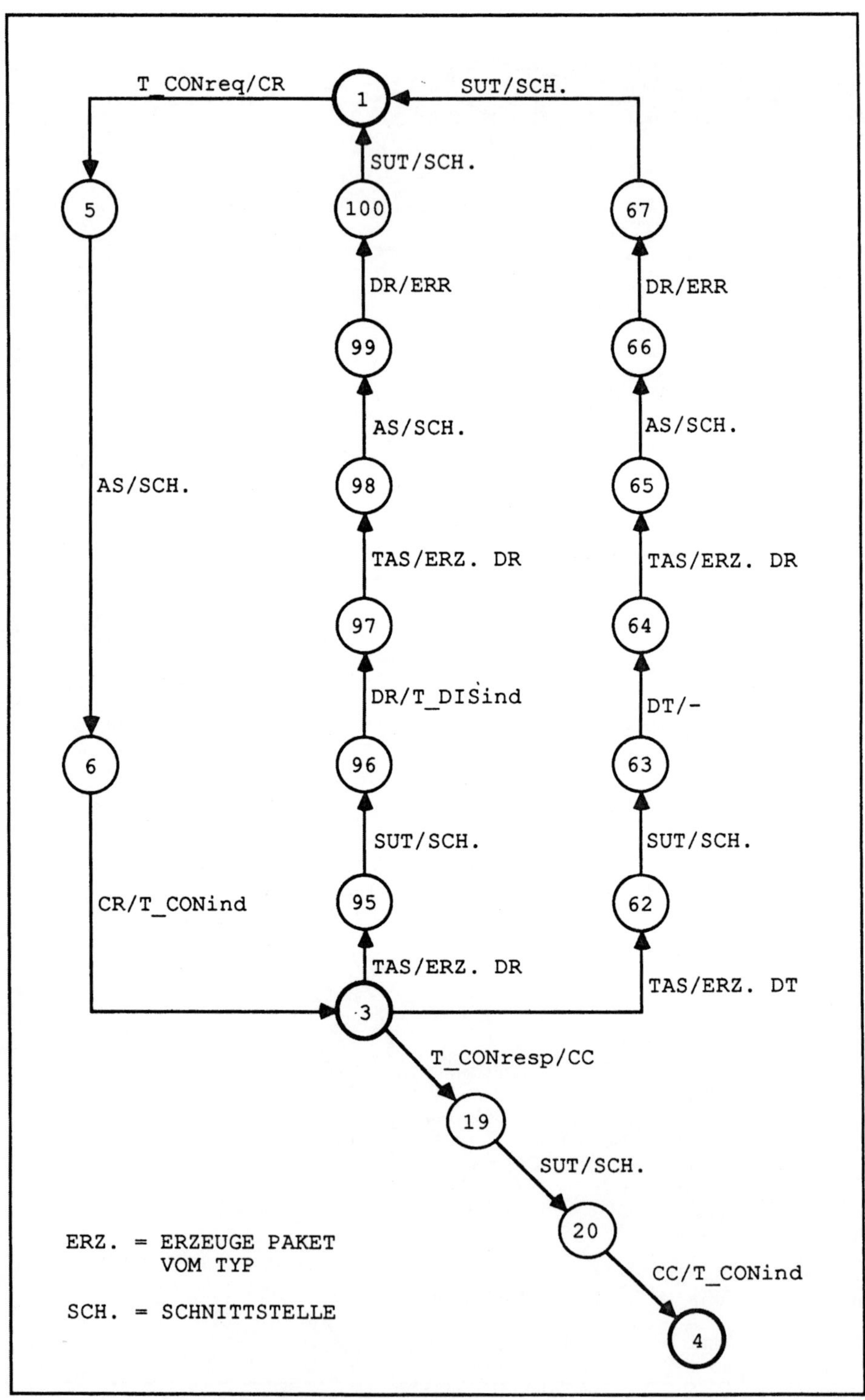

Bild F.9. Teilautomat B3'/3

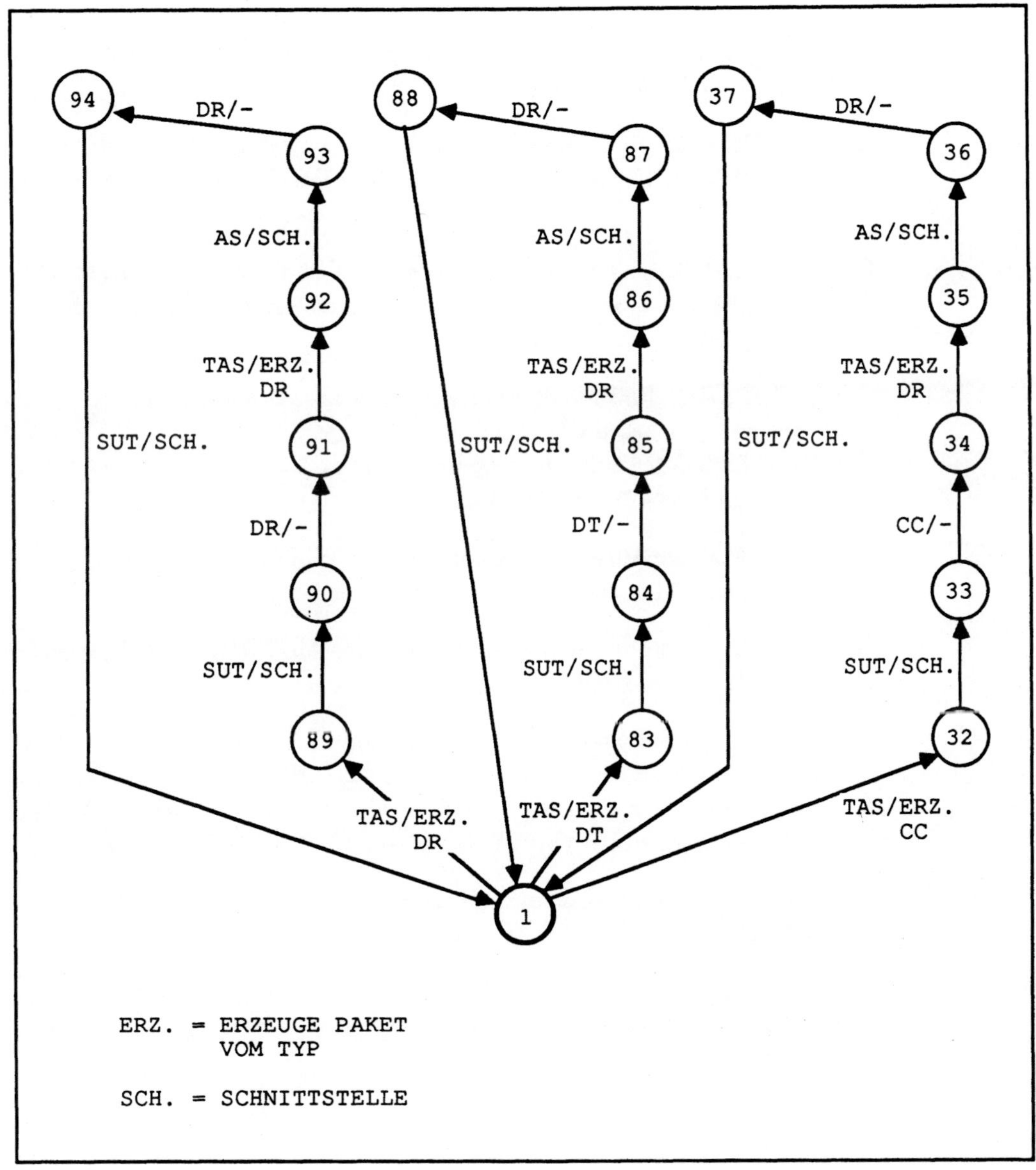

Bild F.10. Teilautomat B3'/4

Literatur

[Abra 77] Abramson N.: "The ALOHA system - Another alternative for computer communication", Proc. 1977 Fall Joint Comp. Conf., Arlington, VA, S. 117-128, 1977

[ASN 87a] "Specification of Abstract Syntax Notation One (ASN.1)", ISO IS 8824, 1987

[ASN 87b] "Specification of Basic Encoding Rules for Abstract Syntax Notation One (ASN.1)", ISO IS 8825, 1987

[Bolz 87] Bolz R.: "Entwurf und Implementierung eines Testsystems für den Test von ISO/OSI-Protokollen", Diplomarbeit an der Universität Karlsruhe, 1987

[Chow 78] Chow T.S.: "Testing Software Design Modeled by Finite State Machines", IEEE Transaction on Software Engeneering, Vol. SE-4, Nr. 3, S. 178-187, 1978

[CoHaRa 83] Cowin G.H., Hale R.W.S., Rayner D.: "Protocol Product Testing - some Comparisons and Lessons", Protocol Specification, Testing and Verification III, Rüschlikon, Schweiz, (Rudin H., West C.H., Eds.), Amsterdam, North-Holland, S. 477-492, 1983

[CTS 87] Voge C.: "Conformance Testing Services for Wide Area Networks", Proceedings of the CTS Technical Days, Brüssel, Belgien, S. 91-137, 1987

[Cyps 78] Cypser R.J.: "Communications Architecture for Distributed Systems", Reading, Mass.: Addison-Wesley, 1978

[DrSv 88] Drobnik O., Svobodova L.: "OSI Communication Services in an Heterogeneous Environment", Proceedings HECTOR Congress, Volume II: Basic Projects, (Krüger G., Müller G., Eds.), Springer-Verlag, Berlin, Heidelberg, New York, S. 201-214 , 1988

[Gant 86] Gantenbein D.: "OSI Transport Service and Protocols for the PC Family", IBM Document Number TS/REPORT/2.20, 1986

[Gant 87] Gantenbein D., Stoll W., Zieher M.: "OSI-Internetworking in a Heterogeneous LAN and WAN Environment", Proceedings EFOC/LAN'87 Basel, S. 301-306, 1987

[Gill 62] Gill A.: "Introduction to the Theory of Finite State Machines", New York, McGraw-Hill, 1962

[Göne 70] Gönenç G.: "A Method for the Design of Fault Detection Experiments", IEEE Transactions on Computers, S. 551-558, 1970

[HeKr 87] Hengeveld W., Kroon J.: "Using Checking Sequences for OSI Session Layer Conformance Testing", Protocol Specification, Testing and Verification VII, Zürich, Schweiz, (Rudin H., West C.H., Eds.), Amsterdam, North-Holland, S. 435-449, 1987

[IEEE 85a] "IEEE standards for local area networks: Toking-passing bus access method and physical layer specifications", ANSI/IEEE Standard 802.4-1985 (ISO/DIS 8802/4, ECMA 90, 1983), 1985

[IEEE 85b] "IEEE standards for local area networks: Toking ring access method and physical layer specifications", ANSI/IEEE Standard 802.5-1985 (ISO/DIS 8802/5, ECMA 89, 1983), 1985

[Kirs 86] Kirst K.: "Entwurf und Implementierung von ISO/OSI-Protokollen der Netzwerkschicht", Diplomarbeit an der Universität Karlsruhe, 1986

[Klug 88] Klug G.: "Entwurf und Implementierung eines Testmanagers", Diplomarbeit an der Universität Karlsruhe, 1989

[Koha 78] Kohavi Z.: "Switching and Finite Automata Theory", New York, McGraw-Hill, 1978

[LiNi 83] Linn R.J., Nightingale J.S.: "Some Experiences with Testing Tools for OSI Protocol Implementations", Protocol Specification, Testing and Verification III, Rüschlikon, Schweiz, (Rudin H., West C.H., Eds.), Amsterdam, North-Holland, S. 521-531, 1983

[Linn 84] Linn R.J.: "An Evaluation of the ICST Test Architecture after Testing Class 4 Transport", Protocol Specification, Testing and Verification IV, Skytop Lodge, Pennsylvania, USA, (Yemini Y., Strom R., Yemini S., Eds.), Amsterdam, North-Holland, S. 611-621, 1984

[Linn 86] Linn R.J.: "Testing to Assure Interworking of Implementations of OSI Protocols", Computer Networks and ISDN Systems 11, S. 277-286, 1986

[McWa 77] McQuillan J.M., Walden D.C.: "The ARPA Network Design Decision", Computer Networks, Vol. 1, S. 243-289, 1977

[MeBo 76] Metcalfe R.M., Boggs D.R.: "Ethernet: Distributed Packet Switching for Local Computer Networks", Comm. ACM, Vol. 19, S. 395-404, 1976

[Mill 84] Mills K.L.: "Testing OSI Protocols: NBS Advances the State of the Art", Data Communications/March 1984, S. 277-285, 1984

[Myer 79] Myers G.: "The Art of Software Testing", New York, John Wiley & Sons, Inc., 1979

[NaTs 81] Naito S., Tsumonyama M.: "Fault-Detection for Sequential Machines by Transition Tours", Proceedings of IEEE Fault Tolerant Computing Conference, S. 238-243, 1981

[OSICON 85] "Working Draft for OSI Conformance Testing Methodology and Framework", ISO/TC97/SC21 N410, Paris, 1985

[OSINET 83] "Information Processing Systems - Data Communications - Protocol for Providing the Connectionless Network Service", ISO/DP 8473, 1983

[OSIREF 84] "Information Processing Systems - Open Systems Interconnection - Basic Reference Model", ISO 7498, 1984

[OSITEST 85] "Test Examples", ISO TC97/SC21 N412, 1985

[OSITRA 84] "Information Processing Systems - Open Systems Interconnection - Transport Protocol Specification", ISO/DIS 8073 Rev., 1984

[Pave 84] Pavel J.R.: "Some Experiences of Testing Protocol Implementations", Protocol Specification, Testing and Verification IV, Skytop Lodge, Pennsylvania, USA, (Yemini Y., Strom R., Yemini S., Eds.), Amsterdam, North-Holland, S. 657-677, 1984

[Press 87] Pressmann R.: "Software Engineering", Singapur, McGraw-Hill Book Co., S. 467-524, 1987

[Rayn 86a] Rayner D.: "Standardizing Conformance Testing for OSI", Computer Network Usage: Recent Experiences, (Csaba L., Tarnay K., Szentiványi T., Eds.), Amsterdam, North-Holland, S. 47-66, 1986

[Rayn 86b] Rayner D.: "Methodology and Framework for OSI Conformance Testing", IBM-Seminar, Oberlech, 1986

[RuWe 82] Rubin J., West C.H.: "An Improved Protocol Validation Technique", Computer Networks 6/82, S. 65-73, 1982

[SaBo 82] Sarikaya B., v. Bochmann G.: "Some Experience with Test Sequence Generation for Protocols", Protocol Specification, Testing and Verification II, Idyllwild, California, USA, (Sunshine C. Eds.), Amsterdam, North-Holland, S. 555-567, 1982

[SaDa 85] Sabnani K., Dahbura A.: "A New Technique for Generating Protocol Tests", ACM, S. 36-43, 1985

[SiBl 86] Sidhu D.P., Blumer T.P.: "Verification of NBS Class 4 Transport Protocol", IEEE Transactions on Communications, Vol. COM-34, Nr.8, S. 781-789, 1986

[Somm 87] Sommerville I.: "Software Engineering", Bonn, Addison-Wesley (Deutschland), 1987

[Stol 87] Stoll W.: "Automatische Generierung von Testdaten für den Protokolltest", Proc. GI/NTG Fachtagung "Kommunikation in Verteilten Systemen", Aachen, Februar 1987, Informatik Fachberichte, Nr. 130, (Gerner N. und Spaniol O., Eds.), Springer-Verlag, Berlin, Heidelberg, New York, S. 58-70, 1987

[StMu 88] Stoll W., Mumprecht E.: "Protocol Test Tools and Methods", Proceedings HECTOR Congress, Volume II: Basic Projects, (Krüger G., Müller G., Eds.), Springer-Verlag, Berlin, Heidelberg, New York, S. 270-285, 1988

[UrPr 83] Ural H., Probert R.: "User-guided Test Sequence Generation", Protocol Specification, Testing and Verification III, Rüschlikon, Schweiz, (Rudin H., West C.H., Eds.), Amsterdam, North-Holland, S. 421-436, 1983

[Weck 80] Wecker S.: "DNA: the Digital Network Architecture", IEEE Transactions on Communications, Vol COM-28, S. 510-526, 1980

[Zieh 88] Zieher M., Gantenbein D., Stoll W.: "OSI-Internetworking: Realization and Performance Analysis", Proceedings HECTOR Congress, Volume II: Basic Projects, (Krüger G., Müller G., Eds.), Springer-Verlag, Berlin, Heidelberg, New York, S. 242-269, 1988